Design Thinking Para leigos

O design thinking é uma abordagem inovadora para gerar ideias criativas centradas nas necessidades das pessoas. Você analisa os usuários e seus problemas, desenvolve ideias, visualiza soluções e elabora protótipos. Também pode mudar o conceito depois de receber feedback de seus clientes.

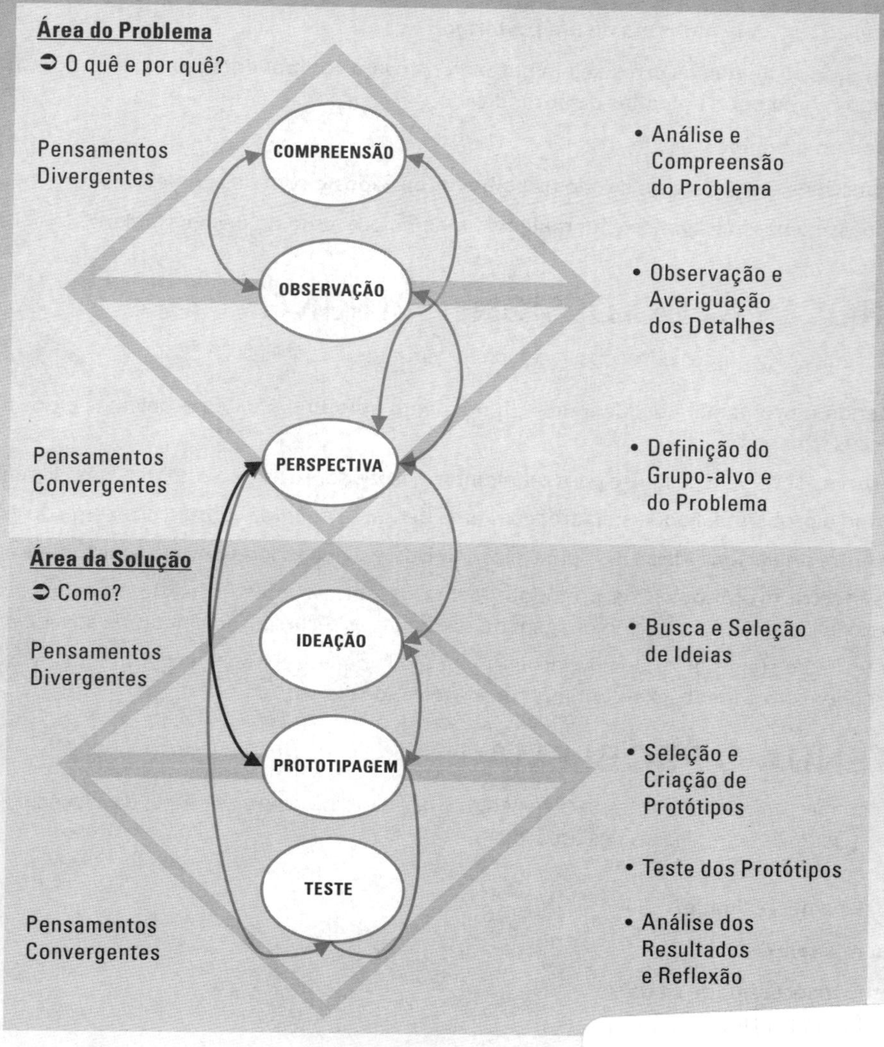

Design Thinking Para leigos

OS PRINCÍPIOS DO DESIGN THINKING

Os princípios a seguir se aplicam ao design thinking:

- **Alinhe-se com as pessoas e com as necessidades delas desde o início.**
- **Desenvolva empatia colocando-se na situação dos usuários.**
- **Visualize sua ideia na forma de um protótipo.**
- **Certifique-se de que os erros sejam entendidos como componentes fixos do processo e percebidos como oportunidades de aprendizado.**
- **Reúna uma equipe variada.**
- **Proporcione à equipe espaços de trabalho apropriados e com design flexível.**
- **Aja passo a passo e avance com maleabilidade no processo do design thinking.**

O PROCESSO DO DESIGN THINKING

Essas seis etapas, com loops de feedback, compreendem o design thinking:

1. **Entenda o problema.** Chegue a um entendimento aprofundado dos problemas e dos desejos de seus usuários.
2. **Observe.** Observe e pesquise para reunir informações sobre as necessidades dos clientes.
3. **Defina o problema.** Foque sua tarefa em uma pergunta definida sobre o problema do cliente.
4. **Encontre e selecione ideias.** Use princípios criativos, encontre ideias e avalie-as sistematicamente.
5. **Desenvolva protótipos.** Crie protótipos, como desenhos, construções de modelos, histórias, jogos de interpretação de personagem ou sites para os recursos individuais da sua ideia.
6. **Teste.** Teste suas suposições ou ideias com a ajuda de entrevistas e experimentos. Você pode aprender com o feedback e continuar desenvolvendo sua ideia.

ENTENDA O PROBLEMA

Colete informações de observações, levantamentos e pesquisas na internet, e responda às seguintes perguntas sobre as necessidades dos usuários:

- **Qual é a necessidade?**
- **Quem a tem?**
- **Como a necessidade se dá?**
- **Em quais situações se mostra?**
- **Quando ela surge?**
- **Por que os usuários a têm?**

Design Thinking

Para **leigos**

Design Thinking

Para **leigos**

Christian Müller-Roterberg

ALTA BOOKS
EDITORA
Rio de Janeiro, 2021

Design Thinking Para Leigos®
Copyright © 2021 da Starlin Alta Editora e Consultoria Eireli. ISBN: 978-65-552-0365-3

Translated from original Design Thinking For Dummies®. Copyright © 2020 by John Wiley & Sons, Inc. ISBN 978-1-119-59392-8. This translation is published and sold by permission of John Wiley & Sons, Inc., the owner of all rights to publish and sell the same. PORTUGUESE language edition published by Starlin Alta Editora e Consultoria Eireli, Copyright © 2021 by Starlin Alta Editora e Consultoria Eireli.

Impresso no Brasil — 1ª Edição, 2021 — Edição revisada conforme o Acordo Ortográfico da Língua Portuguesa de 2009.

Produção Editorial
Editora Alta Books

Gerência Editorial
Anderson Vieira

Gerência Comercial
Daniele Fonseca

Produtor Editorial
Thiê Alves

Coordenação de Eventos
Viviane Paiva
comercial@altabooks.com.br

Assistente Comercial
Filipe Amorim
vendas.corpotativas@altabooks.com.br

Marketing Editorial
Livia Carvalho
Gabriela Carvalho
marketing@altabooks.com.br

Editor de Aquisição
José Rugeri
j.rugeri@altabooks.com.br

Equipe Editorial
Ian Verçosa
Illysabelle Trajano
Luana Goulart
Maria de Lourdes Borges
Raquel Porto
Thales Silva

Equipe de Design
Larissa Lima
Marcelli Ferreira
Paulo Gomes

Equipe de Comercial
Daiana Costa
Daniel Leal
Kaique Luiz
Tairone Oliveira
Thiago Brito

Tradução
Carolina Palha

Copidesque
Alberto Gassul Streicher

Revisão Gramatical
Maíra Meyer
Thamiris Leiroza

Revisão Técnica
Camila Santos
Especialista em design thinking

Diagramação
Lucia Quaresma

Publique seu livro com a Alta Books. Para mais informações envie um e-mail para autoria@altabooks.com.br

Obra disponível para venda corporativa e/ou personalizada. Para mais informações, fale com projetos@altabooks.com.br

Erratas e arquivos de apoio: No site da editora relatamos, com a devida correção, qualquer erro encontrado em nossos livros, bem como disponibilizamos arquivos de apoio se aplicáveis à obra em questão.

Acesse o site **www.altabooks.com.br** e procure pelo título do livro desejado para ter acesso às erratas, aos arquivos de apoio e/ou a outros conteúdos aplicáveis à obra.

Suporte Técnico: A obra é comercializada na forma em que está, sem direito a suporte técnico ou orientação pessoal/exclusiva ao leitor.

A editora não se responsabiliza pela manutenção, atualização e idioma dos sites referidos pelos autores nesta obra.

Ouvidoria: ouvidoria@altabooks.com.br

Dados Internacionais de Catalogação na Publicação (CIP) de acordo com ISBD

M958d Müller-Roterberg, Christian

Design Thinking Para Leigos / Christian Müller-Roterberg ; tradução de Carolina Palha. - Rio de Janeiro : Alta Books, 2021.
304 p. : il. ; 17cm x 24cm.

Tradução de: Design Thinking For Dummies
Inclui índice.
ISBN: 978-65-552-0365-3

1. Design. 2. Design thinking. I. Palha, Carolina. II. Título.

2021-1469 CDD 658.4063
CDU 658.512.2

Elaborado por Vagner Rodolfo da Silva - CRB-8/9410

ALTA BOOKS EDITORA

Rua Viúva Cláudio, 291 — Bairro Industrial do Jacaré
CEP: 20.970-031 — Rio de Janeiro (RJ)
Tels.: (21) 3278-8069 / 3278-8419
www.altabooks.com.br — altabooks@altabooks.com.br
www.facebook.com/altabooks — www.instagram.com/altabooks

abdr ASSOCIAÇÃO BRASILEIRA DE DIREITOS REPROGRÁFICOS

ASSOCIADO CBL Câmara Brasileira do Livro

Sobre o Autor

O **Dr. Christian Müller-Roterberg** tem anos de experiência na implementação de projetos de design thinking, em colaboração com várias empresas diferentes. Ele trabalha em projetos com as principais indústrias internacionais e empresas de serviços, além de inúmeras startups. É professor de tecnologia, de gestão da inovação e de empreendedorismo da Universidade Ruhr West, em Mülheim, Alemanha, na qual ministra palestras, lidera tutoriais e realiza seminários. Ele também assessora empresas e realiza workshops corporativos, usando métodos como o design thinking, a abordagem lean startup e o canvas do modelo de negócios. É autor de vários livros e de mais de 30 publicações em alemão e em inglês no campo da gestão da inovação e do empreendedorismo.

Durante sua vida profissional, Christian se envolveu ativamente em vários projetos de startups e auditou a due diligence para a IPO de uma startup. Também trabalhou no Ministério Federal da Educação e Pesquisa da Alemanha, no qual supervisionou o financiamento de projetos de pesquisa, particularmente com relação a startups e cooperação entre negócios e ciência. Antes disso, ele foi responsável pela transferência de tecnologia do Hospital Universitário Charité, em Berlim, no qual assessorou a gerência corporativa e prestou consultas sobre patentes. Fez um curso por correspondência em direitos de propriedade industrial e também é auditor interno qualificado em gestão da qualidade.

Sua tese de doutorado em negócios foi aprovada pela Universidade Técnica de Hamburgo, no Instituto de Gerenciamento de Tecnologia e Inovação. Ele abordou os níveis de cooperação entre grandes corporações e startups em pesquisa e desenvolvimento. Estudou atividades de empreendedorismo no Japão, na Universidade de Tecnologia de Toyohashi.

Christian se formou na Universidade Técnica de Braunschweig e fez mestrado no Instituto de Tecnologia de Massachusetts (MIT), nos EUA. Há mais informações sobre ele em `www.innovationsratgeber.de` [conteúdo em alemão].

Dedicatória

Para Gertrud e Bernhard.

Para Kerstin, Leonard e Maximilian.

Sou grato pela incrível trajetória que todos vocês percorrem — e continuarão percorrendo — comigo.

Agradeço por todo o afeto e cuidado que sempre me ajudam. Obrigado por seu amor e apoio.

Agradecimentos do Autor

Sou especialmente grato a Anna Freihöfer-Gamrad, membro da equipe científica da Universidade Ruhr West, que editou os rascunhos iniciais de cada capítulo com muito comprometimento, experiência profissional, precisão e equilíbrio. Também quero agradecer ao Sr. Simon Berndt, assistente científico da Universidade Ruhr West, por seu trabalho de pesquisa e de formatação das imagens.

Muito obrigado também à equipe fantástica da John Wiley & Sons: Inken Bohn, que, totalmente alinhada com o design thinking, me deu um feedback rápido e competente. Além disso, agradeço a Steve Hayes, a Paul Levesque e a Becky Whitney, que fizeram um trabalho extraordinário lançando o livro no estilo único da *Para Leigos*. Por último, mas não menos importante, gostaria de expressar minha gratidão às outras pessoas que me apoiaram nos bastidores, que contribuíram com seu conhecimento para que este livro se tornasse o guia que eu esperava.

Sumário Resumido

Sumário

Introdução

Preparado para uma aventura? É para onde o design thinking o levará! Você aprenderá muito, lidará com muitas incertezas e descobrirá muitas novidades. O design thinking é um método para desenvolver produtos, serviços, modelos de negócios e conceitos inovadores. Com ele, você pode usar os obstáculos no seu caminho para criar algo novo, aprender a pensar fora da caixa e, ainda assim, seguir direto para o seu objetivo. Ele lhe permite responder a perguntas que seus clientes nem sequer pensaram que teriam, e mais tarde eles dirão: "Esta é exatamente a solução pela qual sempre esperei!"

Desenvolver ideias inovadoras sempre demanda um pouco de esforço. Comparado aos processos tradicionais de desenvolvimento de produtos, esse esforço é gerenciável. Perguntar a si mesmo se pode arcar com o design thinking não é um bom começo. Pergunte se é possível se dar ao luxo de ignorá-lo. Sim, o método custa dinheiro, mas não investir nele custa mais em longo prazo.

Sobre Este Livro

O livro que está em suas mãos é um guia para profissionais com uma visão panorâmica da abordagem inovadora conhecida como design thinking. Ele:

» **Analisa todo o processo, do começo ao fim:** Você começa com o problema do cliente e termina com uma solução para ele.

» **Examina os fatores relevantes de sucesso do design thinking — os cinco Ps:**
- Práticas.
- Pessoas.
- Princípios.
- Processos.
- Postos.

» **Apresenta diferentes perspectivas sobre o método:** Você aprende quais etapas executar para ter sucesso com ele, a partir destas perspectivas:
- A empresa.
- O projeto.
- O colaborador.
- O cliente.

Este livro responde às suas perguntas sobre o que é o design thinking, quais condições devem ser criadas na sua empresa para que ele dê certo, como planejar um projeto e como implementá-lo com sucesso. Este livro é um canivete suíço em forma de papel, então, admite vários usos. Ele é:

- » Um manual passo a passo para usar o método a fim de identificar um problema e encontrar a solução.
- » Um guia com sugestões práticas para a implementação de uma estratégia de design thinking.
- » Uma referência dividida em partes, capítulos e seções para que qualquer conteúdo seja facilmente encontrado assim que necessário.

Este livro, feito para que todo seu conteúdo seja rapidamente entendido, apresenta muitos exemplos, instruções, listas, ilustrações e tabelas. Sua estrutura sistemática reflete o processo de design thinking.

Convenções Usadas Neste Livro

Este livro não tem muitas regras. Ele está estruturado para que tudo seja rapidamente encontrado e para dar uma ideia geral do conteúdo. O índice detalhado o orienta para as informações necessárias, e cada capítulo começa com uma descrição sucinta e concisa dos principais tópicos do capítulo. Sempre que os tópicos se sobrepõem ou quando outros capítulos são mencionados, há referências cruzadas para guiá-lo. Se estiver interessado em um termo específico, procure-o no índice.

Penso que...

Este livro não se destina (apenas) a designers. O design thinking é importante demais para restringir o desenvolvimento de produtos atraentes a designers. Se trabalha em uma empresa, instituição educacional, instituto de pesquisa, órgão público ou organização sem fins lucrativos, terá benefícios com a abordagem baseada em pessoas em que o método se fundamenta. Independentemente de você ter formação em uma área técnica, econômica ou social, essa abordagem criativa lhe trará novos estímulos e novas ideias.

Em um nível individual, faço as seguintes suposições sobre você:

- Você trabalha em um departamento de uma empresa e quer ter uma visão geral.
- Você deseja aplicar o design thinking em sua organização e precisa saber como implementá-lo.
- Sua empresa já está trabalhando com alguns métodos do design thinking, e você precisa de um conjunto de instruções abrangentes para aprimorar seu trabalho com novos métodos, dicas e truques para sua implementação.

Você não precisa ter habilidades específicas para entender este livro — basta ter curiosidade.

O que Não É Preciso Ler

Vale a pena ler o livro inteiro. Ele tem dicas importantes em toda parte. Ainda que apenas algumas de suas sugestões lhe sejam úteis, o tempo e o dinheiro investidos valerão a pena. Garanto que você usará várias dicas, independentemente de ser novato ou especialista. Os textos das caixas cinza mostram curiosidades não tão fundamentais para o entendimento. Não são informações cruciais, mas sempre serão úteis.

Como Este Livro Está Organizado

Para facilitar as coisas, este livro está organizado em quatro partes distintas, conforme descrito nesta seção.

Parte 1: Começando

Esta seção apresenta uma visão geral dos princípios e métodos do design thinking. Você descobrirá como criar as condições necessárias para que ele seja bem-sucedido em sua empresa, como planejar um projeto e como organizar o trabalho em equipe.

Parte 2: As Fases do Problema

A primeira fase do processo do design thinking visa viabilizar uma compreensão aprofundada do que seus usuários precisam. Observações e entrevistas conferem uma melhor compreensão da perspectiva de seus clientes. Na conclusão da fase do problema, a tarefa é resumida como um problema definido.

Parte 3: As Fases da Solução

Somente nesta fase se desenvolvem novas ideias. Depois de implementar princípios e técnicas criativas, as ideias são avaliadas e, então, selecionadas. Os clientes podem usar protótipos para testá-las na prática, e você pode se beneficiar dos comentários deles.

Parte 4: A Parte dos Dez

Não existe *Para Leigos* sem A Parte dos Dez. Nela, você descobrirá dez (ou mais) fatores de sucesso para entrevistas e para implementar projetos de design thinking.

Ícones Usados Neste Livro

De vez em quando, você encontrará símbolos nas margens do livro. O objetivo deles é conscientizá-lo de informações importantes.

DICA

Este ícone mostra dicas e truques que devem ser úteis ao aplicar e implementar uma ideia. Eles mostram como melhorar o projeto.

EXEMPLO

Este ícone destaca exemplos ilustrativos da experiência prática. Trazem boas inspirações para o seu projeto.

CUIDADO

Este ícone informa sobre possíveis obstáculos e mostra como *não* fazer algo. Se evitar erros já cometidos por outras pessoas, muito tempo, dinheiro e esforço serão economizados.

Além Deste Livro

Além deste livro, há uma Folha de Cola gratuita e de fácil acesso, com dicas, técnicas e recursos relacionados ao design thinking. Para visualizá-la, visite `www.altabooks.com.br` e busque, na caixa de pesquisa, pelo título do livro ou pelo ISBN.

Daqui para Lá, de Lá para Cá

Comece imediatamente com uma destas duas estratégias:

- » Leia o livro direto, do início ao fim.
- » Busque os capítulos que deseja ler primeiro. (Cada capítulo cobre um tópico, para que não seja preciso ler outros capítulos para entendê-lo.) Se você ainda não tem experiência com o design thinking, recomendo começar no Capítulo 1, que é um curso intensivo sobre seus princípios.

Meu conselho: Leia como adeptos do design thinking leriam. Experimente a estratégia de leitura que funciona melhor para você. Pule para seções diferentes, se assim desejar. Se necessário, releia um capítulo várias vezes ou procure termos específicos no índice. A ideia é criar sua própria maneira de ler este livro de forma eficaz.

1 Começando

NESTA PARTE...

Conheça o design thinking, suas vantagens e seus princípios.

Examine as etapas individuais de seu processo.

Crie a base para o sucesso e prepare a organização para o projeto.

Defina as metas, planeje os fluxos de trabalho e os recursos para o trabalho do projeto.

Monte uma equipe poderosa, organize salas apropriadas para ela e gerencie suas responsabilidades e comunicação.

NESTE CAPÍTULO

» **Conhecendo a abordagem do design thinking**

» **Compreendendo o método**

» **Entendendo os princípios**

» **Implementando de forma rápida**

Capítulo 1

Tudo, Tudo, Tudo É Seu, É Só Querer

Deseja inventar, projetar ou implementar algo novo? O design thinking é um método para desenvolver produtos, serviços, metodologias, modelos de negócios e conceitos inovadores. Este capítulo apresenta uma visão geral do potencial, dos fundamentos e dos princípios dessa abordagem à inovação. Você aprenderá a lidar com ela e o que deve considerar ao executar cada etapa em particular. Aprenderá a formar uma equipe e a gerir a colaboração, a organizar o trabalho do projeto estruturando uma ordem lógica para as tarefas, a atribuir recursos e a ser flexível para responder às mudanças. Você até aprenderá sobre a importância do ambiente de trabalho — desde as plantas do escritório até a mobília — para fomentar a criatividade dos membros da equipe.

Isso É Design Thinking, Pessoal

O *design thinking* é uma abordagem à inovação centrada no ser humano que visa formular ideias criativas e modelos de negócios eficazes, concentrando-se nas necessidades das pessoas. A ideia básica por trás do Design Thinking é aplicar as abordagens e métodos ao desenvolvimento de inovações (é o sentido de *design* — criação) mantendo, ao mesmo tempo, uma análise sistemática e baseada em fatos da adequação e da viabilidade econômica delas — assim como o que um pesquisador faz (a contraparte *thinking* — criticismo).

Os designers partem dos problemas e desejos dos clientes e os consideram da perspectiva dos usuários. Cientes disso, desenvolvem as primeiras ideias orientadas ao usuário, visualizam as soluções criativas em um estágio preliminar e, então, projetam protótipos. Eles solicitam rapidamente o feedback dos clientes e adaptam os conceitos com base nele. Passo a passo, chegam à melhor solução para os usuários. A abordagem e os métodos isolados do design são complementados por uma mentalidade que, visando um propósito determinado, analisa a adequação e a viabilidade econômica do produto durante o desenvolvimento. Como um pesquisador, você define metas passíveis de verificação para cada etapa, faz suposições e testa a validade delas com o auxílio de observações e de pesquisas.

Não é só design

A elaboração e o design dos produtos físicos são apenas uma área de aplicação do design thinking. Ele abrange todas as áreas da vida e dos negócios: para aprimorar o atendimento ao cliente, propor novas maneiras de agir ou mudar a cultura corporativa; ou seja, aborda problemas de várias camadas. Quando as questões não são simples, ele trilha a rota para uma solução inovadora.

Não é só workshop

O design thinking é um processo que consiste em várias etapas — individuais, que devem ser executadas várias vezes — e que demanda tanto trabalho em grupo, na forma de workshops, como trabalho individual.

DICA

Promova a diversidade. Complete o trabalho individual após uma fase de workshops. Isso aumentará a motivação e você poderá explorar os diferentes potenciais da equipe com mais facilidade. Quando se trata de trabalho individual, você pode utilizar a expertise dos membros da equipe que não se sentem muito à vontade com trabalho em grupo.

Arremate e complemente as várias formas de trabalho em grupo com os resultados do trabalho individual. Experimente isto: os membros da equipe conduzem, individualmente, entrevistas com potenciais clientes e, em seguida, apresentam os resultados em um workshop, para que o grupo os avalie junto. Isso fomenta a criação de novas suposições sobre os usuários e de possíveis soluções, que cada membro pode testar nas pesquisas.

Não é só um brainstorming

O brainstorming para chegar à ideia criativa é só uma fase do processo. O objetivo é compreender completamente o problema e entender os usuários. Analise a situação inicial e faça suposições passíveis de investigação com observações e pesquisas com os potenciais clientes. As fases criativas com muita liberdade de design se alternam com aquelas nas quais os resultados são resumidos, e o foco recai sobre as prioridades.

Não são só métodos

Diferentes métodos conduzem as fases individuais do processo do design thinking. Você pode descrever os usuários com o método da persona, criando um perfil do público-alvo com características, comportamentos, problemas e preferências fundamentais. Com o método Jornada do Usuário, são analisadas as etapas individuais que o cliente experimenta ao usar um produto. No entanto, use as técnicas voltadas à criatividade para procurar uma nova ideia, bem como os vários métodos para criar o protótipo. Os métodos de pesquisa experimental são excelentes para testar suposições e ideias. A aplicação correta dos métodos certos é crucial para o sucesso do projeto.

Os métodos são apenas um aspecto. Tenha em mente os 5 Ps:

- **Práticas:** Aplicação de métodos comprovados de várias disciplinas, como design, pesquisa de mercado, etnologia, psicologia, ciências da engenharia e gestão estratégica.
- **Pessoas:** Criação de uma equipe que contribua com diferentes competências e perspectivas.
- **Princípios:** Princípios que determinam a abordagem e o posicionamento da equipe — a mentalidade, em outras palavras —, e que servem como orientação para a colaboração da equipe.
- **Processos:** Flexibilidade e agilidade para lidar com os diferentes processos de trabalho e com a tomada de decisão.
- **Postos:** Vagas para trabalho em grupo e individual que incentivam a criatividade e que também possibilitam um trabalho focado.

Ele Faz Acontecer

São necessárias novas ideias para lidar com desafios sociais, como mudanças climáticas, crescimento populacional, segurança alimentar, saúde, mobilidade e fornecimento de energia. Essas ideias são a base para o crescimento econômico. Algumas delas se desenvolvem em padrões mundiais, e outras cobrem nichos nos mercados locais e regionais. O design thinking viabiliza seu trabalho criativo, independentemente de o problema ser grande ou pequeno, e fornece possíveis soluções, abrangendo todos os tipos de perguntas, como novos produtos, serviços, modelos de negócios ou conceitos sociais e organizacionais.

Desenvolvimento de novos produtos

Novas tecnologias, como inteligência artificial e nanotecnologia, definitivamente abrem oportunidade para novos produtos. No entanto, quando se trata de desenvolvimento de produtos nessas áreas, as dificuldades não estão necessariamente nas limitações das próprias tecnologias. Elas surgem quando é preciso reconhecer as áreas de aplicação corretas das tecnologias com objetivo de apresentar o maior benefício para um grande número de pessoas. É preciso saber quem são os usuários e a quais necessidades deles poderá atender. O design thinking o ajuda a encontrar tais aplicações com uma boa promessa de sucesso.

EXEMPLO

Novas ideias não precisam surgir da área da alta tecnologia. A General Electric Healthcare notou que as crianças tinham medo dos equipamentos de alta tecnologia, como os escâneres de imagens de ressonância magnética (RM) usados para procedimentos de diagnóstico por imagem. Algumas tinham que ser sedadas para fazer o exame. Assim, os engenheiros visualizaram todo o processo do exame através dos olhos de uma criança, o que os levou a redesenhar o equipamento e o ambiente. As paredes do hospital infantil foram pintadas para parecer um navio pirata, e a mesa de exames, destroços marítimos. O procedimento do exame foi recriado como um jogo de interpretação de papéis para crianças, no qual até os sons de fundo do equipamento foram integrados à ambientação do jogo de aventura.

Criação de novos serviços

As inovações de serviço envolvem mudanças na forma como eles são entregues — um novo serviço para consultas de clientes, automação e digitalização de processos de negócios ou novas opções de pagamento para clientes, por exemplo. O potencial das inovações em serviços é com frequência subestimado. Os serviços envolvem interações particularmente aprofundadas com os clientes, de modo que uma abordagem baseada no ser humano, como o design thinking, possibilita inúmeras ideias para aprimorar e redesenhar os serviços.

EXEMPLO

Já na década de 1940, os irmãos Dick e Mac McDonald já usavam uma abordagem semelhante ao design thinking. Ao observarem sua base de clientes, eles perceberam que uma parcela significativa dela, os caminhoneiros, queria refeições simples e rápidas, e que frequentemente pedia os mesmos pratos. Os irmãos limitaram as opções e passaram a oferecer principalmente os hambúrgueres e as batatas fritas, mais vendidos. Ao mesmo tempo, aprimoraram os processos na cozinha e no salão, e o reformularam. Com isso, chegaram a apenas 30 segundos de espera entre o pedido e a entrega para o cliente.

Design de novos modelos de negócios

O modelo de negócios descreve a forma como uma empresa cria valor agregado para determinados clientes, como produz esse valor e como gera uma receita cada vez maior a partir dele. A introdução do princípio *freemium* (uma combinação de *free*, de gratuito, com *premium*), na qual uma versão básica é oferecida gratuitamente junto com uma premium, que é paga, foi uma inovação do modelo de negócios e agora é difundida mesmo fora das ofertas online.

Design social e inovações organizacionais

As inovações sociais são soluções para problemas e desafios sociais, sem o objetivo de obter lucros. O design thinking começa com os problemas e desejos das pessoas e os torna a prioridade. Ele facilita a resolução sistemática de tarefas no domínio social. A solução pode ser um produto, um serviço ou um conceito para mitigar determinado problema social.

EXEMPLO

Alguns alunos da Universidade de Stanford utilizaram o design thinking para desenvolver uma lâmpada-modelo simples para países em desenvolvimento — capaz de iluminar uma sala a um baixo custo, de forma sustentável e sem necessidade de manutenção. Equipadas com um sistema solar móvel que funciona fora da rede, além de luzes LED e baterias recarregáveis, foram projetadas para atender as necessidades das pessoas daqueles países.

Exemplos de inovações organizacionais incluem novos processos de tomada de decisão em uma empresa ou uma nova forma organizacional.

EXEMPLO

A Liip, empresa suíça de aplicativos online, mudou sua estrutura organizacional para eliminar hierarquias — as equipes individuais da empresa agora se auto-organizam. Cada equipe decide sua estratégia, o tipo de aquisição de clientes que pretende empregar e as técnicas que considera necessárias para o sucesso, além de também lidar com o recrutamento de novos funcionários. (Se para você essa situação tende ao caos, saiba que existem regras claras para coordenar equipes fora de uma hierarquia.)

Elaboração de uma cultura de inovação

Em um ambiente dinâmico, em constante mudança, algumas empresas obtêm vantagens competitivas com o reconhecimento e com a utilização ágil, criativa e flexível das oportunidades empresariais. Elas desenvolvem novos mercados e são bem-sucedidas como agentes globais. Essas empresas têm uma cultura de inovação que promove a criatividade dos colaboradores e a transforma em novos produtos, serviços, processos ou modelos de negócios. Com esses princípios e abordagens, estabelecem as bases para uma cultura corporativa que promove a inovação.

Um, Dois, Feijão com Arroz

Antes de experimentar alguns dos métodos do design thinking em um workshop, familiarize-se com seus fundamentos. Talvez os princípios e métodos dessa abordagem à inovação não sejam familiares para muitos em sua empresa. Novas ideias sempre são recebidas com ceticismo, reservas ou resistência. Supere essas barreiras e estimule a curiosidade.

Siga e divulgue os princípios

Observe alguns princípios do design thinking que o guiarão para o sucesso:

» **Alinhe-se com as pessoas e com as necessidades delas desde o início:** Comece abordando um problema apontado pelos usuários ou um desejo que expressaram. Procure usuários líderes — aqueles que estão à frente de seu tempo e que antecipam as necessidades futuras do mercado desejado. Eles são especialmente úteis porque suas necessidades precedem as de todos os outros clientes e têm um forte ímpeto para resolver a necessidade. Envolva esses clientes no desenvolvimento da ideia.

» **Desenvolva empatia:** Entenda os usuários e explore suas emoções, pensamentos, intenções e ações.

» **Torne as ideias tangíveis:** Para que a ideia seja mais palpável, demonstre-a com um protótipo para os potenciais usuários a experimentarem. Os protótipos podem ser de vários tipos, desenhos, histórias, encenações, modelos de design ou aplicativos online na forma de páginas ou aplicativos da internet.

» **Aprenda com os erros:** Estabeleça na empresa uma cultura que entenda a importância dos erros, para que eles sejam tolerados e usados como um aprendizado. Certifique-se de que os erros sejam vistos como integrantes do processo do design thinking e como oportunidades para aprender.

» **Diversifique ao máximo a equipe:** Promova a diversidade na equipe para obter perspectivas diferentes. A diversidade consiste em diferentes idades, gêneros, formações educacionais e culturais, e tipos de personalidade.

» **Proporcione espaços que promovam a criatividade e que sejam acolhedores para equipes:** Os espaços de trabalho para indivíduos e grupos devem ter um design flexível e inspirador. Escolha diferentes locais, salas ou arranjos dos móveis para as diferentes fases do design thinking.

» **Flexibilize o processo:** O processo do design thinking é gradual. Analise o problema e use essa análise para elaborar as tarefas, desenvolver possíveis soluções iniciais, testá-las e aprender com o feedback.

Essas fases não necessariamente acontecerão em sequência. Sempre que obtiver informações que precisarem ser analisadas em detalhes, volte para a etapa anterior. Considere e observe esses princípios durante todo o processo de inovação. Discuta-os, anote-os e exiba-os nos espaços comuns para que fiquem visíveis. Como equipe, após cada fase verifique se os princípios estão sendo mantidos.

Tenha uma noção geral do processo todo

Na primeira parte, o problema é analisado. Esse é o *espaço do problema*, no qual se aborda "o quê" e "por quê". (Qual é o problema? Por que é um problema?) Somente na segunda parte, o *espaço da solução*, as soluções específicas são desenvolvidas e testadas: aqui, pergunte o "como". (Como o problema pode ser resolvido?)

Nesse processo, duas fases se combinam. Na fase *divergente* (dispersa), colete informações ou desenvolva inúmeras ideias que resultem na expansão das perspectivas iniciais. Na fase *convergente* (combinada), aprimore a perspectiva e compile os resultados ou faça as escolhas que forem necessárias.

A fase divergente e a convergente se alternam. De acordo com o British Design Council, a mudança entre expansão e foco assemelha-se à imagem de um diamante duplo (Método Duplo Diamante), como mostra a Figura 1-1.

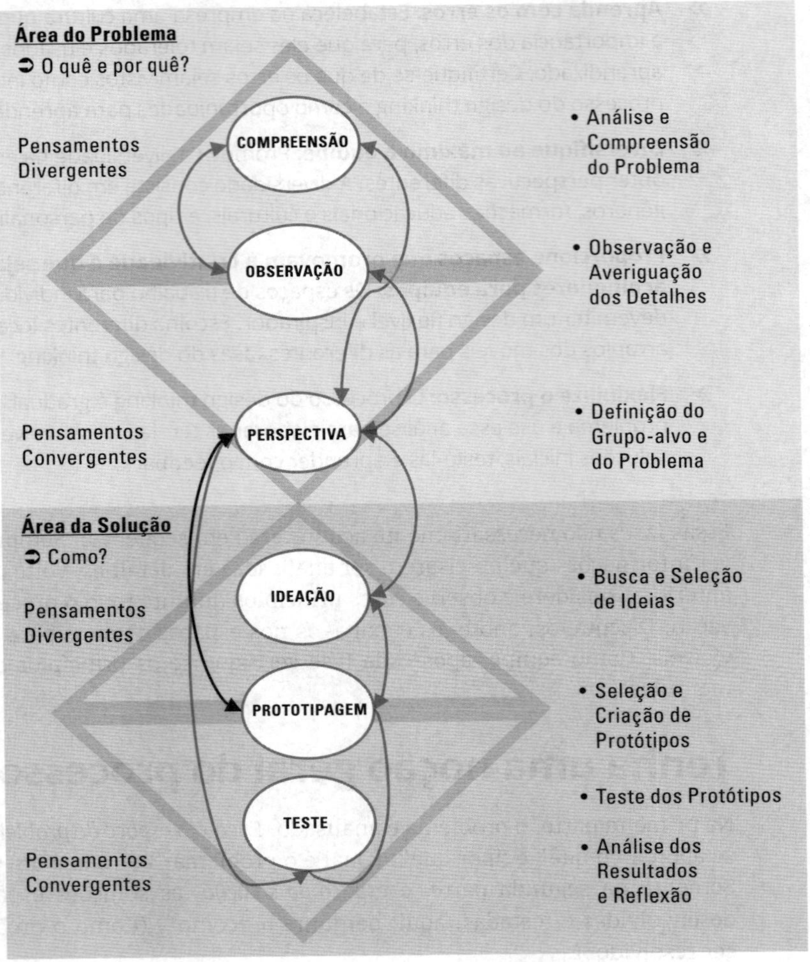

FIGURA 1-1: O processo do design thinking.

O processo do design thinking é semelhante à abordagem dos membros do Instituto de Design Hasso Plattner da Universidade de Stanford (conhecido como "d.school"). Eles explicam estas seis fases distintas:

1. **Entenda o problema: Na primeira fase, entenda minuciosamente o problema ou a necessidade dos usuários. Saiba com precisão quais informações ainda faltam sobre eles, quais são suas necessidades e seus problemas.**

2. **Observe os clientes: Esta fase consiste em pesquisas detalhadas e observações no local sobre a necessidade ou o problema do cliente. Ela utiliza observações e pesquisas para que você se coloque no lugar do cliente.**

3. **Defina a pergunta: Após as observações e as pesquisas, concentre as ideias para um grupo selecionado de clientes ou usuários e resuma os problemas e as necessidades deles em uma pergunta bem definida.**

4. **Proponha e selecione ideias: Apenas nesta fase se faz o brainstorming. Empregue princípios e técnicas voltados para a criatividade com objetivo de pensar em várias soluções possíveis. Avalie a utilidade, a viabilidade econômica e a adequação das ideias e faça uma seleção entre elas.**

5. **Desenvolva protótipos: Nesta fase, visualize as ideias, torne-as tangíveis e, em seguida, formule, projete, estruture ou simule-as para que o potencial cliente as entenda e possa testá-las.**

6. **Teste premissas: Nesta fase final, teste as premissas ou as ideias a partir do feedback sistemático do cliente. Aprenda com as respostas e as utilize para continuar o desenvolvimento da ideia.**

Mesmo que as fases apareçam em sequência, como mostra a Figura 1-1, existem vários pontos de feedback entre elas. Você pode pular fases (no início). Se já encontrar soluções interessantes ao pesquisar o problema, crie protótipos iniciais e teste-os com a ajuda das pesquisas com os clientes. Se perceber que o cliente não se empolga com a ideia, recue e analise novamente as necessidades dos usuários. Pergunte-se, com um olhar crítico, se foram escolhidos os usuários certos.

DICA

Percorra rapidamente cada fase isolada. A ideia é cometer erros o quanto antes e com frequência, para que se aprenda com eles. O feedback entre as fases contribui com esse processo.

Se o cliente der um feedback negativo, encerre o projeto, se necessário. Isso economiza tempo e dinheiro que seria gasto em algo sem apelo para o mercado.

Detalhe cada parte do percurso

O caminho para a criação de uma solução atraente para atender as necessidades dos usuários pode ser complexo e ter um sucesso futuro questionável. Em situações de incerteza e complexidade, geralmente há poucas informações disponíveis a respeito da melhor solução. A melhor maneira de atingir seu objetivo é prosseguir aos poucos: colete informações sobre a tarefa para acumular conhecimento sobre ela.

Colete e avalie as informações sobre as tarefas

Na primeira fase, compreenda e reserve tempo suficiente para analisar a tarefa que pretende executar, que pode ser apresentada como um problema levantado pelos usuários ou como um desejo expresso por eles. Ao analisá-la, é útil responder sistematicamente a estas seis perguntas:

» Qual é a necessidade dos usuários?

» Quem a tem?

» Como a necessidade se dá?

» Em quais situações se mostra?

» Quando ela surge?

» Por que os usuários têm a necessidade?

Reúna todas as informações e descreva tudo o que souber sobre os usuários e sobre o problema. Um problema ou desejo pode se referir a um serviço, design, facilidade ou período de uso, preço, ou compatibilidade ambiental ou social. Concentre-se apenas nos aspectos mais relevantes.

DICA

Você precisa de informações convincentes e atualizadas para fechar as lacunas do entendimento completo da situação. Considere as seguintes fontes:

» Publicações e bancos de dados de patentes.

» Pesquisas com clientes ou observações feitas diretamente por eles.

» Pesquisas com fornecedores.

» Workshops com participação de clientes e/ou de fornecedores.

Faça pesquisa online e offline de estudos, artigos e relatórios de jornais sobre os usuários, e certifique-se de coletar declarações, detalhes de contato ou outras informações relevantes nas redes sociais. Por fim, não se esqueça de procurar blogs dos usuários ou sobre eles.

Observe os usuários

Colete impressões e informações importantes sobre os problemas e as necessidades dos usuários por meio da observação nos ambientes reais. Somente assim é possível captar o comportamento autêntico e espontâneo das pessoas em seu ambiente natural.

DICA

Não formule um veredito imediato sobre as pessoas e as situações que encontrar. Pergunte a si mesmo que tipos de ações estão em andamento e quais estão sendo criadas. Não categorize imediatamente. O foco deve estar nas ações do entrevistado, não em sua disposição, valores e normas. Entrevistas são uma boa forma de elucidar esses aspectos.

A observação não deve se restringir a atividades superficiais específicas — considere as pessoas e as situações como um todo. Capte o ambiente, incluindo todos os objetos relevantes, a própria situação e todas as ações e interações das pessoas, bem como suas emoções.

DICA

Associe a observação a uma pesquisa; por exemplo, pergunte aos usuários sobre as motivações por trás de ações específicas. A pesquisa pode ser feita antes, durante ou após a situação observada.

Ao começar a reconhecer padrões nas observações, seu trabalho foi bem-feito. Anote o quanto for necessário — mas o mínimo possível.

Defina as tarefas

As fases analíticas são seguidas pela consolidação — a *síntese* — das informações obtidas de forma concisa. A questão ou o problema é sua tarefa — o desafio do projeto que você e sua equipe precisam dominar.

As informações devem responder a duas perguntas básicas, importantes para resolver o problema:

» Quem são os usuários importantes aqui?
» Qual é a necessidade específica que se pretende satisfazer?

DICA

Nesta fase, não se precipite propondo indícios de uma possível solução. Sempre faça distinção entre o enunciado do desafio e a descoberta da solução.

O método da persona é a melhor maneira de resumir as informações relevantes quando se trata de descrever os usuários. Uma *persona* é uma pessoa real ou fictícia com características que representam os usuários (ou, pelo menos, alguns deles). Descreva essas características (idade, gênero, nível educacional, opiniões, hobbies e comportamentos) com palavras-chave ou frases curtas. (Para saber mais sobre o método da persona, veja o Capítulo 7.)

Ao descrever as necessidades do cliente, ignore o fato de que os usuários desejam obter um determinado produto ou serviço. Pergunte a si mesmo o que e por que eles desejam obter algo em uma situação específica. Seus problemas e suas frustrações ao lidar com uma tarefa geralmente são os pontos de partida para a solução. Além dos problemas, considere os desejos (não declarados). Eles lhe permitem encontrar novas ofertas para o usuário. Pergunte a ele quais são suas motivações adjacentes às necessidades.

Levante soluções

Com base na forma de definir a tarefa, o objetivo deve ser desenvolver o maior número possível de ideias para as possíveis soluções. Para a pesquisa inicial de ideias, considere estas fontes:

» Pesquisa geral na internet nas áreas relacionadas à tarefa.

» Artigos em revistas especializadas.

» Descrições de patentes em bancos de dados.

» Participação em apresentações ou discussões especializadas em feiras e congressos.

» Pesquisas e observações de usuários ou fornecedores líderes que já encontraram possíveis soluções iniciais.

DICA

Certifique-se de integrar especialistas com formação científica e com experiência prática ao processo do design thinking. Organize workshops conjuntos, execute os projetos com eles ou pergunte a especialistas sobre suas suposições e ideias. Muitos anos de experiência com processos criativos produziram alguns princípios gerais sobre a busca de ideias para a solução de problemas:

» **O princípio da decomposição:** A ideia é decompor o problema, a tarefa, as etapas do processo ou o produto reprojetado em várias partes e, em seguida, variar ou combinar essas peças de uma nova maneira.

» **O princípio da associação:** Baseia-se em vincular ideias, informações, percepções e emoções. Um exemplo é o brainstorming e suas variantes.

O brainstorming é bastante comum e provavelmente defini-lo seja redundância. A ideia é que os participantes expressem espontaneamente ideias, para que surjam várias em um curto período de tempo. Os participantes dão liberdade à sua imaginação para propor ideias novas e originais — mesmo as mais loucas são bem-vindas. Para essa livre expressão de ideias, uma única pessoa de cada vez deve falar. As ideias de outras pessoas podem e devem ser captadas, modificadas ou refinadas. A regra mais importante é se concentrar apenas em levantar ideias — a avaliação delas deve esperar um pouco. (Para ter mais informações sobre o brainstorming, veja o Capítulo 11.)

- **Analogia e confronto:** Envolve métodos específicos para a adoção de uma nova perspectiva sobre um problema. A analogia compara a tarefa com outra de uma área completamente diferente e, depois, usa os pontos em comum e as diferenças como estímulo para novas ideias.

  DICA

  Use o princípio da analogia para se colocar na situação de outra pessoa ou de outra empresa. Pergunte a si mesmo o que aconteceria se fosse você. Um exemplo é: "E se eu fosse bilionário?" Isso representa ter uma vasta riqueza disponível para solucionar o problema. Esse método da analogia, conhecido como técnica "e se", serve para superar as próprias barreiras mentais.

  Quanto ao confronto, a área selecionada é contraposta à tarefa. Comparar as duas áreas força uma mudança de perspectiva e, assim, favorece o surgimento de novas ideias.

- **Provocação:** Com esta técnica, a solução é formulada como declarações provocativas, a fim de obter novos estímulos a partir de exageros, de contradições ou de ilusões. Leve o problema do cliente ao extremo.
- **Abstração e imaginação:** A ideia é conseguir ver o problema de fora, em um nível mais abstrato ou pictórico. Afaste-se o máximo possível dele para entendê-lo da "perspectiva do helicóptero" e obter ideias para as soluções. Use sua imaginação para criar uma visão pictórica do problema, abstraindo ainda mais.
- **Simplificação:** Como a abstração, a simplificação de produtos e processos é uma fórmula bem-sucedida para encontrar soluções inovadoras. A ideia é remover ou reduzir etapas, características ou funções do processo que não sejam relevantes para o cliente ou não sejam percebidas ou reconhecidas como relevantes. Em vez disso, foque as funções necessárias, otimize os produtos, padronize e automatize os processos.

O grande potencial dos princípios e das técnicas criativas está em sua combinação. Teste os vários princípios e técnicas em uma equipe e, depois, utilize os que funcionarem melhor.

DICA

Remova todos os obstáculos à criatividade. Evite o estresse e o comportamento prejudicial — eles afetam a criatividade. Renove os locais de trabalho não ergonômicos, substitua equipamentos inadequados, reduza os níveis de ruído e ajuste o clima das salas muito frias ou muito quentes. No nível organizacional, controles rígidos e rigorosos, regulamentos infindos e excesso de formalidade resultam em uma disfunção burocrática que limita o florescimento da criatividade. Examine os regulamentos e as formalidades. Crie espaços nos quais os regulamentos não se apliquem para os colaboradores darem uma arejada.

Selecione soluções que funcionem

Se buscar todas as soluções possíveis, em algum momento atingirá um limite, porque provavelmente seu orçamento não é ilimitado. Claro que as pessoas desejam ver resultados rápidos — geralmente, um produto recém-desenvolvido, mirando um sucesso descomunal —, mas, apesar das pressões, evite tocar várias empreitadas ao mesmo tempo. Peça à equipe que faça uma seleção desde o início.

Não existe um único método correto de avaliação. Se empregar vários tipos de avaliação, terá um quadro abrangente da ideia. A *votação por pontos* — em que cada participante tem cinco pontos adesivos para distribuir pelas várias ideias, sendo possível atribuir vários pontos a uma mesma ideia — é uma ótima maneira de fazer uma seleção aproximada. Basta classificar as ideias de acordo com o número de pontos recebidos.

DICA

Colaboradores de diferentes departamentos costumam avaliar as oportunidades e os riscos das mesmas potenciais soluções de formas diferentes. Utilize o leque de perspectivas e conte com a variedade na avaliação. Isso facilita a implementação da ideia depois, ao integrar pessoas de diferentes departamentos durante a decisão.

Quando a seleção aproximada for concluída, observe as vantagens, oportunidades e barreiras na implementação das soluções propostas. Use listas como a seguinte para analisar se as ideias atendem aos critérios estipulados:

- **Adequação:** A ideia deve ser conveniente.
- **Alinhamento (estratégico e cultural):** A ideia deve se alinhar com a visão, a estratégia e a cultura da empresa.
- **Conveniência:** A ideia deve ter uma vantagem para o cliente.
- **Viabilidade comercial:** Aquela ideia da qual a receita é superior às despesas.
- **Escalabilidade:** Refere-se à capacidade da ideia de obter alto crescimento com relativamente pouco esforço.
- **Sustentabilidade:** A ideia deve ter sucesso em longo prazo; deve ter um benefício econômico, social e ecológico duradouro.
- **Adaptabilidade:** Em um ambiente dinâmico, de mudança constante, a ideia deve ser adaptável.

Desenvolva protótipos

O protótipo apresenta de forma real as funções e as características essenciais da ideia. Crie um protótipo logo no início, sem grandes planejamentos e com pouco esforço. Escolha entre diferentes tipos; a seleção depende da maturidade da ideia e do caráter dela, se corresponde a um produto inovador, a um serviço ou a um modelo de negócios.

» **Desenhos e colagens de fotos:** Crie de forma fácil e rápida um protótipo da ideia em papel, quadro branco ou dispositivo eletrônico com um desenho ou uma imagem feita de fotos coladas. Descreva o design do produto ou crie desenhos das funções e características isoladas da ideia.

» **Modelos:** Use papel, papelão, massa de modelar ou isopor para ilustrar funções ou características da ideia. Uma impressora 3D faz modelos realistas.

» **Narrativas e encenações:** Conte uma história sobre o uso do produto para obter feedback sobre sua utilidade e facilidade de uso. Com a narrativa, descreva as vantagens ou o uso da ideia como uma história real ou fictícia. Também é interessante encenar a história na forma de vídeo, como um jogo ou com brinquedos de montar.

» **Protótipos digitais:** Faça representações visuais iniciais de elementos de controle e botões com quadros de arame. Crie um site para apresentar as ideias e avalie o comportamento do usuário nele.

DICA

Se a criação do protótipo for muito extenuante, simule seu funcionamento com um experimento para sujeitos de teste. Por exemplo, para saber se os clientes aceitam o uso da inteligência artificial em um serviço de consulta, disponibilize uma tela de entrada em um computador e explique que as respostas às perguntas feitas pelos participantes do teste são fornecidas por um computador. Simule isso para os participantes e peça a um colaborador que responda às perguntas. Verifique se os clientes em geral aceitam esse tipo de consulta. Esse também é um meio de descobrir como projetar a inteligência artificial para a consulta. Esse é um protótipo *Mágico de Oz*. Assim como no filme clássico *O Mágico de Oz*, algo acontece atrás da tela, e não é necessariamente o que os clientes esperam. Avise aos participantes do teste que se trata de um experimento.

Teste soluções

O design thinking vive do feedback inicial dos potenciais clientes sobre ideias e suposições. Isso possibilita aprender e adaptar as suposições e soluções. A ideia é formular e verificar várias suposições sobre o comportamento e as necessidades dos usuários, bem como as ideias para a solução. Peça aos clientes uma avaliação com base em uma única característica que possam testar facilmente em um protótipo. Se receber feedback negativo de um cliente, responda de forma rápida e flexível. Use o que aprendeu para projetar um novo protótipo e testá-lo novamente.

DICA

Há várias maneiras de conseguir respondentes. Fale com seus amigos e contatos das redes sociais, peça recomendações a amigos de amigos ou crie e-mails descrevendo o projeto para outras pessoas encaminharem, com uma nota explicando que você procura contatos para testar suas suposições ou ideias. Você pode abordar seus colaboradores ou colegas na sua própria empresa e questioná-los sobre o papel do cliente.

Sempre pense em lugares nos quais encontrar clientes em potencial. Pode ser um local real (cafés, lojas, feiras) ou virtual (redes sociais, fóruns de negócios). Pesquise onde seus clientes compram, trabalham ou se divertem. Durante o primeiro contato com alguém de um novo grupo de clientes em potencial, enfatize que isso não é um discurso de vendas, mas que você precisa de conselhos e da avaliação dessa pessoa.

Faça entrevistas pessoais, se possível. Durante cada entrevista, não considere apenas os relatos específicos de conteúdo — preste atenção particularmente a declarações que tenham alguma emoção por trás ou que sejam uma surpresa. Ao reconhecer um padrão de resposta claro, seu trabalho está feito. Ao criar um protótipo online na forma de site ou de aplicativo, você examina o comportamento do visitante da página. Com o protótipo online, teste funções individuais ou a facilidade de uso das ofertas online.

Se as suposições não forem confirmadas ou se a observação e as pesquisas mostrarem resultados ambíguos, retorne a um estágio anterior do processo do design thinking. A falha é um ensinamento, mude a ideia de acordo com o feedback dos usuários, crie um protótipo aprimorado e realize novos testes. Com essa abordagem, aos poucos você alcançará um produto ou serviço promissor, ou uma inovação do modelo de negócios.

Comece com o Pé Direito

Depois de conhecer os princípios por trás do design thinking e a abordagem a ser adotada, comece o quanto antes. Forme a equipe, defina as funções e os canais de comunicação, planeje as primeiras etapas e prepare o arcabouço técnico e o ambiente de trabalho.

A equipe

Forme uma equipe com pelo menos cinco e no máximo nove pessoas para o projeto do design thinking. Ao abordar as pessoas, lembre-se da necessidade de ter um grupo o mais diversificado possível. Não considere apenas características como idade, gênero ou etnia. Analise as experiências e os valores profissionais e pessoais para poder utilizar as várias perspectivas, métodos e conhecimentos dos membros da equipe em prol do sucesso do projeto.

As funções e os canais de comunicação

No início de cada fase, discuta as tarefas que a equipe executará e, em seguida, peça a cada membro que selecione suas tarefas independentes. Estabeleça as responsabilidades dentro da equipe, nas unidades organizacionais internas e com os parceiros externos. Quem é responsável pelo quê? Quem realiza o trabalho? Com quem uma tarefa precisa ser alinhada e quem deve ser informado?

Evite documentações extensas e relatórios. O método de comunicação deve se basear em conversas espontâneas e em discussões presenciais. Realize reuniões para conferir o status do projeto, como um scrum diário, assim:

- » Diariamente e sempre no mesmo local.
- » Nunca devem durar mais de quinze minutos.
- » Todos devem ficar de pé durante as reuniões. (Nada de cadeiras!)

No design thinking, o trabalho em grupo e o individual focado se alternam. Um formato possível é o workshop, pensado para promover uma interação aprofundada entre os membros da equipe. Organize workshops para cada fase do projeto, para concluir as tarefas em conjunto. O objetivo do workshop é desenvolver um entendimento compartilhado da tarefa, caracterizar os usuários com mais precisão, compilar os resultados de observações e pesquisas, e encontrar ideias ou criar protótipos.

DICA

Varie a composição e o tipo de trabalho em grupo e individual no escopo de um workshop para que ele continue diversificado e inspirador. Altere os horários de trabalho e de intervalo, troque de sala e a mobília, recrute moderadores externos e aplique diferentes métodos durante os workshops, por exemplo.

As etapas

Em uma iniciativa de design thinking, tanto o planejamento quanto a execução do projeto se baseiam em um método ágil. Primeiro, anote todas as tarefas definidas necessárias em qualquer ordem. (Na gestão de projetos, elas se chamam *pacotes de trabalho*.) Em seguida, pergunte-se o que fazer para alcançar a meta selecionada. Faça um plano detalhado para as próximas etapas que precisarem ser executadas. Quando uma etapa for concluída, esse progresso e todos os desenvolvimentos fora do escopo do projeto aprimorarão a base de conhecimento. Então você saberá como fazer um plano melhor para a próxima etapa. Com essa abordagem ágil, as mudanças emergentes são integradas de forma rápida e flexível — idealmente, na forma de feedback do cliente — ao planejamento desde o início.

DICA

A forma adotada pelo planejamento pode ser ilustrada com a regra do lápis e da caneta: escreva sempre as etapas imediatamente subsequentes com uma caneta e, em seguida, esboce as posteriores com um lápis para que possam ser alteradas com facilidade.

Com esse planejamento em sequência, a sucessão lógica das tarefas é determinada. Um esboço aproximado consiste nestas fases:

- » Compreensão da tarefa.
- » Pesquisa das soluções.
- » Criação do protótipo.
- » Teste da solução proposta com o cliente.

Além de planejar a sequência, defina metas provisórias, nas quais o progresso do projeto seja revisado e sejam tomadas as decisões referentes aos próximos passos (como: "Continuar" para seguir em frente ou "Interromper" para suspender o projeto).

Acrescente pausas se os intervalos predefinidos para os colaboradores ou para as tarefas forem escassos. Determine a duração (de 5% a 15% do tempo total necessário) para a coordenação do projeto. Um gráfico de barras é a melhor maneira de ilustrar a linha do tempo.

É fundamental conhecer o tipo e a quantidade de materiais necessários para concluir qualquer tarefa definida. Ao estimar a quantidade de trabalho necessária prevista, os detalhes de cada tarefa são considerados, para que sua meta seja atingida. Todos os membros inicialmente estimam o esforço necessário para cada atividade específica. Em seguida, os resultados estimados são comparados, e o grupo define uma média.

O ambiente de trabalho

Disponibilize áreas de trabalho comuns e separe espaços individuais. Tais locais são chamados de *espaços compartilhados*, como salas de reuniões para todos se comunicarem abertamente, e de *espaços isolados* para o trabalho individual e silencioso.

DICA

Devido à distribuição em pequenos grupos, ao uso de partições volumosas, à natureza comunitária do trabalho nos protótipos e à necessidade de os participantes se movimentarem, os workshops demandam muito espaço.

No design thinking, o trabalho em grupo e o individual se alternam em questão de minutos. Os cômodos e a mobília precisam dar conta dessa flexibilidade. As grandes áreas de trabalho precisam ser divisíveis para viabilizar o trabalho de acordo com seus requisitos (tipo de trabalho, tamanho do grupo) por meio de portas de correr ou divisórias móveis. Também é uma boa ideia separar pequenos grupos que precisem de isolamento com quadros brancos deslizantes ou murais de cortiça como divisórias. Certifique-se de que os participantes relaxem durante os intervalos e incentive as interações informais.

DICA

Abasteça as áreas de trabalho em grupo com mesas verticais e bancos móveis, para que, conforme se movimentam, novos grupos se formem. O movimento estimula a criatividade. Não hesite em postar notas adesivas em janelas, portas e paredes neutras.

O equipamento técnico para as salas de workshop varia conforme a área ou o setor do produto. Além do equipamento de escritório e de telecomunicações padrão, inclua impressoras 3D, escâneres, giz de cera, smartboards ou dispositivos de realidade virtual. Todos eles simplificam a comunicação e a visualização dos resultados. Inicialmente, é necessário fornecer papel e transparências em vários tamanhos e cores, cartões de apresentação, notas adesivas, diferentes tipos de canetas, ímãs e adesivos como suprimento básico.

DICA

Lembre-se do importante papel do moderador ao planejar um workshop. Encontre uma pessoa apropriada. O moderador reúne os participantes, estrutura o processo, resume os resultados e fica de olho na meta e no tempo do workshop. Um moderador externo pode ajudá-lo a superar a cegueira operacional e os interesses divergentes dos participantes.

Peça ajuda

Peça ajuda em prol do projeto, principalmente dos seus supervisores. Procure aliados na empresa que conheçam ou queiram conhecer o design thinking. Deixe os colaboradores da empresa curiosos sobre essa abordagem inovadora. Saliente a necessidade da inovação para alcançar o sucesso corporativo sustentável. Explique a aplicabilidade, os princípios e os métodos do design thinking. Rebata as objeções sugerindo iniciar um projeto com duração limitada e um orçamento gerenciável. Ao mesmo tempo, peça liberdade para estruturar o conteúdo do projeto. É assim que se criam as condições ideais para a implementação bem-sucedida do projeto do design thinking.

NESTE CAPÍTULO

» **Focando as pessoas**

» **Visualizando e demonstrando ideias**

» **Entendendo os erros como oportunidades para aprender**

» **Integrando diferentes perspectivas na equipe**

» **Projetando áreas de trabalho e processos para o sucesso**

Capítulo **2**

Entendendo os Princípios do Design Thinking

Neste capítulo, você descobrirá mais sobre os princípios do design thinking e entenderá o papel significativo que eles desempenham no sucesso do projeto. No design thinking, tudo gira em torno das pessoas. Concentre-se nas necessidades das pessoas desde o início e, acima de tudo, dedique-se aos usuários líderes. Por meio dessa estratégia, você poderá aproximar-se dos usuários para poder analisar melhor suas emoções, seus objetivos e suas atividades. O design thinking objetiva elucidar os resultados da análise e as soluções propostas, e torná-los compreensíveis. Como resultado, surge outro princípio — aprender com os erros ao desenvolver a solução. Lembre-se de que o design thinking se baseia no trabalho em equipe, e este, por sua vez, demanda espaços de trabalho apropriados. Como uma iniciativa de equipe, ele também obriga a aprender e a apreciar os potenciais benefícios das várias perspectivas. Afinal, o processo deve ser flexível e orientado a objetivos.

Foque as Pessoas o Quanto Antes

Um olhar coerente para o cliente ao gerar e desenvolver novos produtos e serviços é há muito tempo reconhecido como um fator significativo no sucesso de uma empresa. Com o design thinking, o nível é outro. Ele é mais do que um foco em cliente — é um foco em pessoas. As pessoas são o começo, o meio e o fim de todas as considerações. Comece abordando um problema enfrentado pelos usuários ou um desejo expresso por eles. Sua tarefa no design thinking não é buscar uma meta de tecnologia ou de negócios — é satisfazer as necessidades expressas dos clientes.

DICA

Com o design thinking, a pergunta não é: "Como aplicar a tecnologia XY?" Também não é: "Como impressionar o cliente com nosso novo produto?" Em vez disso, a pergunta será: "Como resolver o problema dos usuários de forma que nossa solução facilite a vida deles?"

Os usuários devem ter uma influência substancial nas decisões sobre continuar/parar o processo. Se um grupo de clientes em potencial responder que o problema identificado é relevante, inicie as atividades. No entanto, se o feedback indicar que o problema é insignificante aos olhos do cliente, interrompa as atividades e identifique outro problema. Se os usuários não considerarem a solução atraente, mude a abordagem logo no início.

O princípio de criar um foco precoce nas pessoas oferece inúmeras vantagens e oportunidades:

» Foco, desde o início, nos desejos e problemas mais importantes dos usuários.

» Impressões detalhadas sobre o mercado de usuários.

» Baixa probabilidade de que o desenvolvimento tangencie o mercado.

» Prevenção da *superengenharia* — outra palavra para "perfeccionismo excessivo". Você evita o excesso de tecnicismo quando considera a perspectiva do cliente. Um exemplo é um produto que possui muitos recursos, cujo uso, portanto, fica complicado.

EXEMPLO

A empresa norte-americana Juicero originalmente queria vender, por US$700, uma prensa de sucos que pegava sacos de frutas e legumes pré-embalados e espremia o suco com a quantidade de força necessária de acordo com o conteúdo das embalagens. O aparelho era conectado à internet para que os ingredientes do suco fossem mostrados e os sacos plásticos, ordenados. Por fim, os usuários descobriram que era mais rápido esmagar com as mãos as frutas e os vegetais pré-embalados do que com a ajuda da prensa — e muito mais barato.

» Economia de tempo em termos de desenvolvimento de produtos e marketing subsequente.
» Redução de custos de desenvolvimento e marketing.
» Redução do risco de marketing.
» Aceleração do lançamento no mercado.

Além da Pesquisa Tradicional de Mercado

Na pesquisa tradicional de mercado, os clientes são questionados sobre seus desejos e suas necessidades e sobre o que pensam a respeito de um produto específico. Com esse tipo de pergunta direta, os métodos tradicionais, como pesquisas com clientes, geralmente produzem, por inúmeras razões, resultados decepcionantes quando se trata de buscar a inovação.

Os métodos tradicionais de pesquisa de mercado focam o cliente médio — que se supõe representar os usuários. Mas geralmente ele foca as necessidades atuais, as seleções de produtos e seus recursos — um estado de coisas chamado de *fixação funcional*. As próprias experiências (produtos) do cliente agem como uma restrição mental. Isso muitas vezes impede que o pensamento busque direções não convencionais e inovadoras. Da mesma forma, as empresas que transformam os desejos dos clientes de hoje em uma referência para as inovações futura estão se concentrando em pequenas melhorias. Com o tempo, perdem a capacidade de criar inovações radicais ou disruptivas. O cliente médio não tem uma necessidade urgente de novos produtos.

CUIDADO

Imagine que o cofundador do Facebook, Mark Zuckerberg, tivesse realizado uma pesquisa com clientes pouco antes do lançamento do Facebook, em 2003. Ele teria perguntado a muitos usuários em potencial por escrito ou online se precisavam de uma rede social. Com essa pergunta, naquele momento, os resultados teriam sido decepcionantes. Os clientes precisam desenvolver uma ideia do que está por trás de um produto ou serviço e de que tipo de benefício obteriam com ele. A ideia é analisar as necessidades das pessoas *sem* perguntar imediatamente sobre suas preferências por determinados recursos.

Além disso, o cliente médio mal consegue articular novas necessidades. Nesse contexto, costuma-se ouvir uma citação atribuída a Henry Ford: "Se eu tivesse perguntado às pessoas o que elas queriam, elas teriam dito cavalos mais rápidos." Se Ford realmente disse isso, ninguém sabe, e essa frase também é enganosa. Nunca espere que os clientes lhe forneçam soluções imediatamente. Ao começar com o design thinking, o foco não recai diretamente sobre as soluções, mas sobre o entendimento da pessoa e de seus problemas, desejos, motivações, objetivos e opiniões.

DICA

Não basta analisar os clientes médios, foco comum e exclusivo da pesquisa tradicional. Pesquise também o comportamento das pessoas que não estão entre os usuários. Pergunte-se o seguinte:

» Em que os clientes em potencial e aqueles que não são meus usuários se parecem? Em que se diferem?

» Quais são os motivos dessas diferenças e dessas semelhanças?

Lembre-se de que as pesquisas com clientes nas empresas ainda são conduzidas por departamentos. O marketing determina as necessidades e apresenta ideias para melhorias no produto. O setor de P&D elabora especificações técnicas e de produtos. Muitas vezes, não há coordenação de parceiros internos com externos. De modo geral, os clientes são incluídos de forma pontual só no início do processo de inovação e no final, quando o protótipo final é testado. Não há uma cooperação constante baseada na parceria com os clientes durante o processo de inovação.

DICA

As necessidades do cliente são importantes demais para relegá-las para o marketing, ou só aos funcionários de P&D e de produção. Mantenha contato com os clientes em workshops conjuntos ou, mesmo, indo visitá-los.

Encontrando o Usuário Líder

Como os clientes médios oferecem apenas um número limitado de novas ideias quando se trata de desenvolvimento de produtos, procure *usuários líderes* — aqueles cuja necessidade precede a de todos os outros clientes no mercado e que têm uma forte inclinação para resolvê-la. Essas pessoas são as primeiras a reconhecerem e a rastrearem uma tendência do mercado, antes que todos os outros possíveis usuários o tenham feito. O interesse delas em satisfazer suas necessidades é tão forte que geralmente desenvolvem seus próprios protótipos e às vezes os lançam no mercado por conta própria. Algumas dessas pessoas até iniciam seus próprios negócios com base nessa motivação (*empresários-usuários*). Em outras palavras, os usuários líderes não são os clientes médios ou os clientes-piloto e não representam necessariamente as necessidades dos clientes no mercado atual. Nem são necessariamente clientes anteriores; também podem vir de segmentos de mercado completamente diferentes e até de setores externos.

EXEMPLO

A internet é um produto advindo de um usuário líder: Tim Berners-Lee, o inventor da World Wide Web. Como funcionário da Organização Europeia de Pesquisa Nuclear (CERN), ele percebeu que o uso de diferentes infraestruturas de rede estava causando problemas de comunicação entre os vários locais de laboratório. Então, de início, estabeleceu a base para a World Wide Web para se comunicar mais facilmente com os colegas.

As mountain bikes também são um produto advindo de um usuário líder. Nos anos 1970, as bicicletas esportivas existentes não atendiam às necessidades de Gary Fisher e de outros hippies tradicionais. Eles as usavam em áreas rurais e se sentiram compelidos a modificar suas rodas para que aguentassem o tranco. Essa nova perspectiva resultou nas primeiras mountain bikes.

A integração sistemática de usuários líderes promete um alto potencial de inovações ao gerar ideias para novos produtos e serviços. Identificar esses usuários e integrar seu potencial criativo ao processo de inovação é a função do *método do usuário líder*, desenvolvido pelo professor Eric von Hippel no Instituto de Tecnologia de Massachusetts (MIT) em 1986.

Busque usuários líderes para o processo do design thinking analisando primeiro as tendências dominantes do mercado e da tecnologia. Pesquise online ou offline por novas tendências em tecnologias e desenvolvimentos de mercado (novas necessidades, novos concorrentes). São boas opções para pesquisa:

- » Bancos de dados de publicações e de patentes.
- » Jornais e revistas especializadas.
- » Estudos de tecnologia, mercado e setores feitos por associações comerciais, prestadores de serviços, empresas de consultoria, instituições científicas (universidades, institutos de pesquisa) e outras entidades nacionais e internacionais.
- » Estatísticas (sites como o do Instituto Brasileiro de Geografia e Estatística — IBGE [`https://www.ibge.gov.br/`], bem como sites privados do tipo).
- » Relatórios de pesquisa de tendências ou de mercado.
- » Relatórios anuais e de sustentabilidade, apresentações, releases de imprensa e sites de outras empresas (concorrentes, fornecedores, startups).
- » Pesquisa geral na internet, em fóruns, em blogs e em redes sociais.
- » Conferências e feiras.

» Pesquisas com clientes e fornecedores, workshops com clientes e fornecedores.

» Redes pessoais de seus próprios colaboradores.

» Palestras com especialistas.

» Trabalho cooperativo com institutos científicos ou outras empresas.

» Pesquisas com funcionários.

Após coletar as informações necessárias sobre a tecnologia e as tendências do mercado, defina os possíveis critérios para selecionar os usuários líderes. Aqui está uma lista que criei:

» Eles são criadores de tendências.

» Eles têm conhecimento específico sobre tecnologias relevantes ou sobre o problema que você está tentando solucionar.

» Eles frequentemente enfrentam o mesmo problema ou são forçados a lidar com ele de forma intensiva.

» Eles precisam lidar com condições especiais (extremas).

» Eles esperam um grande benefício em encontrar uma solução para o problema que você identificou.

» Eles já têm ideias iniciais ou até protótipos para a solução ou desenvolveram suas próprias modificações nas soluções existentes.

Não seja muito restrito ao definir esses critérios, ou acabará excluindo usuários líderes de outras áreas. Além disso, nem todos os critérios de seleção listados devem ser atendidos nem precisam ser 100% satisfeitos.

DICA

Certifique-se de analisar áreas análogas. Pode ser útil dar uma olhada em outros setores que usam tecnologias ou enfrentam desafios semelhantes. Pergunte a si mesmo quais áreas de aplicação têm os mesmos problemas em um nível abstrato e quais usam outras tecnologias.

Com base nesses critérios de seleção, há várias abordagens que permitem a identificação dos usuários líderes: enviar um questionário para um grande conjunto de indivíduos presselecionados com base nos critérios e pedir que divulguem algumas informações pessoais para determinar se eles serão os usuários líderes. Use esses indivíduos como recursos ao identificar tendências de mercado e tecnologia. (***Nota***: Como ponto de partida, integre clientes, fornecedores e contatos da empresa na pesquisa. Com a ajuda dos critérios de seleção mencionados, é possível distinguir entre os clientes já existentes os que são clientes médios e os que são usuários líderes.)

Você também pode simplesmente entrar em contato com uma quantidade limitada de pessoas no início e perguntar se elas conhecem usuários em potencial. Comece perguntando o seguinte:

- » Você conhece alguém com experiência nas áreas *XY*?
- » Você conhece alguém que já começou a desenvolver sua própria solução para esse problema em particular?
- » Você conhece alguém de áreas análogas que teve problemas semelhantes ou que usa tecnologias semelhantes?
- » Você conhece alguém que está tendo esse problema em circunstâncias especiais ou que está altamente motivado para encontrar uma solução?

Se tiver sorte, use as redes sociais das pessoas que contatou para difundir suas perguntas e preocupações para os contatos delas, e para os contatos de seus contatos, com o efeito bola de neve, até atingir um potencial usuário líder.

Para concluir a pesquisa, observe se:

- » As pessoas identificadas são adequadas como usuários líderes.
- » Elas estão motivadas e dispostas a participarem de um workshop.
- » A combinação desejada de pessoas para o workshop é apropriada.

Obviamente, não há usuário líder "perfeito", que satisfaça todos os critérios para a seleção.

Envolvendo o Usuário Líder

Envolva os usuários líderes na busca de possíveis soluções e convide-os para um workshop focado em criatividade. Para prepará-lo, esclareça as condições básicas, como horários, confidencialidade, remuneração e reembolso de despesas.

CUIDADO

Os direitos de inventor dos usuários líderes são uma questão desafiadora para as empresas. É algo que demanda soluções criativas que levem em conta os interesses legítimos deles. Evite situações "soltas", a ponto de não haver uma compensação justa. Conceda direitos de uso exclusivos ao usuário líder em determinadas áreas. A remuneração pode ser feita sob a forma de pagamento único, quantia única, por etapas e/ou por participação nos lucros. Benefícios em espécie também são possíveis. Depois, ofereça o produto resultante ao usuário líder sem cobrança e em termos plenos. Ou faça com que ele seja um dos primeiros clientes a receberem o produto.

Os usuários líderes, com a ajuda das mais recentes apresentações e técnicas criativas, devem trabalhar em soluções concretas, com representantes internos de vários departamentos, como P&D, produção, marketing e vendas. Planeje um máximo de 12 a 16 pessoas (metade, especialistas internos e a outra, usuários líderes externos) e um moderador (de preferência, externo) para o workshop. Pense em uma duração de um a três dias, dependendo do tópico e do foco. (Descubra mais sobre o planejamento e a execução de workshops no Capítulo 5.)

Desenvolvendo a Empatia

Um princípio fundamental do design thinking é a *empatia* — colocar-se no lugar do cliente ou do usuário para explorar seus sentimentos, emoções, pensamentos, intenções e ações. A empatia, além de ser uma forma de tomar distância e olhar o quadro geral, aumenta a proximidade com os clientes em potencial, orientando melhor os novos produtos e serviços, na medida em que atenderão às necessidades deles. Neste mundo automatizado, digitalizado e parcialmente desumanizado, em que as decisões são muitas vezes tomadas apenas com base em fatos concretos, números e dados, e em que o aumento da eficiência é uma prioridade, essa abordagem é promissora.

EXEMPLO

A falta de empatia foi um dos motivos do fracasso do Google Glass, que foi lançado em 2012 e caiu no ostracismo apenas três anos depois. A ideia do Google Glass era mostrar e-mails, chamadas, mensagens de texto, instruções ou vídeos do usuário diretamente em seu campo de visão. Um ponto negativo foi o controle por voz, um recurso que muitos usuários acabaram não gostando muito, especialmente quando os óculos de dados eram usados em público. Um fator ainda maior para o fracasso foi o sentimento que as pessoas tinham, quando interagiam com os usuários, de que sua privacidade estava sendo invadida — um aspecto que o Google ignorara. Várias pessoas sentiam que estavam sendo filmadas pelos usuários dos óculos e até os ameaçaram de forma violenta. O Google não atendeu adequadamente às necessidades dos usuários e, no que tange à empatia, não se colocou no lugar dos usuários na situação real de uso do produto.

A análise dos sentimentos e emoções dos usuários possibilita não apenas identificar suas necessidades ainda não ditas e sequer descobertas, como também entender as motivações por trás delas. Produtos e serviços influenciam sentimentos e criam emoções. Sentimentos e emoções também mostram as motivações por trás do uso de aplicativos. Você verifica seu e-mail com mais frequência quando se sente deprimido. Usa as redes sociais com mais frequência quando se sente sozinho. Recorre aos mecanismos de pesquisa da internet quando está inseguro. Assiste a vídeos quando fica entediado. As pessoas frequentemente usam produtos ou serviços por mais de um motivo. Na verdade, há uma rede de emoções que explica as ações delas. Somente quando os sentimentos e as emoções dos usuários são corretamente identificados e entendidos é possível usá-los como base para solucionar seus problemas ou realizar seus desejos. (Para mais informações sobre a importância dos sentimentos e das emoções, veja o Capítulo 7.)

Os sentimentos e as emoções se dividem em classificações básicas, vistas em todas as pessoas, em todas as culturas. Essas classificações (e suas variações) incluem a ansiedade (medo, pânico), a raiva (irritação), a tristeza, a alegria (felicidade), a curiosidade (surpresa), a repulsa (tédio, aversão) e o desprezo.

DICA

Preste atenção aos sentimentos das pessoas quando elas fazem ou quando deixam de fazer alguma coisa. Pergunte a si mesmo:

» Quais sentimentos reconheço ao observar gestos e expressões faciais?

» Quais sentimentos identifico ao ouvir o que uma pessoa fala e seu tom de voz?

Reserve um tempo para analisar as emoções subjacentes. Nomeie-as e as atribua às classificações básicas. Para praticar, comece com você mesmo: preste atenção aos seus sentimentos por uma semana e explore-os. Antes de dormir, nomeie-os e descreva-os em um diário de emoções. Divida-os em positivos, neutros e negativos. Pergunte-se por que as situações que viveu ao longo do dia levaram a essas emoções.

Tornando as Ideias Tangíveis

No design thinking, o objetivo é tornar as ideias compreensíveis e tangíveis em um estágio inicial. Você visualiza as ideias e, de preferência, as demonstra com um protótipo para os usuários em potencial as experimentarem. Os protótipos não precisam necessariamente ser peças de hardware; podem ser desenhos, imagens, encenações, construções de modelos ou vídeos. (Para mais informações sobre protótipos, veja o Capítulo 13.) Não se trata de oferecer aos usuários um produto final e perfeito. Pelo contrário. Inicialmente, eles devem apenas revisar funções, recursos, características ou atividades individuais de uma oferta de produto ou serviço. Um protótipo torna tangível algo difícil de descrever. Ao criar e selecionar um protótipo, o princípio orientador é o seguinte: o mais simples possível, o mais significativo possível.

EXEMPLO

Em seu site, o Dropbox exibiu um pequeno vídeo que explicava os benefícios da ideia do produto de forma simples e original. A parte interessante: essa solução de software ainda não existia. O vídeo foi um grande sucesso e mais de 100 mil pessoas se registraram para conhecê-lo melhor. Os fundadores receberam, assim, um feedback positivo sobre a ideia e começaram a implementação.

É Errando que Se Aprende

Outro princípio importante do design thinking envolve aprender com os erros. Certifique-se de que eles sejam entendidos como um componente fixo do processo e que sejam considerados oportunidades de aprendizado. As tarefas com as quais lidamos no design thinking são sempre acompanhadas de incertezas. No que tange à inovação, é impossível haver uma abordagem livre de defeitos, e esse nem deve ser o objetivo. Só a tentativa de alcançar algo perfeito com o primeiro rascunho, conceito, protótipo ou produto geralmente já está fadada ao fracasso quando se trata de inovação, e isso castra o surgimento de novos conceitos inovadores.

DICA

Aprenda rapidamente com os erros e estabeleça uma cultura de experimentação na empresa. Assim como os sucessos, eles são oportunidades de aprendizado. Para aprender com os erros, responda às seguintes perguntas na equipe:

- » O que causou o erro?
- » O que precisamos fazer juntos para remediar ou reduzir o efeito prejudicial do erro?
- » Como o erro surgiu?
- » O que precisamos fazer no futuro para evitar que ele ocorra?
- » O que aprendemos com ele como empresa?

Aborde o fato de que erros (necessariamente) sempre ocorrem e são esperados. Por isso, permita-os — melhor ainda, incentive-os. O desenvolvimento da inovação consiste em um *aprendizado de duas pernas* — a partir dos sucessos e dos erros. A melhor forma de entender esse ponto é usando exemplos de sua própria empresa, mostrando como os erros levaram a melhorias específicas ou até a inovações. (Para saber mais sobre como aprender com os erros, veja o Capítulo 3.)

EXEMPLO

O Teflon foi descoberto porque um químico que estava testando um gás refrigerante e o armazenou por muito tempo. A penicilina foi descoberta pelo bacteriologista Alexander Fleming quando, antes de sair de férias, esqueceu uma placa de Petri com bactérias, atacada por uma contaminação fúngica que as impediu de se proliferarem.

Os picolés foram inventados quando Frank Epperson, aos 11 anos, deixou um palito dentro de uma limonada caseira no pátio durante um período de frio congelante. O saquinho de chá foi inventado depois que um comerciante de chás os colocou em bolsas de seda para barateá-los e os clientes os imergiram acidentalmente em água fervente.

Gente de Toda Cor, Raça de Toda Fé

Um importante fator de sucesso no design thinking é a composição correta da equipe. Existem boas razões para apostar em uma que seja bastante diversificada. O design thinking coloca as pessoas no centro das atenções. Observe as pessoas para as quais deseja solucionar um problema ou cujos desejos pretende realizar. Muito provavelmente, têm várias faixas etárias, homens e mulheres de diferentes origens culturais. Então retratar essa diversidade na equipe é um grande adianto. Isso facilita que todos os integrantes se coloquem no lugar e se vejam nas situações dos usuários.

Outro efeito positivo da diversidade é a forma de abordar as tarefas que enfrenta. No design thinking, as tarefas não são fáceis de resolver. É preciso ter conhecimento, criatividade, experiência e perspectivas de diferentes disciplinas. Ele combina amplitude interdisciplinar e profundidade técnica. O processo se baseia no conhecimento, na experiência e nas perspectivas de uma equipe de engenheiros e de cientistas das áreas de ciências naturais, engenharia, humanidades e ciências sociais e econômicas, capazes de fazer essa colaboração multidisciplinar. (Para saber mais sobre a importância de priorizar a diversidade no que se refere à formação de equipes, veja o Capítulo 5.)

DICA

Não restrinja a diversidade a idade, gênero, educação ou formação cultural. A afiliação com a empresa (por um longo período ou uma contratação recente), a experiência com o tópico (aprofundada, baixa, nenhuma) e o tipo de personalidade (introvertido ou extrovertido) são fatores adicionais para levar em consideração.

Espaços para Equipes que Estimulam a Criatividade

O impacto do design da sala e da mobília tende a ser subestimado quando se trata de fomentar a inovação em uma empresa. Para um trabalho inovador, é necessário criar um equilíbrio entre concentração, comunicação e criatividade nos espaços de trabalho. Ao mesmo tempo, a arquitetura e o design do local devem permitir a flexibilidade. É por isso que a "fábrica de inovação" deve ser diferente da "fábrica de produção" usual, projetada exclusivamente visando a eficiência.

Os espaços de trabalho para o trabalho individual e em grupo, bem como as montagens de todo o grupo, devem ter um design flexível e inspirador. Recomendo escolher diferentes locais, salas ou arranjos de móveis para as diferentes fases do design thinking. Isso permite criar uma nova atmosfera de trabalho em tempo real — adequada para o trabalho que está sendo realizado.

O design thinking é um processo coletivo, que não ocorre apenas internamente, mas também integra parceiros externos. O design da sala deve simplificar e incentivar o trabalho coletivo a distâncias curtas. Prédios e salas conectadas a passarelas e pontes cobertas conectam diferentes setores em um design espacial ideal. (Aprenda mais sobre esse tópico no Capítulo 5.)

EXEMPLO

O Airbnb projetou algumas de suas salas corporativas com um design similar ao das casas de seus clientes ao redor do mundo. O Google equipa seus locais de trabalho com sofás, áreas de jogos, equipamentos de ginástica, redes, mesas de sinuca, tênis de mesa, cadeiras de massagem e salas de ioga. O escritório da Lego na Dinamarca também possui muitas áreas de trabalho divertidas, como campos de minigolfe. Em vez de usar as escadas, os funcionários podem optar por um escorregador. O escritório do Kickstarter na cidade de Nova York fica dentro de uma antiga fábrica de lápis e inclui espaços como teatro, biblioteca, galeria e jardim. Árvores crescem no jardim e frutas e legumes são plantados para os funcionários.

Combinando Foco e Flexibilidade

No design thinking, o caminho para o objetivo é cheio de incertezas. Em situações assim, geralmente há pouca informação na qual basear a melhor abordagem. As previsões para desenvolvimentos futuros tendem a ser vagas, dificultando uma boa elucidação — quando ela existe. Reduza a incerteza e a complexidade avançando passo a passo e respondendo às mudanças com flexibilidade.

O processo do design thinking incentiva essa abordagem gradual. Primeiro, analise minuciosamente o problema, use os resultados da análise para formular as tarefas, desenvolva as primeiras soluções possíveis, teste-as e aprenda com o feedback. As fases não são concluídas uma após a outra, de forma categórica. Sempre que obtiver informações que demandem uma análise detalhada, volte à etapa anterior. Mudanças no processo são esperadas e desejadas. Cada passo é um novo desafio. É por isso que parte dos princípios é deixar o caminho flexível para ser alterado quando for necessário. (Para saber mais sobre flexibilidade nos fluxos de trabalho, veja o Capítulo 4.)

DICA

Aceite o fato de que todas as informações necessárias não estarão à disposição logo no início e que não tem como fazer tudo perfeitamente de imediato. Entenda que conhecimento e informação são os maiores inimigos da incerteza. O processo do design thinking fornece o conhecimento relevante e as informações necessárias. A incerteza é baseada no medo do fracasso. Pense de forma realista nas potenciais perdas caso o projeto falhe. Nessa perspectiva, geralmente os benefícios superam os riscos.

Concentre-se durante o design thinking. De início, o princípio do foco parece contradizer a necessidade de flexibilidade. Minha experiência com processos criativos mostrou que a definição de limites ou de limitações claras é útil para o processo. Dentro desses limites é que se age com flexibilidade. Eles podem consistir em uma orientação aproximada, baseada na estratégia da empresa, em um foco regional especial, em uma certa quantidade de novos recursos, no cumprimento de restrições regulatórias ou em recursos com disponibilidade limitada.

DICA

O foco contínuo também se relaciona com o processo do design thinking. Os limites podem representar uma necessidade de definir prazos claros para as fases individuais ou de especificar para quem, como e em que situação a solução deve ser usada. Quando essas limitações são aplicadas e comunicadas adequadamente, elas ampliam a criatividade e têm um efeito motivador e inspirador na equipe. Permaneça fiel ao princípio: "A necessidade é a mãe da inventividade."

Combinando Foco e Flexibilidade

[illegible]

[illegible]

[illegible]

[illegible]

[illegible]

NESTE CAPÍTULO

» **Fomentando um espírito de otimismo e interesse**

» **Criando as bases para ter o suporte da empresa**

» **Vendo os reveses como oportunidades de aprendizado**

» **Preparando e motivando os colaboradores para a tarefa**

Capítulo **3**

Um Mundo Ideal

Meu conselho? Não atropele as coisas começando imediatamente as tarefas do design thinking. Invista tempo suficiente para preparar os colaboradores e a comitiva para começá-lo. Neste capítulo, você descobrirá como criar as condições para o sucesso de tudo o que diga respeito ao projeto. Em primeiro lugar, as pessoas precisam ver a lógica por trás das tarefas. Desenvolva uma visão para o projeto com a equipe e com os outros envolvidos da empresa, descrevendo os benefícios de longo prazo do seu trabalho. Você descobrirá como é importante obter suporte da alta gerência e como conseguir exigir liberdade criativa. Por fim, mostrarei como tomar decisões na empresa com mais eficiência. Você descobrirá como identificar as habilidades necessárias para a tarefa e como motivar os funcionários para o projeto por meio de elogios e de reconhecimento.

É Pura Adrenalina no Ar

Antes de começar a tarefa, responda a estas duas perguntas básicas para si e para todos os outros participantes em potencial:

- Qual é o objetivo que deseja alcançar com a tarefa?
- Por que quer alcançá-lo?

A resposta para essas perguntas é a visão da tarefa — o *desafio de design* que deseja resolver com o design thinking.

Criando a visão do projeto

Essa é a descrição da visão de longo prazo para o futuro, que visa melhorar a situação atual. A visão confere sentido e motivação para os participantes. O foco dela é mais o "que" e "por que" e menos o "como". A visão se relaciona com o futuro e integra desenvolvimentos sociais que permitem a formação de um quadro de referência mais pessoal e humano para abarcar os clientes. O produto deve criar valor agregado para eles. O desafio de design deve oferecer um benefício para as pessoas e para o ambiente.

Use o tempo necessário na equipe e discuta a visão compartilhada para a tarefa. Dessa forma, uma atitude positiva é criada na equipe e um espírito de otimismo, evocado. Um exemplo de uma visão forte foi o objetivo de John F. Kennedy, estabelecido em 1961, de os Estados Unidos enviarem alguém à Lua nos dez anos seguintes. (É por isso que *pensamento da lua* [moonshot thinking] é uma boa expressão sobre o poder de uma visão compartilhada.)

A visão deve criar uma pressão para a mudança, pressionar fortemente a iniciativa de implementação imediata e ser facilmente comunicável em imagens. Considere este exemplo: "Queremos aumentar nossa participação de mercado em 20% entre os produtos farmacêuticos contra doenças neurodegenerativas." Relaciona-se à empresa, é tecnicamente lógica e não particularmente motivador. Experimente esta: "Em dez anos, os seres humanos não sofrerão mais de Alzheimer." É centrada no ser humano, imagética e inspiradora.

Comunicando a visão

Fale repetidamente sobre a visão com todos os participantes, aproveitando todas as oportunidades para fomentar o assunto. Fale sobre o desafio de design durante todas as reuniões de equipe, workshops e palestras, bem como durante discussões informais com colaboradores até então não envolvidos no projeto ou com seus parceiros de negócios. Aproveite todas as oportunidades para trocar ideias sobre a visão; cada troca gerará feedback, o que, por sua vez, é útil para aprimorar o foco da tarefa. A visão e a tarefa derivada dela devem estar permanentemente visíveis e sempre presentes na empresa. Coloque na intranet o desafio de design, exiba um pôster com a tarefa nos espaços comuns, escreva um artigo sobre os objetivos nas publicações internas da empresa e distribua folhetos e adesivos sobre o projeto na empresa.

DICA

Escreva o desafio de design como se fosse uma história e lhe dê um título marcante. Fale de maneira divertida e envolvente sobre os desafios que deseja resolver com o design thinking. Use os elementos fictícios da narrativa para contar a história real da visão — especialmente quando se trata dos benefícios que a solução pretende levar para as pessoas. O enredo da história deve responder às perguntas sobre por que deseja dominar a tarefa e o que usará para fazê-lo. (Descubra mais sobre narrativas no Capítulo 13.)

Incentive a Disposição para Mudar

Durante a execução do processo do design thinking e a posterior implementação dos resultados, você precisará da cooperação de muitos funcionários e parceiros externos, como fornecedores. A abordagem, assim como o resultado real, provavelmente não é familiar, é nova para eles. Novas ideias sempre são recebidas com ceticismo, reservas ou resistência. Você está forçando seus funcionários a mudarem de hábitos, atribuições ou fluxos de trabalho.

Com uma visão inspiradora, as bases necessárias para a mudança são instituídas. Criar uma noção da importância, necessidade e urgência de algo novo entre os aliados e dentro da empresa funciona. Isso requer uma análise da situação atual e dos desafios futuros.

Um cenário de inércia funciona como um "tapa na cara". Pergunte à equipe ou à empresa como um todo o que aconteceria se eles parassem subitamente todos os esforços para criar algo novo de um dia para o outro. Faça as seguintes perguntas:

» O que acontecerá se não resolvermos essa tarefa como empresa?
» O que nossos concorrentes fariam?
» Como nossos clientes reagiriam em longo prazo?
» Que riscos isso cria?
» Quais oportunidades serão perdidas se não realizarmos essa tarefa?

Despertando a Curiosidade

A curiosidade é uma avaliação subjetiva que indica que algo interessante foi encontrado. As pessoas nascem com ela. No entanto, com o avanço da idade, perdem essa curiosidade inata. Em estudos científicos, ficou provado que ela tem efeitos positivos. Pessoas curiosas fazem contatos sociais de maneira mais rápida e fácil, mostram-se mais interessantes e agradáveis, e são mais autoconfiantes e felizes. Isso leva a uma maior satisfação na vida e uma expectativa de vida maior. Além do benefício pessoal, a curiosidade é a base da expansão e da criatividade, para que novas coisas sejam descobertas e progressos, descortinados. Na empresa, desperte a curiosidade pela tarefa, para dominá-la com sucesso por meio do design thinking.

As pessoas ficam curiosas quando acham o tópico interessante. Algo é interessante se é desafiador, se recompensa e também se é compreensível. Portanto, é necessário apresentar à empresa o problema e a pergunta em que deseja trabalhar, usando o design thinking para dar esse caráter de desafio, de recompensa e de esclarecimento.

Trate a tarefa como um desafio

Comunique a natureza desafiadora da tarefa à equipe ou à empresa, demonstrando como todas as soluções anteriores para o problema se mostraram inadequadas. Continue explicando que muitas correlações imprecisas e relacionamentos pouco claros precisam ser examinados ou que a causa do problema é desconhecida. Uma tarefa complexa gera curiosidade.

EXEMPLO

Construir um sistema de energia eólica é um desafio técnico e econômico. Além da parte técnica da melhoria das pás, das engrenagens e dos geradores do rotor, é importante encontrar um local econômico, ecológico e aceito pela população local. Essas tarefas estão interligadas. Do ponto de vista técnico e econômico, são altamente interessantes e, sem dúvida, despertam curiosidade.

Trate a tarefa como uma recompensa

Destaque o fato de que certos benefícios empresariais e pessoais estão associados à solução da tarefa. Explique por que é importante resolvê-la. Entre os benefícios da tarefa para a empresa, estão o aumento da satisfação dos clientes, a melhora da imagem da empresa, uma maior participação no mercado, uma maior margem de lucros ou sua sustentabilidade. Além dos benefícios financeiros e de promoção de carreira resultantes da tarefa, mostre que há também a recompensa pessoal de descobrir como algo funciona ou a de ajudar a resolver um problema espinhoso. Aprender algo é percebido como uma recompensa. Enfatize esses tipos de recompensa para despertar curiosidade pelo processo de design thinking na equipe e na empresa como um todo.

Trate a tarefa como um meio de entendimento

Três aspectos da tarefa — o desafio, a recompensa e seu caráter esclarecedor — promovem a curiosidade. O design thinking é estruturado para que se desenvolva uma melhor compreensão da tarefa passo a passo. Primeiro, coloque-se no lugar dos envolvidos, pois eles enfrentam uma situação específica. Esse entendimento amplia a curiosidade. O bom disso é que o entendimento se retroalimenta e já demonstrou promover a felicidade. A pessoa é estimulada a sempre querer saber mais, e o conhecimento gera uma sensação de satisfação. Gera interesse em resolver a tarefa. Explique a tarefa e os princípios e a abordagem do design thinking à equipe e aos outros envolvidos da empresa. Quanto mais os colaboradores descobrem, mais curiosos ficam. (Para saber mais sobre os princípios do design thinking, veja o Capítulo 2; para obter mais informações sobre sua abordagem, veja o Capítulo 1.)

Treine a curiosidade

Aqui está outro aspecto positivo da curiosidade: você pode fomentar seus próprios níveis de curiosidade por conta própria.

EXEMPLO

Antes de visitar um museu com uma exposição de um artista que você não conhece, pesquise sobre ele. Leia sobre sua personalidade, jornada, estilo particular e obras mais famosas, em livros de uma biblioteca ou na internet.

Você verá que ficará muito mais curioso sobre a obra de arte que planeja ver e desejará saber muito mais detalhes. A propósito, já ouviu falar do esporte *tamburello*? Pesquise agora ou fique curioso.

Aqui está o que recomendo fazer para aguçar a curiosidade:

- **Supere o medo:** Se o tópico ou a tarefa em questão parecer incompreensível, só servirá para confundir e perturbar. A incerteza causa bloqueios e medo. O medo inibe a curiosidade. Esse círculo vicioso só se rompe com engajamento na tarefa e conhecimento sobre ela. Analise como você reage a algo novo ou desconhecido. Pense em uma situação assustadora do passado e descreva suas incertezas, seus medos e por que encarou a tarefa com tanta relutância. Pergunte a si mesmo se, em retrospectiva, sua reação foi justificada, objetivamente falando.
- **Tente uma nova tarefa:** Faça um esforço para testar algo novo com mais frequência e, em seguida, reserve um tempo para descrever seus sentimentos e se perguntar por que você percebeu essa coisa nova da maneira que percebeu. Por exemplo, desenhe uma figura mostrando os resultados das reuniões em vez de escrevê-los. Faça algo que você nunca foi capaz de fazer. Com o tempo, você perderá o medo do novo. A leitura de novos materiais também aguça a curiosidade. Leia regularmente — de preferência de um autor que você ainda não conhece. Se gosta de romances históricos, leia ficção científica ou suspense. Você descobrirá novas perspectivas, obterá novos conhecimentos e aprenderá com eles.
- **Examine tudo:** Pergunte com frequência por que algo é do jeito que é. Pergunte por que as torradeiras precisam ter a aparência que têm. Pergunte por que um sofá precisa ser confortável. Já se perguntou por que crianças pequenas perguntam "Por quê?" umas cinquenta vezes por dia, enquanto você, como adulto, pergunta cerca de quatro, quando o faz?

Peça (e Receba) Apoio dos Superiores

Um fator de sucesso significativo no design thinking é o apoio da gestão da empresa ou de seu departamento. Peça esse apoio, que terá formas diversas. O design thinking demanda interseções departamentais e, muitas vezes, corporativas. A gerência da empresa e a do departamento podem pavimentar o caminho para essas colaborações, tornando obrigatório o apoio ao projeto em um nível hierárquico mais alto. É fundamental que os gestores da empresa e os do departamento conheçam as vantagens e as oportunidades do design thinking e dediquem-se a destacar a importância, a necessidade e a urgência do desafio de design, sempre que apropriado.

DICA

O desafio de design deve ser um item regular da agenda das reuniões no nível da gerência da empresa e do departamento. Outras oportunidades de divulgação incluem comunicar o propósito da tarefa em apresentações de gerentes ou conversas com funcionários e parceiros de negócios.

Por fim, o apoio também é mostrado quando os recursos necessários são disponibilizados na forma de funcionários, dispositivos, materiais, máquinas ou capital. Como o design thinking é um processo em etapas, o financiamento pode ser passado de acordo com os marcos. (Descubra mais sobre marcos no Capítulo 5.) Na minha experiência, ter marcos acelera o processo de aprovação quando se trata de liberar recursos.

Peça (e Receba) Liberdade Criativa

Ao executar um projeto, exija a liberdade de tomar o máximo possível de decisões na equipe. A liberdade criativa entre os funcionários aumenta o senso de responsabilidade, motiva-os e libera a equipe de gestão para concentrar suas energias em decisões estratégicas.

De início, essa liberdade pode dizer respeito à abordagem adotada. Se o "que" foi coordenado com a gerência da empresa e com a do departamento ("O que o desafio de design deve alcançar?"), a responsabilidade do "como" ("Como a tarefa deve ser resolvida?") deve caber à equipe do projeto. Esclareça quem na empresa é responsável pelo quê. É melhor fazer isso por escrito, com um *resumo do projeto*, no qual se resumem a tarefa, as metas, os usuários, o prazo e o orçamento — condense em uma página ou, no máximo, em até três. (Para mais informações sobre o resumo do projeto, veja o Capítulo 5.)

A liberdade também pode dizer respeito ao horário de trabalho. Uma possibilidade é os funcionários terem períodos para escolher se envolverem em tarefas criativas com a abordagem do design thinking — tempo não direcionado.

DICA

Para o resumo do projeto, planeje liberar cerca de 15% do horário de trabalho dos membros da equipe para pacotes de trabalho específicos. Sem definir precondições, peça aos funcionários que usem esse tempo da maneira que considerarem significativa. Disponibilize o mesmo percentual de recursos financeiros para os funcionários. (Descubra mais no Capítulo 16 sobre a implementação de liberdade criativa na empresa em prol da cultura de inovação.)

Viabilizando Decisões Rápidas

Durante o projeto do design thinking, várias decisões precisam ser tomadas — definir a tarefa específica, por exemplo, ou a forma de executar o projeto, com quais recursos e em que período. Nem tudo será decidido por você sozinho. Dependendo do conteúdo, do escopo e do propósito do projeto, e do tamanho da empresa, talvez seja necessário envolver pessoas de outros departamentos e de diferentes níveis hierárquicos para tomar as decisões necessárias.

Criando o comitê diretor

Na maioria das vezes, o início de um projeto começa com a convocação de um comitê diretor. É assim mesmo, mas é bom definir várias condições prévias para que ele possa agir rapidamente. No começo, esse comitê deve ser composto de forma que o projeto receba apoio direto e significativo. Certifique-se de que todos os tomadores de decisão relevantes sejam representados. Com frequência, as tarefas do design thinking podem se restringir a níveis interdisciplinares e interdepartamentais. Convide representantes de pesquisa, desenvolvimento, produção, marketing e vendas — e, em alguns casos, inclusive de patentes e do jurídico —, porque eles representam todas as áreas necessárias e desempenharão papéis decisivos na subsequente implementação da ideia ou serão responsáveis pela liberação de recursos. A composição desse grupo mudará se uma parcela da equipe for mantida no decorrer do projeto. O número de membros deve ser limitado de cinco a nove pessoas; caso contrário, será difícil tomar decisões efetivas e eficientes.

Esclarecendo as responsabilidades

Após esclarecer a composição do comitê diretor, defina suas responsabilidades e os procedimentos. Ele deve executar uma das seguintes ações:

- » Concentrar-se em garantir que os funcionários do projeto compartilhem informações com os departamentos relevantes.
- » Assumir funções consultivas.
- » Ser responsável por liberar os recursos necessários (pessoal, material, maquinário, capital).

Esclareça qual dessas responsabilidades pertence ao painel de direção.

Programe horários específicos para as sessões do comitê desde o início e defina limites de tempo. Elas só devem ocorrer mediante uma agenda com um documento de decisão a ser discutido ou mediante informações importantes que precisarem ser divulgadas.

Preparando as decisões

Uma semana antes da reunião, solicite a apresentação do documento de decisão. É preciso determinar quem recebe esse documento, com qual escopo máximo e por qual meio (eletrônico ou em papel). Prepare esse documento de acordo com os critérios para a decisão a ser tomada e com a linguagem e o nível de detalhes apropriados para os envolvidos.

EXEMPLO

Suponha que você precise obter recursos para que a equipe possa criar um protótipo por meio de uma impressão 3D. Sem muitos detalhes técnicos, explique que o protótipo dará feedback qualificado do cliente sobre a facilidade de uso do produto. Se deseja executar um extenso estudo de observação dos clientes e precisa criar um cargo para tal, descreva o benefício dessa iniciativa e as tarefas concretas necessárias.

DICA

É interessante definir diretrizes e modelos padronizados para os relatórios que forem circular pela empresa, a fim de facilitar a produção e garantir que os tomadores de decisão recebam as informações necessárias imediatamente. Se necessário, esclareça verbalmente com o gerente do projeto quaisquer dúvidas sobre os resultados almejados.

Conduzindo com eficácia

Todos os tomadores de decisão autorizados precisam estar à mesa nas reuniões, para que as decisões não demandem consultas extras. Quem não se interessar ou não participar concorda tacitamente com toda decisão tomada, a menos que envie um representante autorizado a expressar suas opiniões.

CUIDADO

Evite reuniões virtuais. Certifique-se de que todos os participantes estejam presentes. Uma reunião em que alguns dos participantes estão conectados por vídeo ou até mesmo uma que seja completamente virtual deve ser uma alternativa apenas quando decisões rápidas precisarem ser tomadas. As videoconferências requerem uma preparação extensa e devem ser usadas apenas — e em último caso — durante projetos menos extensos de design thinking.

DICA

Para a reunião do comitê diretor, indique um líder ou moderador da discussão que não tenha necessariamente a classificação mais alta e não seja o principal tomador de decisão. O líder da equipe do projeto do design thinking deve estar presente durante toda a discussão.

Durante a reunião do comitê diretor, o gerente do projeto deve apresentá-lo por 15 minutos sem interrupção, embora o número de slides deva ser limitado. A apresentação deve se concentrar em aspectos críticos (novos) e nos principais resultados. Não é útil repetir algo já descrito no relatório. Limite o número de perguntas e de comentários, bem como sua duração.

Estruture claramente o processo de tomada de decisão durante a reunião. Ela deve ser tomada no comitê. Deve ser inequívoca para todos. Decisões claras sobre continuar e recuar são úteis. "*Continuar*" significa que todos os recursos solicitados estarão disponíveis imediatamente; também pode ser associado a condições. Por exemplo, a equipe precisa executar testes técnicos sobre a adequação do produto ou provar a potencial aceitação do cliente com uma pesquisa. "*Interromper*" significa cancelar o projeto e, portanto, dissolver a equipe.

Acompanhando as decisões

Para garantir a melhoria contínua, deve haver uma avaliação crítica do quanto as reuniões foram eficazes e eficientes. Esse é o objetivo das perguntas a seguir, que o presidente ou o moderador deve responder após cada reunião:

» A composição do comitê diretor é apropriada para a tarefa do projeto?

» A preparação e a organização foram as melhores possíveis?

» O processo foi oportuno e houve tempo suficiente para concluir as tarefas especificadas no documento de decisão?

Aprenda com as respostas dessas perguntas e continue aprimorando o processo de tomada de decisão.

Eu Quis Dizer, Você Não Quis Escutar

O design thinking não funciona sem erros, e, sem erros, você não o fará funcionar. Suas tarefas carregam um alto nível de incerteza e de complexidade — que resultam em erros quando se trata de planejar os custos e o tempo gasto, por exemplo. Porém, durante o design thinking, os erros promovem um aprendizado. Analise por que os clientes em potencial rejeitam uma função do protótipo do novo produto, por exemplo. Com essas informações em mãos, melhore as funções, redesenhe-as completamente ou elimine-as.

DICA

Certifique-se de que os erros sejam reconhecidos como um componente fixo do processo do design thinking e que sejam considerados oportunidades de aprendizado. A melhor maneira de dar exemplos é usando os da sua própria empresa, mostrando como os erros levaram a melhorias específicas ou até a inovações. O desenvolvimento de novos produtos, serviços, procedimentos e modelos de negócios é um processo bifurcado de aprendizado, na medida em que resulta de sucessos e de erros.

Quando os erros são reconhecidos como parte integrante da realidade e como uma oportunidade de aprendizado, lidar com eles se torna mais fácil. Eles podem então ser considerados "supostos erros", o que significa um entendimento deles como eventos normais a ser analisados objetiva e racionalmente para obter novos conhecimentos e medidas para solucioná-los.

Definindo erros

Esclarecer o que realmente é errado na empresa cria um entendimento comum para todos os envolvidos no processo, elimina o medo de erros benéficos acontecerem e cria a base para que sejam feitas as análises adicionais, que levam ao aprendizado. As seguintes perguntas devem ser respondidas:

- » O que é realmente chamado de erro? O que não é um erro?
- » Como um erro é avaliado?
- » Quem pode considerar algo um erro?

Como o termo *erro* geralmente tem uma conotação negativa, fique à vontade para usar outras expressões mais neutras, como estas:

- » Equívoco.
- » Desvio.
- » Diferença.
- » Descoberta ou conquista de aprendizado.
- » Discrepância.
- » Divergência.
- » Potencial de melhoria ou otimização.
- » Não conformidade.
- » Lacuna.

Qualquer que seja a opção escolhida, todos devem estar cientes do significado.

Encarando os erros de outra forma

Nem todos os erros são iguais nem todos causam a mesma perturbação. Embora a definição de erro dependa, em última análise, do observador, também é possível definir *erros inteligentes* — que não apenas não são penalizados, como também são desejáveis. Caracterize erros inteligentes desta maneira:

» **A tarefa foi bem planejada e um risco calculado foi assumido.** Você teve tempo para planejar minuciosamente o projeto (descubra mais sobre o planejamento no Capítulo 4). Parte desse processo de planejamento envolveu a estimativa do risco de possíveis desvios das metas, cronogramas e custos. Você sabe que estimar o risco sempre significa quantificar a probabilidade de ocorrerem desvios e descreve as possíveis consequências deles. Você estimou o risco técnico avaliando a ocorrência de defeitos de qualidade técnica como sendo menos de 10% e as consequências caso o tempo de desenvolvimento fosse prolongado por seis meses.

» **A tarefa foi importante.** Pressupostos sobre o cliente desempenharam um papel fundamental no projeto. (Não há necessidade de discutir erros cometidos em tarefas irrelevantes.)

» **Não foi possível prever os resultados.** Você planejou a tarefa específica com a equipe (leia mais informações sobre esse tópico no Capítulo 9) e depois comparou o resultado com o planejamento.

» **Foi fornecido um feedback rápido sobre o erro.** Você incentivou os membros da equipe a relatarem um possível erro ou desvio imediatamente. Lembre-se de que quanto mais cedo descobrir o erro, melhor se pode reagir a ele. Se os funcionários não precisarem se preocupar com perdas, comunicarão os erros de maneira rápida e detalhada.

DICA

Defina previamente as características dos erros inteligentes de uma maneira específica da tarefa e comunique-as a todos os envolvidos. (O que se entende por "bem planejado"? O que é um risco calculável? Quais são as tarefas importantes? O que significa "feedback rápido e detalhado sobre o erro"?)

Reúna Todas as Competências Necessárias para a Tarefa

O sucesso dos projetos de design thinking depende inteiramente de as competências necessárias para a análise e para a solução da tarefa estarem disponíveis na equipe. Antes e durante o desafio de design, identifique sistematicamente as habilidades e as capacidades da equipe e adapte-as de acordo com a tarefa. As seções a seguir mostram como.

Determine as principais competências

Defina as competências necessárias em termos de pessoal, materiais e finanças necessários para o desafio de design. As competências da equipe estão em primeiro plano. Esclareça quais competências profissionais são necessárias para a tarefa. No design thinking, as tarefas costumam ter um caráter interdisciplinar. Por isso é importante considerar quais disciplinas são úteis quando se trata de entender a tarefa e, posteriormente, de encontrar a solução. (Para saber mais sobre a composição da equipe, veja o Capítulo 5.) Esclareça as seguintes perguntas com a equipe:

» Quais competências são necessárias para entender a tarefa e encontrar a solução?

» Quais disciplinas são cruciais na equipe?

CUIDADO

Não se concentre apenas nas competências técnicas. Preste igual atenção às habilidades comunicativas e sociais de cada membro da equipe. O design thinking tem como base as necessidades das pessoas. Para que ele funcione, é fundamental entender os clientes em potencial e se comunicar com eles.

Faça um balanço realista

Ao fazer um balanço das competências da equipe, identifique a presença e a distribuição dos principais funcionários relevantes para o desafio de design. Ao definir o time ideal, a multiplicidade de competências em potencial imaginadas implica uma escolha. A seleção sempre depende do desafio específico. Para isso, esclareça as seguintes perguntas:

» Quais competências pessoais, materiais e financeiras relevantes para o desafio de design estão presentes na empresa?

» Quais funcionários ou grupos de funcionários têm quais competências relevantes para a tarefa e de que forma elas se manifestam?

» Quais funcionários usam todos os dias as competências relevantes para a tarefa?

Compare o objetivo e as competências reais, e apresente as próximas etapas

É necessário contrastar as competências necessárias (desejadas) e as existentes (reais). Um modo de fechar a lacuna, se houver, é por meio de treinamento avançado dos funcionários internos ou dos parceiros externos que forem cooperar. As atividades de treinamento avançado tendem a ter um impacto de longo prazo para o desenvolvimento de uma cultura de inovação na empresa. (Para mais informações sobre esse tópico, veja o Capítulo 16.) Exemplos de parceiros são fornecedores, clientes, instituições científicas (universidades e outros institutos de pesquisa), consultores, autoridades e associações. Trabalhar com esses parceiros é uma forma de complementar as competências faltantes no projeto de design thinking em curto e médio prazo.

Para elucidar esse contraste, faça as seguintes perguntas:

» Quais competências relevantes para a tarefa estão faltando na empresa?

» Quais competências relevantes para a tarefa são passíveis de ser desenvolvidas em curto prazo com treinamento interno avançado?

» Quais competências relevantes para a tarefa podem ser adquiridas por meio de parceiros externos?

» Quais competências devem ser desenvolvidas na empresa em longo prazo?

Revise as competências continuamente

As três etapas descritas nas seções anteriores não devem ser descritas como um procedimento estanque, a ser realizado exclusivamente no início do projeto, porque é no percurso que a compreensão do desafio de design se aprofunda. Você receberá informações sobre a adequação técnica e o benefício para o cliente e, em seguida, identificará os detalhes da tarefa. A solução também demanda competências adicionais, às vezes em outras áreas.

DICA

Revise regularmente até que ponto as competências adicionais são necessárias. A análise de um procedimento técnico, por exemplo, pode mostrar que soluções puramente mecânicas não são ideais. Isso significaria que também seria preciso procurar competências no campo da eletrônica para a iniciativa de desenvolvimento de processos surtir efeito.

Valorize o trabalho

Parte da preparação para o design thinking é definir, com antecedência, maneiras de mostrar seu apreço pelo trabalho concluído. No final de uma longa jornada, as pessoas tendem a se esquecer de elogiar a equipe e de demonstrar sua gratidão. Lembre-se de que é um grande erro considerar o design thinking como uma atividade isolada. Ele é um processo que molda a cultura corporativa em longo prazo. Só dá para dominar o processo de maneira sustentável com funcionários motivados. Apreço e elogios são indispensáveis quando se trata de motivar uma equipe.

Essa apreciação varia de feedback qualificado, elogios públicos, avaliações positivas por escrito, artigos em uma revista da empresa, recomendações a colegas — até prêmios materiais (viagens, comida, teatro, jantar com a diretoria) e recompensas financeiras, bem como promoções. Na prática, as contribuições para ideias inovadoras são bastante incentivadas com prêmios (conhecidos como *prêmios de inovação*), sejam com um incentivo financeiro ou menos monetários. Comemorações compartilhadas após a conclusão dos processos do design thinking também são uma forma (geralmente subestimada) de demonstrar apreço pelo desempenho de uma equipe.

Revise as competências continuamente

Valorize o trabalho

NESTE CAPÍTULO

» **Esclarecendo e comunicando a meta do projeto**

» **Estruturando o trabalho**

» **Organizando a ordem e a duração do trabalho**

» **Estimando os materiais e os custos do projeto**

Capítulo 4

Planejando o Projeto

Uma opinião comum sustenta que aquilo que chamamos de *planejamento* nada mais é do que passar de um processo no qual os erros são cometidos ao acaso a um em que se faz isso deliberadamente. Não há como prever o futuro. Os planos nunca são seguidos 100%. No entanto, com recursos limitados e a pressão dos prazos no projeto do design thinking, os planos são inevitáveis. O design thinking sem um plano é como um voo noturno pelas montanhas baseando-se apenas na visão do piloto — em outras palavras, um voo cego e sem bússola em um ambiente perigoso. Os planos são a bússola obrigatória para o sucesso do projeto, para esclarecer metas, economizar nas despesas, cumprir prazos, reconhecer desvios no progresso planejado e fazer as alterações necessárias.

Neste capítulo, você descobrirá como coletar, formular e comunicar as metas: a base para segmentar os pacotes de trabalho para a tarefa — os resumos que descrevem cada etapa isolada do projeto. Uma abordagem ágil ajuda ao planejar os projetos, para intervir de maneira rápida e flexível se seu curso mudar. Um planejamento sequencial é um guia para concluir o projeto. Neste capítulo, dou algumas recomendações sobre como planejar recursos para se estimar de forma realista o número de funcionários, de máquinas e de materiais necessários. Você também descobre técnicas de planejamento de orçamento e como evitar erros típicos ao estimar custos.

Traçando as Metas

É necessário definir as metas do projeto para que ele tenha sucesso. Uma meta detalha qual é o resultado que se pretende alcançar ao final de todo o processo, que pode ser um protótipo funcional de um produto, ou um conceito para uma nova gama de serviços ou um modelo de negócios recém-projetado. Uma definição clara e realista da meta faz parte do resumo do projeto.

No *resumo do projeto*, você descreve metas, pacotes de trabalho, marcos, e os recursos e o orçamento necessários em não mais que três páginas. Ele é o guia para o trabalho subsequente. Na conclusão do projeto, você revisa se alcançou as metas do resumo.

O benefício de uma definição clara da meta se vê em:

- **Orientação:** A base para o planejamento e uma projeção do desfecho. Isso incentiva um método de trabalho orientado a resultados na equipe.
- **Controle:** A iniciativa fica sob controle quando se há metas claras e detalhadas. São uma base para uma avaliação significativa do resultado.
- **Motivação:** Metas compartilhadas criam um senso de unidade na equipe.

Quando se trata do funcionamento no mundo real, há uma certa imprecisão em relação às metas. Isso tem um impacto negativo na implementação. Essa imprecisão decorre dos seguintes fatores:

- **Falta de tempo:** Meu conselho — dedique tempo suficiente para detalhar de forma clara e compreensível as metas com todos os envolvidos. O design thinking requer metas claras. O processo começa com a definição da tarefa (para mais informações, veja o Capítulo 6). À medida que ele avançar, a tarefa precisará ser ajustada *novamente*. (Para mais informações, veja o Capítulo 9.) Assim, haverá várias ocasiões para analisar as metas do projeto.
- **Percepção incorreta da natureza das metas:** Se as metas forem mal interpretadas, deterão a liberdade e a criatividade do design. Como resultado dessa confusão, as metas formuladas — se houver — ficam inespecíficas. No design thinking, elas são específicas — mas passíveis de alteração. Você começa com uma meta e, à medida que avança, percebe que precisa adaptá-la.

» **Mitigação máxima dos conflitos ao definir as metas:** As tarefas do design thinking geralmente incluem todo um conjunto de metas, o que é um problema se os membros da equipe tiverem ideias diferentes sobre ela e acabarem competindo por recursos limitados. Múltiplas metas funcionam se há em vista o desenvolvimento de um produto — uma TV grande com uma tela de visualização completa, por exemplo. Os técnicos da equipe devem otimizar a resolução da tela, enquanto os representantes de marketing e vendas buscam um produto de uso intuitivo. O departamento de produção, por outro lado, deseja que a TV seja fabricada com facilidade e economia. Um orçamento e tempo limitados estão disponíveis para o projeto. Confronte as diferentes agendas das equipes, resolvendo interesses conflitantes antecipadamente. Compile as metas possíveis e, em equipe, ordene-as de acordo com importância e urgência, conforme detalhado na próxima seção.

Compilando e ordenando metas

Depois de ter decidido uma tarefa (para saber mais sobre esse processo, veja o Capítulo 6), você precisará, com a equipe, compilar possíveis metas para o projeto. Ele pode se referir a apenas uma fase do processo do design thinking, ou abrangê-lo todo, desde a formulação da tarefa até o teste da ideia. (Para ter uma visão geral completa do processo do design thinking, veja o Capítulo 1.)

DICA

Se as tarefas forem extensas e complicadas, concentre o projeto em uma fase específica do processo do design thinking. Na primeira fase, por exemplo, é preciso obter um entendimento detalhado da tarefa. Com a equipe, liste as metas de aprendizado sobre a tarefa até o final dessa fase.

Separe as metas. Uma diferenciação útil para essa primeira seleção (aproximada) da importância delas é descrita nesta lista:

» **Metas obrigatórias:** As que se devem obrigatoriamente alcançar para concluir o projeto com sucesso. Uma meta obrigatória para muitos projetos de desenvolvimento de produtos é que ele seja executado sem falhas.

» **Metas desejadas:** Podem ser implementadas posteriormente, se ainda houver tempo e recursos. As metas desejadas geralmente são voltadas para a otimização — um design atraente de produto, por exemplo.

» **Não metas:** Não se concentre nelas.

CUIDADO

No mundo real, as pessoas relutam em expressar as não metas. É por isso que você deve tomar a iniciativa, designá-las claramente e depois comunicá-las a todos os participantes do projeto. Elas podem se referir a estudos ou propriedades e funções que não devem ser buscadas no projeto.

EXEMPLO

Suponha que a nova ideia de produto seja um espelho inteligente que detecte a pessoa com reconhecimento e exiba informações personalizadas na superfície, dependendo do horário (previsão do tempo, tráfego, compromissos, notícias sobre economia e política). A meta é melhorar o reconhecimento facial. Outros aprimoramentos — resolução da imagem, reflexo, novas funções específicas do conteúdo ou controle de gestos — são não metas do projeto.

Determine a ordem das metas por meio de uma avaliação da equipe. Use uma escala de classificação de 1 (insignificante) a 6 (extremamente significativa) para avaliar cada uma. (Para saber mais sobre métodos de classificação, veja o Capítulo 12.) Verifique se as metas selecionadas não se contradizem. Às vezes metas de redução de custo e de aprimoramento da qualidade do serviço são um impasse. Superar esse conflito com uma solução inovadora também é uma meta possível para um projeto de design thinking.

Claro como água

Ao formular as metas do projeto, recomendo seguir o critério SMART — específicas, *m*ensuráveis, *a*tingíveis, *r*elevantes e *t*emporais:

- » **Específicas:** O texto das metas deve ser inconfundível, inequívoco e preciso, para deixar claro o que o projeto pretende alcançar. Por exemplo, para detalhar a meta de desenvolver um tênis esportivo feito somente com recursos renováveis, especifique os usuários (mulheres, com consciência ambiental, entre 16 e 25 anos), e o local e as condições de uso (fazer jogging em um parque ou na rua).
- » **Mensuráveis:** Defina os graus de alcance da meta para que o resultado do projeto se torne mensurável. A meta é alcançada, por exemplo, quando "pelo menos" ou "no máximo" um determinado número é atingido. Durante a fase de busca de ideias, uma meta para a equipe desenvolver cinco ideias implementáveis é uma boa opção.

  CUIDADO

  "No design thinking, as metas não são mensuráveis; isso limitaria a liberdade e a criatividade do design." Essa é uma afirmação comum nos workshops de design thinking. A resposta para ela é: "Bem, então, como você sabe quando atingiu sua meta?" Uma meta nem sempre precisa ser mensurável em termos financeiros. A satisfação do cliente em potencial com uma nova ideia de serviço ou a redução de erros operacionais em um produto inovador também são alternativas.
- » **Atingíveis:** Essas metas apresentam um desafio e, portanto, têm um efeito motivador. Uma ligeira melhoria em um produto não faz o coração disparar. Um material simultaneamente leve, flexível, estável e biodegradável apresenta um desafio técnico (bem-vindo). (As metas são reconhecidas por todos os participantes do projeto.)

» **Relevantes:** Essas metas são implementadas com os recursos, as competências e os prazos planejados segundo as condições da estrutura interna e externa.

EXEMPLO

A meta é o desenvolvimento de uma lava-louças inovadora. A empresa disponibilizou um orçamento de pesquisa de mais de US$1 milhão; os funcionários têm experiência com o desenvolvimento de tal máquina, que está programado para 20 meses. Essa meta é alcançável.

» **Temporais:** Cada meta tem sua própria linha do tempo. (Por exemplo, ganhar dez mil clientes pagantes com uma nova loja online em um ano.)

Não se atenha muito rigidamente a esses requisitos para definir com clareza as metas. Elas tendem a mudar durante o curso do projeto, porque cada vez mais informações são recebidas, tanto sobre a tarefa como sobre as soluções subsequentes. O critério SMART é uma boa orientação para manter a visão geral necessária das metas, mas não é nada além disso.

Ao formular a meta, certifique-se de não conduzir a solução de forma determinista. O que isso significa em termos concretos? Digamos que se queira reduzir o tempo para processar pedidos de clientes para um serviço. Essa meta — uma aceleração dos pedidos dos clientes usando mensagens instantâneas — já define os meios (mensagens instantâneas) para ser atingida. O problema é que é possível acelerar processos com diferentes tipos de alterações (atividades sobrepostas, etapas de automação de processos, eliminação de tempos de espera). Separe a meta das possíveis abordagens da solução.

DICA

Resuma a meta em no máximo três frases para mantê-la compreensível. Descreva-a de maneira positiva. Em vez de dizer "Não queremos que o cliente tenha que esperar pela entrega", diga: "Queremos que o cliente economize 30 minutos durante cada processo."

Comunicando metas

Registre por escrito as metas do projeto para confirmá-las. Essa estratégia garante que todos os envolvidos no projeto se alinhem, que não haja mal-entendidos e que o progresso seja medido a qualquer momento.

A formulação da meta deve conscientizar todos os participantes do projeto sobre as possibilidades. A equipe faz essa definição junto com o cliente ou com o comitê diretor. Garanta que ela seja compreendida pelo cliente ou consumidor, bem como pela equipe do projeto.

Caso contrário, refaça as etapas até que os participantes a entendam. Essa compreensão resulta em um maior comprometimento.

As metas mudam no decorrer de um projeto. Quando isso acontecer, seja transparente e comunique as mudanças a todos os envolvidos. Se forem significativas, talvez seja necessário encerrar o projeto prematuramente. Se necessário, tenha disposição e engajamento para concluir o projeto a tempo.

CUIDADO

No caso de projetos para novos produtos, serviços ou modelo de negócios, corre o risco de surgirem aspectos *secundários*. De repente descobre-se que a ideia do projeto também interessa a outros usuários, que então exigem adaptações nela para que atenda a suas necessidades, com a crença equivocada de que tais adaptações são fáceis. No entanto, a busca simultânea de várias soluções não é abordada com poucos testes. Com frequência, o prazo e os recursos são inadequados para se trabalharem várias abordagens ao mesmo tempo em um projeto. Essa situação é evitada com a definição clara da meta no início. Aspectos secundários que surgirem devem ser executados em um novo projeto com seu próprio prazo, orçamento e recursos.

Planejando Pacotes de Trabalho

Pacotes de trabalho são derivados das metas. Dependendo da fase do projeto e da fase do design thinking, os pacotes de trabalho incluem itens diferentes, como a execução de estudos ou pesquisas de observação, o desenvolvimento e o teste de protótipos ou a pesquisa, e o desenvolvimento de novas funções e etapas do processo ou novos conceitos para serviços ou modelos de negócios.

Para uma iniciativa de design thinking, a ideia é planejar e executar o projeto de acordo com um método ágil. Implemente-a seguindo estas etapas:

1. **Peça à equipe do projeto que anote todos os pacotes de trabalho necessários, em qualquer ordem.**
2. **Pergunte o que precisa ser feito para alcançar a meta definida.**

   Use técnicas de criatividade, como brainstorming ou mapeamento mental. (Para mais informações sobre elas, veja os Capítulos 10 e 11.)
3. **Organize o menor número necessário possível de pacotes de trabalho.**

4. **Classifique as atividades deste jeito, por exemplo:**

- *Fases:* Em um projeto de design thinking, as fases incluem a compreensão da tarefa, a busca de soluções, a criação de um protótipo e o teste com o cliente das soluções propostas.
- *Objetos:* Os componentes de um produto, como tela, botões, caixa ou bateria de um smartphone.
- *Funções:* No varejo online, as funções são a comparação de produtos, o processamento de pedidos, a entrega e o atendimento ao cliente, por exemplo.

Ao atribuir termos, sempre se pergunte: "O que faz parte do quê?" O objeto "roda" consiste em pneu e aro, enquanto a função de atendimento ao cliente pode incluir o tratamento das questões de garantia, o processamento de reclamações de clientes e o atendimento de consultas e pedidos. Peça por peça, isso cria um arranjo que sempre deve ser verificado se está completo. Os resultados dos pacotes de trabalho devem levar à realização da meta.

Na hora certa, no lugar certo

Quando o projeto começa, os pacotes de trabalho ainda não são específicos; são abstratos e prontamente associados a muito trabalho. De início, são planejados em detalhes os mais importantes e mais urgentes. As novas informações surgidas durante o projeto permitem planejar de forma incremental os pacotes de trabalho adicionais no momento apropriado. Isso significa que esse planejamento é incremental e associado às necessidades — "just in time" [bem na hora] ou quando algo é iminente. Quando se conclui uma etapa, o progresso e o desenvolvimento fora do projeto melhoram a base de informações. Agora, faça um planejamento melhor para a próxima etapa. Adie o máximo possível para todas as informações mais atualizadas serem consideradas.

Com essa abordagem ágil, as mudanças são integradas de forma rápida e flexível — idealmente, como feedback do cliente — no planejamento desde o início. Mudanças justificadas e desejadas são vantajosas para os projetos. Assim é mais fácil aceitar que nem todas as informações estão disponíveis de início e que, não, isso tudo não será feito corretamente logo de cara.

Esse método de planejamento é ilustrado com a regra do lápis e da caneta: os próximos passos são escritos permanentemente com caneta, enquanto os que se seguirão a estes, a lápis, mais fáceis de alterar.

DICA

Caso não possua as informações necessárias, não há como ser específico na descrição do conteúdo de um pacote de trabalho. Então, elabore outro pacote para fechar essa lacuna. Considere como obter as informações. Há várias opções: implementar estudos ou pesquisas de observação, conduzir experiências, pesquisar na literatura ou buscar bancos de dados de patentes.

Se eu fosse você...

Formule os pacotes de trabalho na forma de histórias de usuários com uma abordagem ágil. Elas ajudam a comunicação entre os participantes do projeto e descrevem, em uma única frase, o que se precisa obter com um pacote de trabalho. As histórias do usuário devem ser tão resumidas a ponto de caberem em uma ficha ou em uma nota adesiva. Ser conciso o obriga a descrever com precisão as informações necessárias sobre o pacote de trabalho.

Na descrição, aplique a técnica de responder à seguinte pergunta em uma única frase:

> Como alcançar a meta de____________ com as restrições de ____________ para que o usuário, que é ____________ seja beneficiado com ____________?

As restrições podem se referir a recursos limitados (capital, pessoal, equipamento) ou a condições estruturais, legais ou éticas. O usuário pode ser um cliente ou um grupo de usuários. O foco no benefício do usuário ajuda a manter os olhos na meta.

DICA

Descreva as histórias do usuário para alguém de fora do setor, o que talvez demande o uso de uma linguagem técnica. Depois, peça a essa pessoa que conte as histórias com suas próprias palavras. Eventuais discrepâncias explicitam as lacunas no enredo.

Os cartões com as histórias dos usuários embasam as discussões dentro da equipe. Os muitos pacotes de trabalho possíveis devem ser organizados em uma sequência. Uma boa abordagem para isso é a classificação MoSCoU, um acrônimo para os seguintes critérios de avaliação:

» **Mandatórias:** Essas histórias de usuário são absolutamente obrigatórias para se entender a tarefa ou para o funcionamento da solução proposta.

» **Substanciais:** Essas histórias são importantes e devem ser criadas.

» **Convenientes:** Essas não são necessariamente relevantes, mas são interessantes se houver recursos disponíveis.

» **Ulteriores:** Não há tempo para elas.

As duas letras "o" minúsculas são adicionados ao termo para que seja lembrado mais facilmente como MoSCoU, a capital da Rússia. Em equipe, revise se e como as histórias de usuários dependem uma da outra. Pode ser necessário concluir uma etapa de um pacote de trabalho antes que o próximo seja iniciado. Esclareça os requisitos técnicos e econômicos para cada história de usuário. Projetos técnicos exigem a disponibilidade de equipamentos ou de ferramentas. Os requisitos econômicos abarcam pessoal e recursos.

No verso do cartão, com a história de usuário, defina uma condição a ser satisfeita que atenda à meta do pacote de trabalho do ponto de vista do cliente. Aqui está um formato possível:

> Quando o pacote de trabalho, ____________, for concluído, o resultado ____________,desejado pelo usuário, deverá ocorrer.

Para esse fim, realize um teste de aceitação com o potencial cliente. Liste as histórias em uma tabela e adicione informações (breves) nas colunas, como o número da história, uma descrição em uma frase, as histórias relacionadas, as condições para a realização, as prioridades, o esforço estimado e, por fim, os potenciais riscos, bem como as responsabilidades e os comentários.

Usando um quadro de tarefas

Ilustre o progresso dos pacotes de trabalho com um quadro de tarefas; ele é uma ferramenta útil para comunicar a todos os envolvidos a extensão do progresso do projeto. Use-o para elencar em uma linha do tempo os vários estágios de desenvolvimento do projeto do design thinking. Ele mostra todo o progresso com a ajuda das histórias dos usuários. Classifique-as em apenas três estágios: Pronto, Em Desenvolvimento e Concluído. (Use as colunas da tabela para demarcá-los.) Com base no progresso, cada história é movida para a coluna correspondente em uma ficha ou em uma nota adesiva. Se houver algum problema com um pacote de trabalho em particular (os prazos não serão cumpridos ou o pacote exige mais pessoal, por exemplo), cole um ponto preto no cartão. Há um exemplo de quadro de tarefas na Figura 4-1.

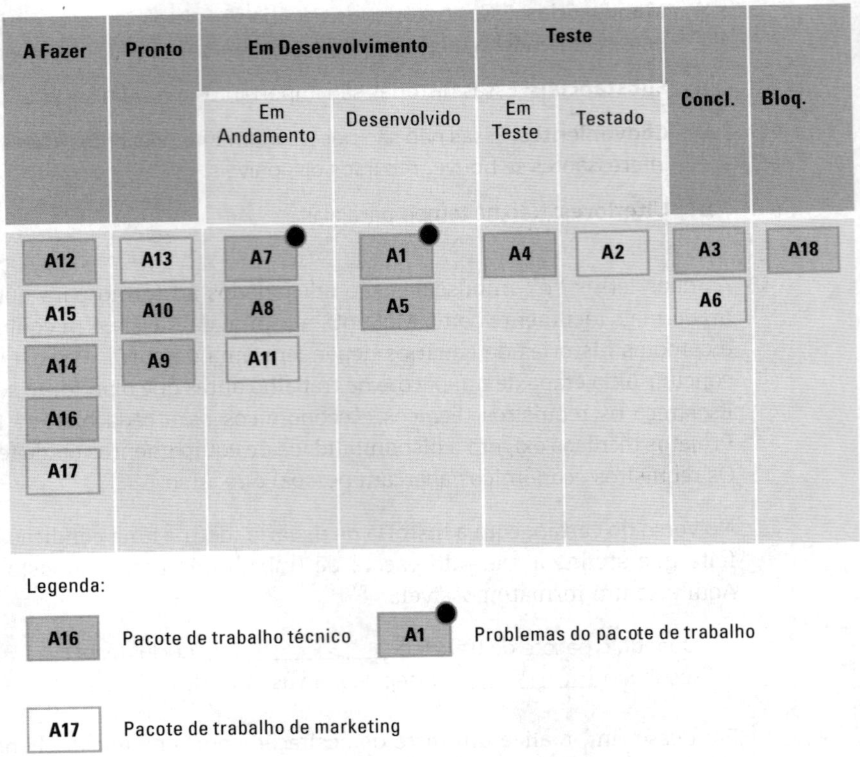

FIGURA 4-1: Usando um quadro de tarefas.

Escreva em um cartão o nome de cada pacote específico de trabalho e classifique-o no quadro de tarefas de acordo com cada estágio de desenvolvimento. Defina cores diferentes para pacotes técnicos e de marketing. A coluna da esquerda, A Fazer, contém todos os pacotes de trabalho no início do projeto. Classifique os cartões em ordem, de cima para baixo. (Essa classificação também lhe permite saber quais pacotes têm as melhores chances de ser executados.) Quando os pacotes estão prontos para ser processados, o responsável move o cartão referente a eles para a direita, na coluna Pronto. Quando o trabalho é iniciado, é movido para a coluna Em Andamento — sob o cabeçalho Em Desenvolvimento. A coluna Em Andamento sempre deve conter um cartão para cada membro da equipe. Se o processamento foi concluído com êxito, o gerente de projeto move o cartão para Desenvolvido.

A coluna Teste é a que segue. Cada resultado de um pacote de trabalho deve ser testado da perspectiva técnica ou do ponto de vista do cliente. Aqui, o *teste* pode representar um teste de adequação técnica para pacotes de trabalho técnico, por exemplo, ou uma pesquisa com clientes, se o pacote se relacionar ao marketing. A coluna Teste pode incluir a subcoluna Em Teste para os pacotes em execução. A pessoa responsável pelo pacote move o cartão para essa coluna. Quando o teste é concluído com êxito, o gerente de projeto move o cartão para a subcoluna Testado. Posteriormente, o move para Concluído ou Bloqueado. *Concluído* indica que o conteúdo do pacote de trabalho foi concluído e as condições, atendidas. A coluna Bloqueado refere-se a um caso em que os principais problemas levaram à interrupção do processamento da história específica. Os problemas podem ser falta de recursos (como a pessoa responsável estar ausente devido à doença) ou erros técnicos.

Em equipe, discuta o significado das etapas específicas do desenvolvimento antes do início do projeto. Cada membro da equipe deve ter o mesmo entendimento do que está envolvido. Esclareça à equipe exatamente o que os estágios Pronto e Concluído significam para a tarefa. O status Pronto significa:

- Todo mundo entende o conteúdo do pacote de trabalho.
- As dependências de outros pacotes são reconhecidas e não representam uma barreira ao processamento.
- A equipe possui as habilidades e os meios necessários para a execução.
- O esforço em termos de tempo foi estimado, o que revelou que o pacote se encaixa no cronograma planejado.
- Os critérios para a conclusão bem-sucedida são claros, conhecidos por todos e verificáveis.
- A equipe sabe como processar o pacote de trabalho.

O status Concluído é descrito da seguinte maneira:

- Todo o trabalho está concluído ou não há mais trabalho.
- O pacote foi verificado quanto à conclusão de acordo com o princípio dos quatro olhos — aprovado por pelo menos duas pessoas, em outras palavras.
- A adequação (para pacotes técnicos) ou as condições para satisfazer as necessidades do cliente (para pacotes relacionados ao marketing) foram atendidas ou asseguradas com testes.
- Nenhum item de grande relevância permanece em aberto.
- Os resultados estão documentados.
- O cliente ou o consumidor aceitou o pacote de trabalho.

Exiba o quadro de tarefas em um quadro branco ou em um mural de cortiça e, em seguida, coloque-o em uma sala de trabalho para que todos acompanhem o progresso. As reuniões diárias podem ocorrer nessa sala, e os cartões podem ser movidos de acordo com o status mais recente.

Além do quadro de tarefas, documente itens que ainda precisem ser esclarecidos em uma lista de itens em aberto (uma lista de tarefas, em outras palavras) e acompanhe-os. A lista em aberto deve incluir os seguintes aspectos:

- **Número de série:** Um número que facilita o registro rápido dos pacotes de trabalho.
- **Nome:** Um nome abreviado para o item em aberto; pode se referir à estrutura do projeto e pode espelhar o nome escolhido para os pacotes.
- **Data**: O dia em que o item em aberto foi relatado.
- **Pessoa que notificou:** A pessoa que colocou o item em aberto na lista.
- **Urgência:** Classificada como alta, média ou baixa.
- **Responsável:** A pessoa que precisa esclarecer o item em aberto.
- **Colaboração com:** Uma lista de pessoas ou de departamentos que precisam estar envolvidos no processo de esclarecimento.
- **Despesas com recursos:** Uma estimativa das despesas com pessoal, equipamento ou capital necessários para esclarecer o item em aberto.
- **Concluído:** Descreve a condição em que o item em aberto foi esclarecido.
- **Prazo:** O prazo até quando o item em aberto deve ser esclarecido.
- **Status:** O status atual do esclarecimento, que varia de Em Aberto a Em Andamento e a Concluído.

O quadro de tarefas e a lista de itens em aberto dão o panorama do projeto e incentivam a equipe a compartilhar informações. Cada membro é informado sobre o status do projeto todo, de cada pacote e o de eventuais problemas.

Planejamento Sequencial

O planejamento sequencial envolve o agendamento dos pacotes de trabalho, determinando, assim, sua sucessão lógica. Um quadro aproximado a ser seguido apresenta as fases do processo do design thinking — como entender a tarefa, procurar soluções, criar um protótipo e testar a solução proposta com o cliente. Cada pacote é atribuído a uma fase determinada como uma lista de processos, tendo uma linha do tempo aproximada e uma sequência lógica. Para detalhar o planejamento, identifique as dependências lógicas e funcionais de cada tarefa, avaliando sua conexão com as tarefas anteriores. Questione quais pacotes de trabalho devem ser concluídos, ou, pelo menos, iniciados, com um resultado intermediário antes de fazê-lo de fato. As ideias só surgem quando são determinados os usuários corretos e a tarefa concreta. Comece a fabricar o produto quando tiver testado com sucesso o protótipo com o cliente.

Além de planejar a sequência, defina marcos. Um marco representa um determinado momento, mas não tem uma duração inerente determinada. Serve como meta provisória, na qual o progresso do projeto é revisto e uma decisão sobre como proceder (como: Continuar para seguir em frente ou Interromper para suspender o projeto). Os marcos devem ser definidos no final de cada fase. No design thinking, os resultados de cada fase são descritos usando Tarefa Definida, Usuários Identificados, Ideia para Solução Desenvolvida, Criação de Protótipo e Teste Concluído com Êxito com o Cliente.

Limite o número de marcos em um projeto e considere estas diretrizes:

- Um marco a cada dois a três meses.
- Pelo menos quatro marcos por projeto.
- Pelo menos um marco no intervalo de três meses.

Estabelecer metas tem um efeito motivador nos colaboradores. Quando a equipe atingir um marco importante, não deixe de celebrá-lo com eles.

Estimando o tempo necessário

Após especificar a sequência de cada pacote de trabalho, estime sua duração. Use os seguintes recursos ao apresentar uma estimativa:

- Valores com base em experiências de projetos concluídos.
- Estimativas de tempo com base em opiniões de especialistas.
- Analogias (pesquisando projetos comparáveis e estimando a duração de cada pacote de trabalho).
- O grau de dificuldade e novidade da tarefa (quanto mais difícil e única, mais tempo deve ser reservado para ela).

DICA

Se houver apenas intervalos específicos disponíveis para recursos ou tarefas de gargalo, certifique-se de incorporar pausas para facilitar o processo. As durações devem sempre ser estimadas independentemente de quaisquer ideias concretas em relação ao prazo, porque elas influenciam fortemente a própria estimativa de tempo. Reserve um intervalo de tempo (de 5% a 15% do tempo total necessário) para coordenar o projeto de design thinking. Ele demanda um planejamento detalhado de quanto tempo os pacotes de trabalho iniciais precisarão e, depois, das fases posteriores.

Vendo tudo com um gráfico de barras

A melhor maneira de ilustrar a linha do tempo é com um gráfico de barras, também conhecido como gráfico de Gantt (por causa de seu inventor, Henry Laurence Gantt). Os gráficos de barra estruturam o planejamento sequencial, servindo de base para os relatórios de status e para apresentar os prazos do projeto, como mostra a Figura 4-2.

O eixo vertical mostra a representação do curso do projeto, na forma de pacotes de trabalho, e o eixo horizontal refere-se aos prazos, na forma de barras. O comprimento da barra representa o tempo necessário para se executarem os pacotes de trabalho. Se vários pacotes ocorrem simultaneamente, as barras são mostradas umas sobre as outras. Os gráficos de barra são criados e lidos com facilidade e rapidez. Nele, registram-se atividades especiais, como marcos (geralmente na forma de losango).

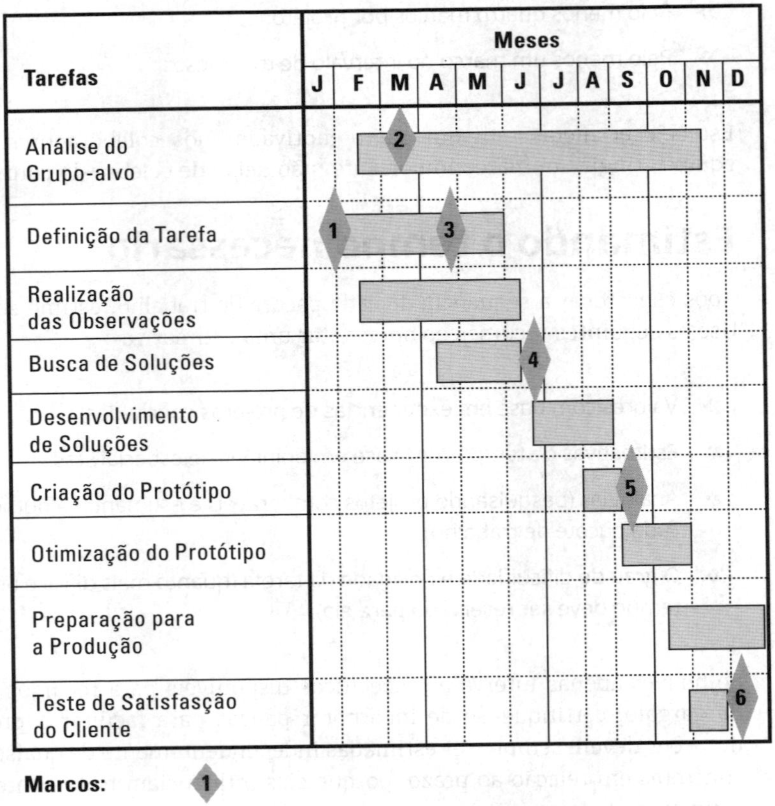

FIGURA 4-2: Trabalhando com um gráfico de barras.

Planejando os Recursos

Recursos são os materiais necessários para tocar um projeto. Há três tipos:

- **Pessoal:** Colaboradores internos e externos.
- **Maquinário (materiais operacionais):** Máquinas, ferramentas, softwares ou salas.
- **Material (matérias-primas, materiais auxiliares, materiais operacionais ou peças fornecidas):** Os consumíveis do projeto.

Para atender aos prazos, bem como por razões de custo, é importante planejar com precisão os recursos. Determine de quais precisa e em que quantidade para que os pacotes de trabalho sejam concluídos. Os tipos, estilos, suas quantidades, momento e locais devem ser precisos. O pessoal deve ter as qualificações necessárias. (Indivíduos com qualificações especiais são sempre recursos concorridos em projetos de design thinking.) Verifique também se todos os outros recursos estão disponíveis ou se devem ser obtidos (computadores, impressoras, mobília e os equipamentos e as ferramentas necessários para criar o protótipo).

Os pacotes de trabalho constituem a base do planejamento dos recursos. Considere cada pacote em particular, estimando a quantidade de trabalho necessária (presumivelmente) para atingir a meta. Quanto menor e mais detalhado o pacote for descrito na forma de histórias de usuários, mais facilmente você determinará os recursos.

CUIDADO

Não presuma que os recursos estejam totalmente disponíveis; uma disponibilidade realista é de 60% a 80%. Não se esqueça do esforço para coordenar o projeto, que por si só ocupa 20% do tempo de trabalho no design thinking.

Convoque as pessoas responsáveis quando for estimar o esforço necessário para um pacote de trabalho. Todos os membros devem estimar o próprio esforço necessário para cada uma das atividades. Quando essa tarefa for concluída, compare os resultados e aguarde o grupo chegar a um acordo a respeito de um valor compartilhado. Inicie a discussão com as tarefas centrais e mais importantes. No final, peça ao grupo que verifique novamente se os valores estimados para cada pacote são realistas, considerados em relação uns ao outros. É vantajoso quando todos os membros da equipe, como resultado da discussão compartilhada, conhecem o esforço envolvido em cada pacote de trabalho e estão cientes das suposições nas quais as estimativas se baseiam. Isso reduz o risco de mal-entendidos. Os funcionários devem relatar se perceberem, mais tarde no decorrer do trabalho, que o esforço é superior à estimativa. Lembre-se de que as estimativas para tópicos novos tendem a ser muito baixas, em vez de muito altas.

DICA

Planeje os recursos por meio de uma estimativa de três pontos. Estime um valor otimista, um realista mediano e um pessimista para os recursos. Use a fórmula a seguir com esses três valores para determinar o valor total estimado:

$$\textit{Recursos necessários} = \frac{VO + 4VM + VP}{6}$$

VO significa valor otimista; VM, valor mediano (realista); e VP, valor pessimista. O valor mediano tem peso quatro na fórmula.

É necessário alinhar bem o planejamento dos recursos com as outras tarefas de planejamento. A disponibilidade, as metas (se as tarefas podem ser concluídas só com certos recursos) e os custos deles afetam a programação.

Lembre-se destas sugestões quando se trata de planejamento de recursos:

» Se possível, use dados e informações de projetos anteriores semelhantes.

» Limite os efeitos prejudiciais da multitarefa, segundo a qual os funcionários trabalham em vários pacotes ao mesmo tempo e os alternam sem parar.

» Nos projetos de design thinking, ter mais recursos disponíveis para um processo não significa necessariamente que ele correrá mais rápido.

DICA

Tenha um registro, por escrito, da aprovação dos recursos pelos responsáveis correspondentes na empresa.

Planejando o Orçamento

A meta do planejamento do orçamento é determinar os custos do projeto para controlá-los *e também* para definir sua alocação durante a execução. Utilize um método analítico de custo para determiná-los para cada pacote de trabalho e para cada recurso. A base de todos os cálculos do projeto está no planejamento. Estime os vários tipos de custos para cada pacote. Os custos totais do projeto correspondem à soma dos custos de todos os pacotes.

Tipos de custos:

- » Pessoal.
- » Material.
- » Capital (juros).
- » Serviços externos (consultoria jurídica, pesquisa de mercado, seguros).
- » Sobrecarga.

Sobrecarga refere-se aos custos de eletricidade dos prédios, salas e outros espaços do escritório, e ao uso da cantina, além dos serviços administrativos gerais (gestão de recursos humanos, contabilidade e serviços de TI, por exemplo). Não atribua esses custos diretamente a um projeto; em geral, as sobretaxas percentuais são aplicadas aos custos de pessoal. O valor, que pode ter como base a taxa de custos indiretos da empresa, não deve ser inferior a 20% do total de custos com pessoal.

DICA

Se as alterações no projeto afetarem o orçamento, crie um orçamento adicional para cada uma das alterações, em vez de apenas modificar o original. Mudanças são frequentes no design thinking e têm várias causas, como aumento de custo de materiais e de serviços externos, ou solicitações adicionais de clientes.

Durante o planejamento do orçamento, evite os motivos típicos que levam a uma estimativa de custo equivocada:

- » Os colaboradores do projeto superestimam sua própria capacidade de desempenho.
- » O trabalho necessário é esquecido.
- » O cliente exige requisitos que não podem ser implementados.
- » As alterações no projeto do design thinking não são acompanhadas por uma correção do cálculo dos custos.
- » Há muito foco em metas e em tarefas convenientes, mas que não são mandatórias para o desempenho.
- » Os riscos são subestimados.

O planejamento dos custos termina com a alocação do orçamento para os pacotes de trabalho. Os responsáveis por eles também o são pelos custos. Se os custos esperados do projeto forem maiores do que o orçamento, a gestão deve alinhar esse ponto com o cliente ou com o comitê diretor.

NESTE CAPÍTULO

» Encontrando os colaboradores certos e atribuindo a eles as tarefas

» Gerenciando a colaboração e a comunicação na equipe

» Projetando workshops para trabalho colaborativo

» Ajeitando a mobília para ampliar a criatividade e a comunicação

Capítulo 5

A União Faz a Força

O design thinking ganha vida por meio da comunicação e da colaboração entre as pessoas — mais especificamente, com experiências, opiniões e personalidades diferentes — para que seus vários métodos, conhecimentos e perspectivas sejam usados em prol do sucesso do projeto. Uma maneira de garanti-lo é considerar como incentivar a comunicação e a colaboração na equipe desde o início.

Este capítulo começa apresentando uma visão geral do que se deve ter em mente ao montar a equipe e ao atribuir responsabilidades. Então, seguem-se recomendações sobre regras e métodos para uma comunicação bem-sucedida dentro da equipe do projeto. Como o trabalho em equipe do design thinking ocorre em workshops, faço sugestões para que você saiba como planejar e implementar o seu. Você precisa de espaços e equipamentos que incentivem a comunicação e a criatividade. Por fim, apresento algumas ideias sobre o design e a mobília da sala para que você implemente o trabalho em equipe de maneira flexível e eficiente.

Reunindo a Equipe

Nos projetos do design thinking, uma equipe tem entre cinco e nove membros, reunidos no mesmo lugar. Um grupo menor não terá a quantidade necessária de experiência e a capacidade de trabalho para dominar as tarefas. Uma equipe com mais de nove membros resulta em problemas de coordenação que impedem ações rápidas e eficientes.

DICA

Para o número de membros da equipe, use a "regra das duas pizzas": nunca tenha mais membros do que duas pizzas grandes podem alimentar. Lembre-se, porém, de que o número de pessoas não é realmente decisivo. Preste mais atenção à composição (e à distribuição das responsabilidades).

Aposte na diversidade

A variedade na composição da equipe — a *diversidade*, em outras palavras — é um princípio essencial do design thinking. Graças às várias perspectivas, níveis de conhecimento, habilidades, experiências, atitudes e valores que uma equipe verdadeiramente diversificada oferece, as tarefas enfrentadas são resolvidas. Meu conselho a você: aposte na diversidade ao montar a equipe.

CUIDADO

Não considere apenas características como idade, gênero ou etnia em termos de diversidade. Observe também as experiências e os valores profissionais e pessoais. Essas características não são tão óbvias, mas são essenciais para se fazer um bom trabalho em equipe.

É essencial buscar indivíduos com *perfil T*, que, representado na letra *T*, combina o aspecto generalista (a barra horizontal do *T*) com o especialista (a vertical). A Figura 5-1 mostra os componentes das habilidades e as áreas de sobreposição necessárias para a colaboração na equipe. Em indivíduos com perfil T, a amplitude da competência se sobrepõe para possibilitar uma colaboração bem-sucedida. Ao mesmo tempo, eles têm uma alta competência, como o design thinking precisa, para concluir tarefas. Sempre procure pessoas com perfil T para lidar com suas tarefas de design thinking.

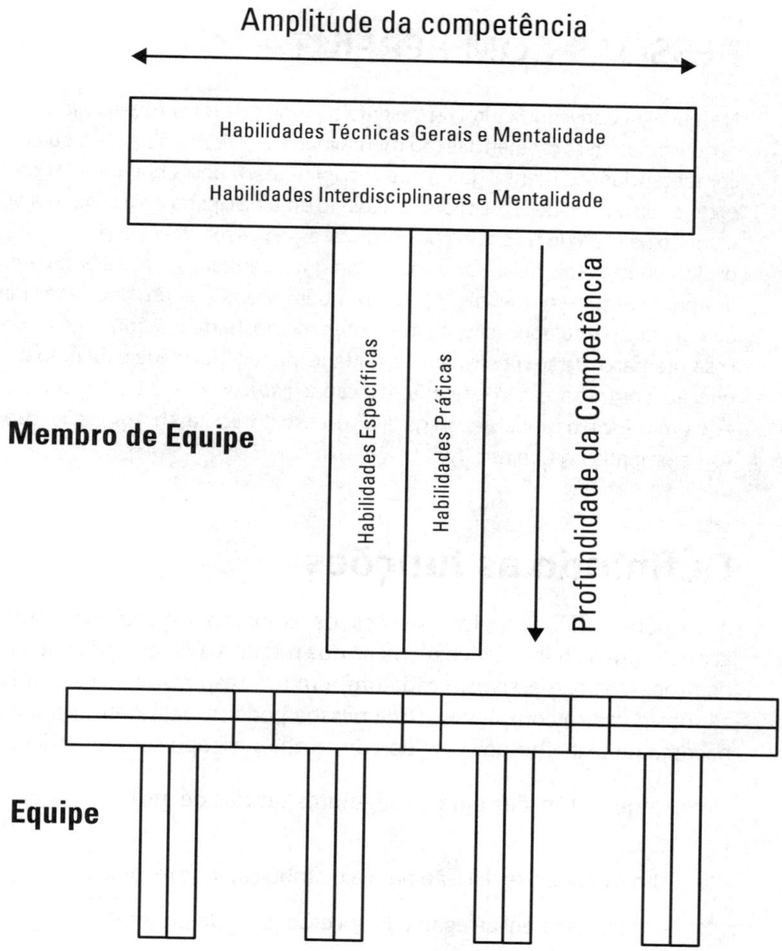

FIGURA 5-1: Uma pessoa com perfil T.

A barra vertical do T representa os conhecimentos e as habilidades específicos em uma área funcional, dividida em competências teóricas e práticas. Indivíduos que possuem apenas uma especialização técnica são descritos como pessoas com *perfil I*. No marketing online, ele pode ser o analista de dados especializado que não possui outras habilidades ou experiências na área.

PESSOAS COM PERFIL T

Na letra *T*, a barra horizontal representa a amplitude da competência, que pode ser dividida em competências (ou mentalidade) profissionais gerais ou em competências (ou mentalidade) interdisciplinares. A barra horizontal representa o generalista, que atua além dos limites de uma disciplina e de uma função. Quando se trata do trabalho colaborativo, essa pessoa deve ter as competências profissionais gerais necessárias para entender a linguagem técnica, os métodos e as abordagens de outras disciplinas. Também precisa ter um tino para liderança, comunicação e colaboração, além de uma mentalidade que fomente a cooperação. Essa mentalidade se mostra na curiosidade, na receptividade e na empatia em relação a outras áreas. A empatia — a capacidade de identificação com outra pessoa — é um princípio fundamental para o sucesso do design thinking. (Descubra mais sobre empatia no Capítulo 7.)

Definindo as funções

A responsabilidade pelos pacotes de trabalho específicos é distribuída de acordo com as habilidades técnicas dos membros da equipe. Cada pacote inclui os processos respectivos e cada um tem um responsável designado. Divida-os se forem muito complexos. Uma pessoa pode trabalhar em no máximo quatro pacotes de trabalho por vez; do contrário, o escopo será hercúleo.

Determine as funções para as seguintes tarefas de gestão:

- » Um tomador de decisão para a distribuição dos recursos.
- » Uma pessoa encarregada do sucesso geral do projeto.
- » Um contato com o comitê diretor, com o cliente, com os consumidores e com outros parceiros comerciais externos (consultores, autoridades, universidades, instituições de pesquisa ou fornecedores).
- » Um contato para relatar conflitos e problemas enfrentados pela equipe.
- » Um organizador e um moderador das reuniões da equipe.

Os indivíduos que lidam com essas várias tarefas de gestão devem ter uma boa compreensão da empresa, motivar a equipe, ter poder de tomada de decisões e saber tomá-las. São representantes de uma área centrada no cliente ou no mercado, e possuem um conhecimento técnico básico. Como trabalham com a equipe do projeto, com o comitê diretor, com os clientes e os consumidores, e com outros parceiros de negócios, precisam encontrar um equilíbrio entre o economicamente razoável e o tecnicamente viável. São responsáveis pelo uso eficiente dos recursos.

Criando uma matriz de responsabilidade

A melhor forma de designar as responsabilidades na equipe, bem como nas unidades internas e conciliá-las com os parceiros externos, é por meio de uma matriz de responsabilidades, a *matriz RACI*, que é um acrônimo de:

- **R:** Responsável.
- **A:** Ativo (quem executa as tarefas).
- **C:** Consultado (elas precisam se alinhar com essa pessoa).
- **I:** Informado (deve ser informado sobre todas as tarefas em curso).

A Tabela 5-1 mostra a matriz RACI e apresenta uma visão geral das responsabilidades associadas ao projeto do design thinking:

TABELA 5-1 A Matriz RACI

	Comitê Diretor Responsável	Pesquisa	Marketing	Vendas	Produção
Definição do desafio de design	C	A	R	I	I
Determinação dos usuários	R	C	A	C	I
Busca de ideias	C	A	R	I	C
Fase do protótipo	C	R	I	I	A
Teste com clientes	C	I	A	R	I

DICA

É interessante criar uma lista de contatos com detalhes como nome e sobrenome, e-mail, número de telefone e informações sobre disponibilidade e responsabilidades na equipe. Disponibilize-a para todos os envolvidos no projeto.

Aplicando a auto-organização

Distribua cada pacote de trabalho, visando cumprir todas as tarefas do design thinking, de acordo com as habilidades e as competências dos membros da equipe. Em vez de um gerente de projeto atribui-los a cada membro, eles são discutidos e distribuídos de forma independente dentro da equipe. Os próprios membros selecionam suas tarefas — de acordo com sua disponibilidade.

DICA

Se algum pacote de trabalho permanecer aberto após a distribuição, você e a equipe terão que decidir quem lidará com ele e se serão necessários membros adicionais na equipe ou parceiros de cooperação externos, como consultores, universidades ou institutos de pesquisa. Para não ficar sobrecarregado, verifique o quanto cada membro da equipe assumiu de tarefas.

O princípio da auto-organização motiva a equipe. É assim que os integrantes alcançam resultados com sucesso.

Ninguém É o Último a Saber

O princípio da comunicação dentro da equipe deve ser uma via de mão dupla tanto da obrigatoriedade de passar quanto de receber as informações. Esclareça à equipe que todos eles têm a obrigação de transmiti-las. Cada membro deve comunicar imediatamente informações importantes e novas sobre o andamento do projeto, bem como quaisquer alterações nos custos e nos prazos. Junto a essa obrigação deles, você também tem a obrigação de lhes dar ciência do que acontece. Diariamente, cada membro deve determinar se estão faltando as informações necessárias para seu trabalho. E eles devem obter as informações ausentes, de fontes internas ou por meio dos parceiros externos — e isso deve acontecer o mais rápido e da forma mais abrangente possível. O princípio de autodivulgação também se aplica: os membros do projeto devem relatar imediatamente problemas e quaisquer mudanças inesperadas, sem que precisem ser questionados. Tais princípios tornam-se parte da estrutura do trabalho do projeto se você tiver uma cultura de confiança na equipe e se estabelecer um sistema de relatórios eficaz. (Para saber mais sobre como instituir uma cultura de inovação, veja o Capítulo 16.)

Conta tudo para os envolvidos!

O planejamento antecipado de um sistema de relatório (também chamado de *relatório de projeto*) é uma tarefa importante. Esses relatórios são criados para que as informações sejam compartilhadas em apresentações e reuniões.

DICA

Cada relatório deve conter informações sobre seu conteúdo, o criador, o destinatário e a data de criação, bem como sobre a natureza de eventuais respostas solicitadas, que incluem a liberação de recursos, a aprovação de uma sugestão específica de conteúdo, a aceitação de um protótipo ou a concordância com a implementação de uma pesquisa com os clientes.

Observe os seguintes aspectos a respeito dos relatórios de projeto:

- Defina as informações cruciais para os membros do projeto.
- Esclareça-as para o comitê diretor e/ou para o cliente do projeto.
- Solicite-as aos departamentos de serviços internos (jurídico, patentes, controladoria, controle de qualidade) ou parceiros externos.
- Determine a frequência, a validade e a forma (por escrito ou eletronicamente, como um relatório, verbalmente ou uma apresentação) do relatório.
- Divida as responsabilidades pelos relatórios entre os membros da equipe.

A extensão do relatório varia de uma a três páginas. Ele não substitui a comunicação verbal, fundamental para o sucesso do projeto.

Comunicar vale mais que documentar

Ao trabalhar em equipe, priorize a comunicação em vez da documentação. Reduza ao mínimo a comunicação via relatório. O design thinking se baseia na velocidade e na aquisição antecipada de feedbacks informais dos clientes, e uma documentação extensa e formal atrapalha isso. A documentação que for feita será apenas para visualizar o curso futuro do projeto. O melhor método de comunicação são as conversas espontâneas e as discussões sobre o projeto.

DICA

A equipe deve trabalhar no mesmo local e, se possível, perto do cliente ou do usuário. Quando se trata de soluções de software que facilitam o trabalho conjunto em locais separados, use bate-papos com vídeo, mensagens instantâneas ou programas de colaboração com moderação, e fique longe do e-mail.

Mostre resultados com um protótipo. Siga o princípio "Demonstrar é melhor que apresentar". (Para mais informações sobre protótipos, veja o Capítulo 13.)

Defina as regras

Antes de iniciar o projeto, estabeleça as regras sobre como será a comunicação dentro da equipe. Planeje comunicações regulares e diárias sobre o andamento do projeto. Assim, os integrantes ficam cientes do trabalho dos outros membros da equipe, revisam os sucessos e inspiram mudanças com seu feedback. Uma boa abordagem, baseada na gestão ágil de projetos, é realizar reuniões diárias para atualizar o status, como um *scrum* diário — reuniões diárias da equipe de acordo com regras homogêneas. O objetivo é rever, coordenar e ajustar o progresso do trabalho conjunto. Siga estas diretrizes para implementar o scrum diário:

- **Reúnam-se todos os dias, sempre no mesmo lugar.** *Todos os dias* significa não adiar nunca. A reunião deve ocorrer em um espaço equipado com um *quadro de tarefas* — uma representação gráfica do progresso que mostre o status vigente de cada um dos pacotes de trabalho. (Para mais informações sobre os quadros de tarefas, veja o Capítulo 4.)
- **Sempre realize reuniões pontualmente, no mesmo horário.** Não comece no início da jornada de trabalho; comece a partir das 10h. Assim você ainda consegue concluir as tarefas do dia anterior ou verificar e-mails importantes.
- **Limite os scrums a 15 minutos — nunca mais do que isso.** Um prazo apertado força a se manter o foco. Se precisar lidar com problemas graves, discuta-os separadamente com as pessoas relevantes em uma reunião complementar. Anote os problemas que precisam ser discutidos em uma lista de itens em aberto, e a exiba em um quadro para que todos os vejam. (Para mais informações sobre a lista de itens em aberto, veja o Capítulo 4.)
- **Nada de sentar!** Considere o scrum diário uma reunião de pé — do início ao fim. Deixar os participantes de pé durante a reunião mitiga a eventual conversa paralela e os mantém atentos. (Sentar-se propicia a distração.) Se quiser levar esse princípio ao extremo, dê um halter pesado (ou análogo) para cada integrante durante a reunião.
- **Estipule que todos os membros estejam presentes.** Não aceite desculpas — além de doenças ou férias — para se ausentarem do scrum diário.
- **Sempre responda às mesmas três perguntas sobre pacotes de trabalho.** Discuta brevemente todos os pacotes em andamento. Os responsáveis por eles devem descrever:
  - *O que foi alcançado desde o último scrum diário.*
  - *O que deve ser alcançado naquele dia.*
  - *O que atrasa o progresso.*

  Os obstáculos ao progresso incluem a falta de equipamentos e de ferramentas, ou de informações, que ainda precisem ser passadas por outrem (fornecedores ou departamentos de serviços internos).
- **Garanta que todos os participantes estejam sempre preparados.** Como as perguntas sobre os pacotes são sabidas de início, todos devem estar aptos a respondê-las de pronto. Todos devem se preparar antes das reuniões.
- **Documente apenas decisões finais e eventuais problemas pendentes.** Visando manter um estilo de comunicação livre da disfunção burocrática, documente apenas as decisões finais. Use o scrum diário para se comunicar com a equipe, e para atualizar o quadro de tarefas e a lista de itens em aberto. (Para mais informações sobre ambos os tópicos, veja o Capítulo 4.)

No scrum diário, todos os participantes adquirem informações breves, concisas e atualizadas sobre o que está acontecendo no projeto, sobre seu status, sobre as próximas etapas e sobre os problemas atuais ou previstos.

DICA

Crie interesse adicionando uma quarta pergunta, nova, a cada dia no scrum diário. (Veja o sexto item da lista anterior.) Por exemplo, pergunte aos participantes o que aprenderam até o momento, o que foi surpreendente ou quem mais poderia ajudar em dado pacote. Essa quarta pergunta também pode, em vez de se voltar para desenvolvimentos do dia a dia, focar as preocupações de longo prazo — por exemplo, por que o pacote deve ser interrompido imediatamente ou por que não tem solução.

Organizando os Workshops

No design thinking, o trabalho em grupo e o individual focado ocupam o centro do palco. Uma maneira de combinar os dois é o workshop — um formato que promove um intercâmbio profundo entre os membros da equipe. Organize workshops para cada fase do projeto, para que as tarefas sejam concluídas em conjunto. Os workshops promovem um senso de comunidade e o desenvolvimento de uma linguagem, uma abordagem e uma cultura uniformes na equipe. Os workshops fortalecem a coesão de equipes compostas de pessoas com diferentes personalidades, experiências e atitudes.

Preparando

Para ter sucesso, os workshops demandam uma preparação cuidadosa. Para tal, execute as seguintes tarefas:

» **Determine o objetivo:** Primeiro, é preciso esclarecer o que se deseja com o workshop. O objetivo pode ser desenvolver uma compreensão comum da tarefa, caracterizar com mais precisão os usuários, realizar uma observação dos clientes, encontrar ideias ou criar protótipos.

» **Defina a equipe e as funções de cada um no workshop:** Pense em quem será convidado para se juntar à equipe no workshop. Algumas opções são funcionários dos departamentos de serviço da empresa (como jurídico, patentes, controladoria, controle de qualidade ou atendimento ao cliente), ou representantes de parceiros comerciais externos, como fornecedores, clientes existentes ou universidades e instituições de pesquisa.

  Antes de iniciar o workshop, escolha um moderador e designe alguém para controlar o tempo. No caso de um workshop mais exigente ou de um que inclua clientes e fornecedores, é adequado convocar um moderador externo.

- **Planeje em detalhes o processo, mas projete o conteúdo de maneira flexível:** Considere o intervalo de tempo e planeje cada minuto do workshop. Depois de definir os prazos para as várias etapas das sessões, evite planejar o conteúdo com muitos detalhes e deixe bastante espaço para a liberdade criativa. Após os cumprimentos e as apresentações, estruture as várias tarefas do workshop. Não se esqueça de planejar intervalos mais longos para acomodar as interações informais entre os participantes.
- **Obtenha as tecnologias e as acomodações necessárias para que tudo corra bem:** Dependendo das atividades planejadas para o workshop, você precisará de uma conexão sem fio à internet, um projetor, uma tela para a projeção e uma sala de conferências com algumas cadeiras simples. As salas que permitem uma divisão flexível tanto para grupos quanto para indivíduos funcionam bem porque tendem a promover as tarefas do workshop. Se planeja criar protótipos, precisa ter os materiais certos disponíveis, incluindo dispositivos técnicos, como impressoras 3D e escâneres. (Para mais informações sobre a criação de protótipos, veja o Capítulo 13.)
- **Compile e copie documentos:** Distribua a agenda do workshop antes ou durante a atividade — apresentações, relatórios de pesquisa (literatura, patentes), estudos científicos, resultados de pesquisas de mercado, pesquisas com clientes e observações de clientes.
- **Organize um programa recreativo após o evento:** Ao oferecer uma atividade recreativa compartilhada ou um jantar divertido após um workshop muito importante, você reforça o senso de comunidade e, ao mesmo tempo, viabiliza as interações informais na equipe. (Isso é particularmente importante se o workshop incluir participantes externos, como clientes e fornecedores.)

DICA

Envie com antecedência as informações sobre a agenda e os objetivos do workshop aos participantes e peça que façam uma lição de casa pensando em um tópico, lendo ou preparando um relatório relacionado aos tópicos.

EXEMPLO

Se, para o workshop, a equipe precisar elaborar opções inovadoras de digitalização para atendimento ao cliente, peça aos participantes que levantem na literatura avançada e que pesquisem na internet tópicos como chatbots, redes sociais, inteligência artificial e tecnologia de realidade virtual. Se o workshop objetiva encontrar ideias, dê aos participantes informações avançadas sobre as técnicas de criatividade que planeja usar. (Para mais informações sobre técnicas de criatividade, veja os Capítulos 10 e 11.)

Tudo dando certo, mas fique esperto

Certamente, haverá muitos workshops durante o processo do design thinking. O fato é que, quando eles se destinam a promover a criatividade e a comunicação, nada é pior do que os estagnar em um mesmo padrão. Portanto, sempre altere a composição dos grupos, bem como o tipo de trabalho em grupo e individual a atribuir, para despertar o interesse. Essa iniciativa é simples, baseando-se, por exemplo, em variar a duração do trabalho e os intervalos, trocar de sala e de mobília, recrutar moderadores externos e aplicar métodos distintos.

DICA

Nos workshops do processo do design thinking, há vários métodos diferentes para definir tarefas, e para procurar, avaliar e apresentar ideias. Informe-se sobre cada um deles e expanda suas possibilidades. (Inicie sua pesquisa lendo os Capítulos 7, 8, 10, 11, 12 e 13 deste livro.)

DICA

Os participantes mal se conhecerão no primeiro workshop; portanto, use dinâmicas para grupos com integrantes que não se conhecem, grupos com estruturas interdisciplinares e grupos com membros de diferentes departamentos ou círculos culturais.

As seguintes regras ajudam na execução de workshops:

- **Deixe a supervisão de fora:** Um workshop de design thinking não tem hierarquia. Funções e títulos devem ser deixados do lado de fora. Cada participante é igualmente importante, merece o mesmo tempo para falar e participação igual em votações.
- **Permita ideias malucas:** Dê liberdade à imaginação. Toda ideia excêntrica conta, e todas são tratadas igualmente.
- **A quantidade supera a qualidade:** É preciso gerar muitas ideias para poder escolher uma mais tarde. Colete muitas sugestões — a análise, a avaliação e a seleção são posteriores.
- **Desenvolva as ideias dos outros:** Não há lei de direitos autorais em workshops. O resultado é um produto colaborativo. As ideias dos outros devem ser esmiuçadas, complementadas ou modificadas.
- **Foco nas pessoas:** O design thinking requer pensar nas pessoas. O objetivo de um workshop que se baseia no design thinking não é desenvolver uma tecnologia nem atingir objetivos econômicos, como participação de mercado, uma imagem aprimorada da empresa ou lucros. A ideia é descobrir como se colocar no lugar e na situação de outras pessoas. (Para saber mais sobre como fazer isso, veja o Capítulo 7.)
- **Torne-o gráfico e tangível:** Para as tarefas do workshop, use desenhos, reproduções, fotos, vídeos e protótipos. (O Capítulo 13 fala mais sobre como adicionar elementos visuais.)

- **Não critique:** Separe a busca por ideias da avaliação delas. Avaliar as ideias sem parar, no instante em que são apresentadas, não só castra a criatividade, como também promove uma atmosfera governada pela autocrítica — definitivamente, um péssimo ambiente.
- **Falhe cedo e com frequência:** Falhar significa aprender. Falhar muito significa aprender muito. Comunique aos participantes do workshop que você não apenas permite erros — mas os considera oportunidades de aprender. (Para saber mais sobre tolerar erros, veja os Capítulos 3 e 16.)
- **Mantenha o foco:** Defina limites para si mesmo. Detenha-se às tarefas específicas no processo do design thinking. Embora essa regra pareça contradizer a que permite ideias malucas (veja o segundo item desta lista), experimentos com processos voltados à criatividade mostram que ela prospera mais quando se definem limites claros, dentro dos quais a imaginação reina livre. Esses limites incluem uma diretiva geral baseada em objetivos de tempo e de custo ("a oferta de produtos ou serviços deve ser lançada no mercado dentro de dez meses"), um foco local ou uma consideração das limitações legais envolvidas.
- **Divirta-se:** O desenvolvimento de novas ideias deve ser divertido para todos da equipe. Criatividade requer diversão. A diversão supera os bloqueios mentais, aguça a curiosidade, promove a receptividade e incentiva o surgimento de novas perspectivas.

DICA

Anote todas as regras do workshop em um flipchart em letras grandes e exiba-as em espaços comuns ou nas entradas. Lembre aos participantes as regras durante reuniões e workshops.

Equipamentos e materiais

O equipamento técnico para as salas dos workshops varia conforme a área ou o setor do produto. Além do equipamento padrão de escritório e de telecomunicações, adquira impressoras 3D, escâneres, giz de cera, smartboards ou dispositivos de realidade virtual. Eles simplificam a comunicação e a visualização dos resultados do trabalho. Não é necessário instalar um projetor permanentemente, porque isso limitaria o uso flexível da sala. Se houver paredes brancas, uma superfície de projeção adicional é desnecessária. Durante as projeções de imagem, use um passador de slides com apontador laser. Os cômodos devem ter várias tomadas. Use cabos e réguas de energia somente em casos excepcionais, porque causam distração e é fácil tropeçar neles. Uma boa conexão Wi-Fi é obrigatória, a menos que queira evitar o uso das mídias digitais durante o workshop.

O material para os workshops de design thinking varia de acordo com a tarefa. Os suprimentos básicos incluem papel e transparências de vários tamanhos e cores; fichas e notas adesivas de vários tamanhos, cores e formas; tipos diferentes de canetas (uma variedade de cores e pontas, como esferográficas, feltro, lápis de cor e marcadores); e tachinhas, ímãs e fitas adesivas.

Materiais e análogos adicionais ajudam, principalmente ao criar protótipos ilustrativos e tangíveis para a ideia. Aqui estão algumas sugestões de materiais para formar, projetar, rotular, colar e separar:

- **Materiais e ferramentas para modelar e projetar:** Tecidos, papel crepom, papelão, massinha, massa para modelar, isopor, caixas de papelão, papel higiênico e rolos, papel-alumínio, madeira, fita métrica, lixa, artesanatos, revistas, jornais, bolsas, adesivos e notas coloridas.
- **Materiais para estruturar:** Cola quente, fitas adesivas, cola, papel machê, barbante, fitas, fitas isolantes, abraçadeiras de náilon, fios, alicates, pregos, parafusos, chaves de fenda, grampos, martelos, tesouras, estiletes e serras.

Esses materiais possibilitam demonstrar o design, a usabilidade e a funcionalidade de produtos e dispositivos. Use-os também para ilustrar como as ideias de serviços afetariam as pessoas em dadas situações. Por exemplo, crie figuras de massa de modelar para representar clientes e consultores e coloque-as em diferentes situações em uma sala criada com papelão. (Pense nas maquetes.) Em equipe, pergunte-se como as salas devem ser e como os consultores devem se posicionar nelas para que o cliente se sinta confortável ao ser atendido.

DICA

Se massa de modelar não é uma opção, use Lego, carrinhos e brinquedos para executar cada etapa de um determinado processo de serviço. Faça encenações para colocar-se em situações em que você desempenha primeiro o papel de consultor e depois o de cliente. Selecione as roupas certas para os bonecos e os brinquedos ideais. O lúdico anima a atmosfera do workshop e incentiva os participantes a encararem as situações de uma perspectiva diferente.

Relógio, gongo, apito e sino de navio são boas ferramentas para o moderador pedir uma pausa ou para iniciar as atividades. O cartão amarelo de um árbitro de futebol é uma ótima maneira de indicar a alguém que o workshop saiu do rumo. Os materiais devem estar acessíveis e disponíveis, e ser bem guardados — do contrário, um workshop de design thinking rapidamente fica caótico. Sistemas de armários modulares ou bancos de palete conferem flexibilidade.

Projetando as Áreas Comuns

O design thinking envolve tanto o trabalho em grupo quanto o individual, conforme o momento, e os grupos com o mesmo número de pessoas trabalham ao lado de grupos com uma composição bem diferente. Como resultado, os espaços devem atender a certos requisitos. Disponibilize áreas de trabalho em grupo e separe os espaços individuais. Os espaços coletivos são chamados de "espaços compartilhados", para trabalho ou para reuniões em que todos devem se comunicar abertamente, enquanto os individuais são os "espaços isolados", voltados para um trabalho silencioso e foco profundo.

Comunicação e criatividade fluindo

Como o design thinking demanda que os participantes do workshop se dividam em grupos e que se movimentem livremente, usem divisórias para criar espaços distintos e trabalhem em colaboração em protótipos, você também precisará de mais espaço. A melhor opção é escolher diferentes espaços, salas ou arranjos da mobília conforme as diferentes fases — entender a tarefa, redefinir o problema, desenvolver e avaliar as soluções e criar e testar os protótipos. Dedique-se a criar novos ambientes adequados ao trabalho, que propiciem novos estímulos. Uma opção é alugar espaços de trabalho compartilhado de fornecedores externos. Tais salas geralmente já são montadas com equipamentos e móveis, e podem ser usadas em conjunto por várias empresas. Isso facilita a comunicação e o desenvolvimento de redes com parceiros externos.

Pense em alugar espaços incomuns, como áreas externas, caso o tempo esteja bom. A fase de desenvolvimento de soluções prospera em locais que incentivam a criatividade. Escolha um lugar incomum. (A fase de redefinição do problema, por outro lado, exige um trabalho mais focado — nesse caso, escolha um local corporativo convencional com bons equipamentos técnicos.)

DICA

O trabalho do design thinking nem sempre exige espaços incomuns. Reorganize os móveis da sala que tiver para obter um novo visual. Transforme as salas convencionais em uma imitação de balcão de recepção, chão de fábrica ou lobby da estação de trem para incentivar novas impressões e estímulos ao trabalho criativo. Peça também aos membros da equipe que levem móveis ou seus itens favoritos de casa e os ajeitem nos "espaços". Um visual novo promove novas ideias.

Tal ambiente, tal resultado

No design thinking, o trabalho em grupo e o individual se alternam em questão de minutos. As salas e a mobília precisam respaldar essa flexibilidade. Deve ser possível dividir espontaneamente grandes áreas conforme as demandas (tipo de trabalho, tamanho do grupo) com portas de correr ou divisórias móveis. Crie um espaço para vários pequenos grupos que precisem se concentrar com quadros brancos deslizantes ou murais de cortiça. Trabalhar em diferentes pisos é uma solução rápida. As áreas de trabalho podem ser divididas com vários pequenos baús ou bancos empilháveis, com um espaço para armazenamento, o que permite acesso rápido aos materiais.

DICA

Organize as informações nas paredes. Por exemplo, a primeira parede exibe informações sobre o cliente; enquanto a segunda, sobre seus problemas e suas necessidades. A terceira parede contextualiza a situação ou apresenta os parâmetros. E, finalmente, a quarta ilustra as primeiras abordagens para resolver o problema em questão. O centro da sala é o espaço para o trabalho conjunto no desenvolvimento do protótipo.

Evite salas de reunião convencionais com arranjos típicos de mesas. Em geral, elas não possuem paredes brancas para projeções nem divisórias. Opte por áreas de trabalho em grupo com mesas e bancos de bar para que as pessoas formem novos grupos. Certifique-se de incentivar os participantes a se moverem — o movimento alimenta a criatividade.

DICA

Configure as salas para que tenham várias superfícies horizontais e verticais diferentes na forma de grandes mesas, áreas de escrita ou paredes. Não hesite em postar notas adesivas em janelas, portas e paredes brancas. Adesivos eletrostáticos transparentes, que você pode anexar a praticamente qualquer superfície, são uma alternativa flexível e barata.

O clima da sala dita a atmosfera do trabalho. Uma sala que receba luz natural fomenta bons hábitos. Anexe notas adesivas às soleiras. Busque a melhor iluminação possível para as áreas de trabalho e de apresentação. Salas reservadas para pequenos grupos demandam uma boa acústica, sem eco. Cores quentes e naturais da parede, tetos altos e ar fresco, criam um ambiente agradável. A temperatura deve estar entre 20°C e 23°C. (As salas dos workshops podem ser um pouco mais frias por causa do movimento das pessoas.) Ao escolher as cores das paredes e dos móveis, lembre-se de que os tons de azul promovem a criatividade; enquanto os de laranja e de amarelo, a comunicação. Opte por alguns móveis vermelhos, para estimular a criatividade e a comunicação.

As áreas de descanso incentivam também as interações. Posicione cadeiras, poltronas ou sofás confortáveis nas salas de trabalho ou em uma sala separada. Prepare bebidas e doces para ajudar a arejar. Tudo isso faz com que os participantes relaxem e conversem informalmente nos intervalos.

DICA

Como uma pequena recompensa durante os intervalos, leve um baú cheio de doces e outras guloseimas. Para momentos especiais, é uma boa ideia até montar uma daquelas fontes de chocolate para banhar cerejas e morangos.

Para salas destinadas a descansos e pausas, escolha o verde para as decorações nas paredes, acessórios e assentos. Adicione algumas plantas para melhorar a atmosfera geral. O som crepitante de uma fonte interna cria uma atmosfera relaxante que equilibra um workshop exaltado. Dê um passo além e disponibilize equipamentos esportivos ou jogos de habilidade nessas áreas. Um pequeno trampolim ou uma esteira também coloca os pensamentos em movimento. Um tapete de ioga ajuda a criar a distância necessária de um problema.

2
As Fases do Problema

NESTA PARTE...

Comece a procurar o problema dos usuários e identifique as informações de que ainda precisa.

Examine necessidades e problemas aplicando vários métodos para se colocar no lugar dos usuários.

Realize observações sistemáticas e conheça melhor os usuários.

Defina uma pergunta clara para o problema que os usuários têm e que você deseja resolver.

NESTE CAPÍTULO

» **Definindo o campo de pesquisa**

» **Esclarecendo a tarefa e suas causas**

» **Coletando e avaliando informações ausentes**

» **Captando novas perspectivas da tarefa**

Capítulo **6**

Entendendo a Tarefa

Na primeira fase do processo do design thinking, o campo de pesquisa precisa ser definido, e a tarefa que se deseja resolver, entendida. Para isso, é necessário analisá-la e examinar os fatores e as causas determinantes e, em seguida, reformulá-la para que se identifiquem novas facetas. Reserve um tempo para desenvolver essa compreensão básica da tarefa, porque é a única maneira de executar os próximos passos para buscar ideias de forma significativa. Somente ao compilar essas informações é possível decidir qual perspectiva técnica integrar nas etapas e quais conhecimentos são relevantes.

Localizando a Área Certa de Pesquisa

Se decidiu que deseja desenvolver algo novo, primeiro defina o que realmente procura. Pretende atender a um problema específico do cliente ou a um desejo, ou responder a uma tecnologia específica — ou procura uma possível aplicação de suas habilidades? O *campo de pesquisa* descreve o escopo dela. Defini-lo orienta o processo, para que se analise com mais propósito e se encontrem ideias com mais eficácia. Lembre-se de que ele não deve ser muito restrito; do contrário, você limitará desnecessariamente a busca por soluções criativas. O campo de pesquisa também não deve ser muito amplo, porque, assim, o foco será muito vago, o que dificulta os passos seguintes de análise do problema.

EXEMPLO

Um exemplo de campo de pesquisa muito restrito é usar a tecnologia de impressão 3D para fabricar chaveiros. Um foco muito amplo é buscar maneiras de aplicar a inteligência artificial, em geral. Um campo de pesquisa com o nível apropriado de especificidade perguntaria como usar a inteligência artificial para fazer a parte de comunicação da marca.

De início, categorize o campo de pesquisa com base em três variantes. No segmento de mercado, procure novas mudanças sociais, que levem a novas necessidades. No âmbito das novas tecnologias, procure sistematicamente criar aplicativos — ou pelo menos adaptá-los a tal realidade. Por fim, suas competências e seus recursos são o ponto de partida que fundamentam o planejamento de novos produtos, serviços, processos ou modelos de negócios.

Pesquisando no segmento de mercado

Mudanças sociais que se mostram em transformações dos hábitos de compra, ou em novos desejos ou problemas dos clientes são uma área promissora para gerar ideias criativas. Por isso, rastreie desenvolvimentos e tendências na sociedade como um todo, bem como na vida corporativa.

A globalização, por exemplo, tem um grande impacto na sociedade. Além de sua face *econômica* — o aumento do comércio mundial —, ela também é *cultural*, aspecto impulsionado pela assimilação de diversas culturas, pela disseminação mundial de estilos de vida e de valores, e pela fusão de diferentes tradições culturais. A presença mundial de cadeias de fast-food, o sucesso global da música e da moda ocidentais, e o uso das redes sociais em todo o mundo são exemplos de globalização cultural.

Outra tendência é a mudança demográfica nos países industrializados, representada pelo aumento do tempo de vida. A relativa ampliação da população com mais de 55 anos resulta em novas oportunidades de mercado focando esse grupo-alvo, caracterizado como sofisticado, consciente da qualidade, ativo e bastante consumidor, com um poder de compra acima da média.

CUIDADO

Se deseja desenvolver produtos ou serviços para uma população idosa, não os promova como uma oferta para idosos. Isso é exatamente tudo o que esse grupo-alvo não deseja. As características e os recursos do que apresentar deve corresponder aos desejos deles — e aos problemas enfrentados por eles —, e, como tal, devem atrair as pessoas mais velhas. Um robô aspirador de pó com botões grandes e iluminados, menus autoexplicativos, manejo simples e construção robusta atrairá majoritariamente esse grupo-alvo sem que se precise mencioná-lo como um produto para pessoas com mais de 55 anos. Lembre-se também de que os idosos têm interesses diferentes; há aqueles sofisticados, aficionados por ópera, bem como os amantes do rock, e os que apreciam viagens, seja um mochilão pela Tailândia ou um cruzeiro pelo Caribe.

A grande característica de tendências como a globalização e a mudança demográfica é que elas não são modismos de curto prazo, mas representam desejos ou problemas que perduram.

Além da mudança demográfica, há muitas outras tendências, incluindo as descritas nesta lista:

- **Saúde:** A ampliação da conscientização a respeito da saúde e do progresso médico são evidentes há anos, e terão um papel ainda maior no futuro.
- **Ecologia e sustentabilidade:** É uma tendência recente e bastante forte de praticar um estilo de vida ambientalmente consciente e sustentável. Já não é mais um nicho de "ambientalistas radicais", mas sinal de uma conscientização ecológica cada vez mais ampla e nova, observada em um amplo espectro social.
- **Urbanização:** Envolve um aumento da população urbana ou do êxodo rural. Ambos são responsáveis por muitas consequências, como o envelhecimento das pequenas cidades, o aumento dos preços de imóveis e propriedades próximas a grandes cidades, o aumento de turistas e o de problemas ambientais e de resíduos em áreas metropolitanas de alta densidade.
- **Novos papéis femininos na sociedade:** Referem-se a vários fatores, como mais mulheres com maior nível educacional, o número cada vez maior de mulheres que trabalham e a proporção crescente de gestoras.

  Essa tendência também se reflete nas competências mais "femininas" no âmbito profissional, cada vez mais representativas, como trabalho em equipe e habilidades de comunicação. Junto a isso, o aumento de homens exercendo papéis considerados femininos, como cuidar do lar e dos filhos.
- **Individualização:** Resume o aumento de pessoas que vivem sozinhas, a tendência de relacionamentos fluidos e superficiais, e um aumento de desejos altamente individualizados no tocante a produtos e serviços. Essa tendência também surge nos países em desenvolvimento como resultado da demanda reprimida.
- **Novo trabalho:** O termo faz referência à mudança estrutural de uma sociedade industrial para uma sociedade de serviços, o aumento de empregos de meio período e do acúmulo de empregos pelo mesmo trabalhador, e uma prevalência cada vez maior de empregos baseados em home office.
- **Educação e conhecimento:** Retrata o aumento da importância das qualificações superiores, sobretudo nas indústrias altamente desenvolvidas. Além da relevância cada vez mais intensificada de se ter conhecimentos e de se estudar durante toda a vida, de forma geral.

» **Segurança:** A natureza dinâmica das transformações políticas/jurídicas, econômicas e tecnológicas atualmente ocorridas reforça o desejo de estabilidade e segurança. Ameaças decorrentes de desastres naturais, novas formas de terrorismo, violência e crime (como o cibernético) transformam a necessidade básica de segurança em uma tendência.

Vale a pena se concentrar nas tendências dessa lista e questionar quais tarefas surgirão delas na forma de soluções para novas necessidades ou problemas. Essas tendências são desenvolvimentos contínuos, de longo prazo, que gerarão uma forte demanda por novas ideias. Essa demanda é a *atração do mercado*. Em contraste com esse conceito, a abordagem do *impulso tecnológico*, descrita na próxima seção, procura usos para as novas tecnologias.

Pesquisando na área de tecnologia

Além de procurar mudanças sociais que afetam o segmento de mercado, procure aplicativos de novas tecnologias. Na abordagem do impulso tecnológico, o progresso técnico é a base de muitos novos produtos, serviços, processos e modelos de negócios. Para muitos setores, a tecnologia obtém um forte impulso com a digitalização, que resume a crescente disseminação das modernas tecnologias de informação e comunicação em todas as áreas da sociedade.

EXEMPLO

A digitalização envolve várias tecnologias usadas em longo prazo em muitas áreas de aplicação e, portanto, é uma tendência tecnológica. Essas tecnologias incluem inteligência artificial, tecnologias de realidade virtual e aumentada, computação em nuvem, o padrão sem fio 5G e a tecnologia blockchain.

Muitas tecnologias independentes se correlacionam no decorrer do desenvolvimento e se fundem em uma nova tecnologia compartilhada. Essa convergência tecnológica dará origem a novas áreas de aplicação. A combinação da tecnologia da internet com a das TVs, por exemplo, abre novas possibilidades para os usuários em termos de como e quando podem assistir a programas de TV. Em geral, é preciso esclarecer quais desenvolvimentos tecnológicos relevantes existem e quais aplicativos interessantes podem surgir deles.

Pesquisando em sua área de competência

Também se encontram tarefas do design thinking analisando suas próprias competências e seus recursos. Pergunte a si mesmo quais tarefas se beneficiariam de suas contribuições. A melhor maneira de visualizar essa abordagem, que é orientada tanto pela competência como pelos recursos, é imaginar uma forma criativa de preparar o jantar. Se você usasse a abordagem tradicional, pegaria um livro de receitas, selecionaria uma delas, criaria uma lista de compras, compraria os itens e prepararia o jantar de acordo com a receita. Com uma abordagem orientada para competência e recursos, você considera quais refeições pode fazer bem e quais alimentos já tem na geladeira; então, faz um jantar com base nisso. Os recursos disponíveis determinam a tarefa. Em vários estudos, Saras Sarasvathy, da Universidade da Virgínia, mostrou que esse método empreendedor — ela o chama de *abordagem de efetivação* — é o segredo do sucesso de inúmeras startups.

EXEMPLO

Jason Goldberg e Bradford Shellhammer perguntaram-se qual modelo de negócios poderiam desenvolver com base na paixão pelo design e na experiência em e-commerce. Esboçaram a ideia em um guardanapo, em um restaurante de Manhattan. Em fevereiro de 2011, essas considerações levaram à criação da Fab.com, que apresenta novas ideias de design diariamente em um portal da internet e oferece produtos de designer exclusivos por tempo limitado.

Em âmbito corporativo, primeiro analise seus pontos fortes e identifique suas competências exclusivas e seus recursos especiais. Eles podem ser tangíveis (materiais, dispositivos, ferramentas, equipamentos, infraestrutura, localização), intangíveis (patentes, marcas, imagem, bancos de dados, dados de clientes, conhecimento, cultura corporativa), relacionados a pessoal (número de colaboradores qualificados, know-how) ou financeiros (reservas de caixa, força financeira, proprietário). Use também a abordagem de efetivação em nível pessoal. Responda às seguintes perguntas:

- Quais seus conhecimentos? O que você pode fazer? Quais seus recursos e experiências? O que em particular você gosta de fazer e faz bem?
- Quem você conhece? (As respostas podem se referir a empresas ou a indivíduos, como cientistas ou especialistas.) Quais recursos eles têm?
- O que pode fazer e alcançar usando esses recursos e contatos?

A vantagem dessa abordagem é encontrar uma tarefa na qual trabalhar com suas competências e recursos. Os recursos disponíveis definem tarefas acessíveis a serem concluídas com o design thinking. Começar com os pontos fortes tende a jogar a motivação nas alturas.

Entender É Meio Caminho Andado

Um elemento essencial no design thinking é entender completamente a tarefa e a situação antes de procurar ideias criativas para produtos, serviços, procedimentos ou modelos de negócios. Não se apresse procurando soluções de imediato para algo que ainda não foi trabalhado. Demore todo o tempo que precisar para analisar as tarefas. Fazer uma separação entre a análise da tarefa e a busca de soluções para ela é um fator de sucesso. Conhecer e entender os detalhes e os motivos dos problemas ou dos desejos de um grupo-alvo específico facilita estruturar uma ideia para resolvê-los ou para lhes atender. Em muitos casos, durante a análise fundamental já surgem abordagens preliminares para ideias inovadoras.

Ao analisar a tarefa, trabalhe sistematicamente as seis perguntas: "Qual é a necessidade dos usuários?", "Quem a tem?", "Como a necessidade se dá?", "Em quais situações se mostra?", "Quando ela surge?" e "Por que os usuários têm a necessidade?" Com base nelas, suponha as causas do problema ou do desejo e teste essas suposições com os usuários. (Para mais informações sobre o teste de suposições, veja o Capítulo 15.) Além da descrição detalhada da tarefa, isso fornece informações iniciais sobre possíveis soluções.

DICA

Trabalhar com as seis perguntas possibilita a comparação da tarefa com um caso em que o problema ou desejo (surpreendentemente) não ocorra. Esse caso pode ser semelhante ou vir de uma área diferente (usuários distintos, outro campo científico ou um setor externo, por exemplo). Depois, faça uma verificação sistemática do que é diferente e do que é o mesmo na tarefa e no caso usado para fins de comparação.

Esclarecendo a tarefa e como ela se mostra

Para o primeiro passo, esclareça exatamente de que consiste a tarefa. Ela pode ser um desejo de um grupo-alvo específico (ou um problema enfrentado por ele). Os problemas se revelam quando algo ocorre de maneira diferente do esperado ou desejado. Descreva essas expectativas ou desejos e compare-os com a situação real. As expectativas também podem estar relacionadas a uma condição ideal, que ainda não foi alcançada. Perceba também até que ponto as expectativas e os desejos são subjetivos ou compartilhados por poucas pessoas. Ao comparar a condição ideal com a vigente, é possível encontrar sistematicamente lacunas a serem fechadas com novos produtos, serviços, processos ou modelos de negócios. *Ideal* significa criar uma alta utilidade (alta qualidade e confiabilidade, bom design, facilidade de uso, conveniência) ou reduzir uma desvantagem (redução de custos e riscos, menor consumo de recursos, economia de tempo) para os usuários. Um cortador de grama totalmente automatizado, inteligente e movido a energia solar pode descrever uma condição ideal.

DICA

Compile todas as informações e descreva o que você sabe sobre o problema. Com isso, você detectará o que ainda não sabe ou não entende. Escreva as lacunas desse conhecimento em uma frase, por exemplo: "Precisamos esclarecer com que frequência um erro aparece ao operar um dispositivo" ou "Precisamos esclarecer como aumentar a fidelidade do cliente por nosso serviço".

De olho na solução, verifique quais esforços já foram feitos para resolver o problema. Se for um problema técnico, busque informações em bancos de dados da literatura ou com uma pesquisa de patentes. As pessoas afetadas pelo problema podem fornecer informações sobre as soluções que foram usadas até o momento. Pergunte a elas por que tais soluções falharam ou por que são insatisfatórias. Como parte do processo, descubra quais elementos são absolutamente obrigatórios para uma solução satisfatória.

Siga por essa fase perguntando a si mesmo o que não é necessário, ou ao menos não importante, sobre a solução. A busca pelo que *não* faz parte do problema segue uma direção semelhante. Pergunte aos idosos sobre seu comportamento ao usarem smartphones. Sabe-se que, em média, apenas três ou quatro recursos são realmente usados. Nesse caso, um smartphone com ainda mais recursos, portanto, não pode ser o seu objetivo.

Descubra se há algo relacionado à tarefa que não pode ser alterado ou que é absolutamente necessário. Um produto técnico deve ter certas características materiais, ou um brinquedo deve ser composto apenas de peças que não representem um risco à saúde. Uma consulta financeira requer uma política de privacidade que deve ser assinada, mesmo que isso pareça desnecessário e demorado para o cliente. No entanto, observe que esses requisitos mudam com o tempo. As condições de segurança relacionadas aos carros autônomos certamente mudarão no futuro, junto com o progresso técnico.

Depois de esclarecer qual é o problema ou o desejo, descreva em detalhes como, exatamente, esses requisitos aparecem. Um problema ou desejo pode se referir a problemas de qualidade, serviço, design, imagem, facilidade de uso, conveniência, segurança, período de uso, preço ou compatibilidade ambiental ou social. Assim, você desenvolveria uma scooter elétrica que seja confiável, robusta, confortável, compacta, fácil de usar, elegante, barata e que tenha um longo período de uso.

DICA

Concentre-se em algumas características significativas do problema ou do desejo. Às vezes, alguns requisitos se contradizem. Em muitos casos, é difícil fabricar um produto de alta qualidade, com materiais de alta qualidade, para ser vendido a um preço baixo. No entanto, suas tarefas podem se concentrar exatamente na resolução dessa contradição.

Esclarecendo quem tem o problema ou o desejo

Saber quem tem o problema ou o desejo é uma informação crucial sobre a tarefa. Algumas tarefas são teoricamente relevantes para muitas pessoas. As soluções da casa inteligente, que melhoram o bem-estar em casa por meio de dispositivos e sistemas controlados em rede e remotamente são, sem dúvida, interessantes para muitas pessoas. É conveniente fazer uma seleção nessa fase inicial do processo do design thinking. Pessoas mais velhas ou portadoras de deficiência se beneficiam particularmente desses sistemas inteligentes, por exemplo. No entanto, esse grupo terá requisitos especiais em relação à operabilidade e à funcionalidade, nos quais se deve focar.

Inicialmente, limite o grupo de pessoas descrevendo quem não é afetado pelo problema ou não deseja uma solução para a tarefa em questão. No grupo restante, concentre-se nos usuários para os quais a solução da tarefa tem certa relevância e urgência. As seguintes perguntas o ajudarão a decidir:

» Quem está mais irritado com o problema?

» Quem se beneficiaria mais de uma solução?

» Quem economizaria dinheiro ou tempo com uma solução?

» Quem precisa de uma solução o mais rápido possível?

» Quem está mais insatisfeito com as alternativas disponíveis no mercado?

» Quem pagaria mais pela solução?

Nesse estágio inicial, não veja a relevância (nem a urgência) da tarefa de forma muito restrita. Já é um grande passo distinguir os grupos de pessoas de acordo com a relevância e a urgência relacionadas à tarefa. Nas fases subsequentes do design thinking, surgirão cada vez mais informações sobre os usuários selecionados no início, e a seleção continuará se restringindo. (Para mais informações sobre como fazer seleções, veja o Capítulo 7.)

DICA

Pergunte a si mesmo para quem, fora do grupo-alvo, a solução é útil. De início, esse grupo de pessoas não é focado, mas, à medida que a solução se desenvolve, ele pode demonstrar um interesse especial nela e rapidamente adotar o novo produto ou serviço após seu lançamento no mercado.

Além de observar os grupos interessados no resultado dessa pesquisa por uma solução, use essa fase para procurar pessoas que contribuam com ela. Consulte-as nas fases posteriores do processo do design thinking ou integre-as nos workshops conjuntos.

Algumas pessoas não se interessam por uma solução, ou ficam deliberada ou involuntariamente no caminho dela. Para uma análise mais aprofundada e, particularmente, para a implementação subsequente da solução proposta, é útil se conscientizar dessas pessoas e caracterizá-las.

Caracterize cada grupo relevante com o método da persona. Uma *persona* é uma pessoa fictícia, com características específicas, que representa o usuário (ou alguns deles) para qualquer inovação que se tenha em mente. Em um perfil de estudo, descreva as características dessa pessoa (idade, gênero, nível de escolaridade, valores, opiniões, estilos de vida, hobbies, comportamentos, hábitos de consumo) com palavras-chave ou com frases curtas. (Conheça melhor o método da persona no Capítulo 7.)

Esclarecendo onde e quando o problema ou o desejo ocorre

Não negligencie os vieses "onde" e "quando" da tarefa. A situação pode ser um evento cotidiano (como compras, atividades domésticas, navegação online, viagens, lazer ou atividades culturais), circunstâncias pessoais (a pessoa está grávida, em uma situação financeira crítica, ou sob pressão de prazo ou de estresse), ou um local especial em que ocorre o problema ou o desejo dos usuários. Os requisitos para uma refeição diferem na estrada, em casa, no trabalho ou durante atividades recreativas (caminhadas, velejadas, boliche, cinema). A tarefa também pode depender do tempo, da duração e da frequência da ocorrência. A necessidade de informações sobre oportunidades de esqui na neve é muito maior no inverno do que no verão. Sempre considere a tarefa em relação à situação específica e aos aspectos especiais do local ou horário.

Para descobrir o significado de certas situações e momentos, compare várias situações e momentos. Esclareça quando e onde o problema ou desejo dos usuários não ocorre. Com base nisso, contraste diferenças e semelhanças em termos de situação e de tempo.

EXEMPLO

A compra de flores, por exemplo, é diferente conforme o "quando" ocorre. Estude quando e onde os usuários compram flores, observando pessoas em hortos e floriculturas em vários momentos. Sem dúvida haverá diferenças entre os clientes em termos de duração da visita à loja, tipo e quantidade de flores compradas, e uso do serviço, como pela manhã ou no final da tarde.

Esclarecendo por que o problema ou o desejo ocorre

Somente se souber e entender o que causou o problema ou o que motivou o desejo você conseguirá encontrar uma solução satisfatória e permanente. Use o diagrama de espinha de peixe, do químico japonês Kaoru Ishikawa (também chamado de diagrama de Ishikawa), para estruturar sistematicamente as causas do problema. É um diagrama simples que ilustra as relações causais. (Veja a Figura 6-1.)

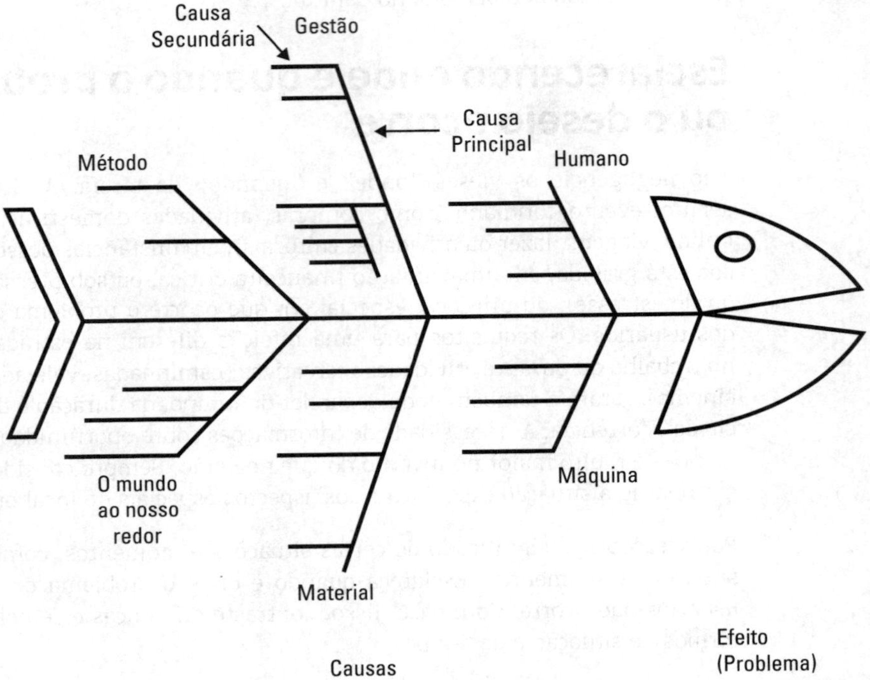

FIGURA 6-1 Com o diagrama de espinha de peixe, procure sistematicamente as causas do problema.

Para uma melhor visão geral das relações de causa e efeito, as várias causas são escritas ao longo das linhas (ossos) — sendo a causa principal ou uma secundária, representadas na forma de ramo. Como sistema, as principais causas se dividem nas áreas: mortal (humanos), máquina, material, método, manejo e mãe natureza, sendo que a última representa o ambiente do problema. Como todas elas começam com a mesma letra, esse esquema é conhecido como 4M (mortal, máquina, material, método), 7M (com a adição de manejo, mãe natureza e medição) ou até 8M (expandido para incluir montante). De forma isolada, as seguintes causas do problema ou desejos são consideradas nestas categorias:

» **Mortal:** Pontos fracos (ou fortes) específicos inerentes ao ser humano. Podem estar nas habilidades (técnicas, metodológicas, sociais), atividades realizadas ou comportamentos. Uma falta de foco no cliente ou de motivação dos funcionários do atendimento resultam na baixa satisfação dele.

» **Máquina:** Pontos fracos (ou fortes) específicos da máquina ou ferramentas usadas para a tarefa. O uso de uma máquina desatualizada na produção pode ser uma causa da baixa produtividade.

» **Material:** Pontos fracos (ou fortes) específicos no material utilizado ou nas informações necessárias para a tarefa. Aumentos nos preços das matérias-primas resultam em custos mais altos para fabricar um produto.

» **Método:** Pontos fracos (ou fortes) específicos na abordagem técnica ou na organizacional. Os prazos de entrega dos pedidos dos clientes demoram muito, pois a mercadoria é desnecessariamente verificada quanto à integridade por dois departamentos de cada vez.

» **Manejo:** Pontos fracos (ou fortes) específicos na gestão, no planejamento, na organização e no controle da tarefa. Um erro de planejamento pode causar atrasos nos processos de negócios. Os deficits de comunicação entre dois departamentos explicam o lento processamento das consultas de clientes.

» **Mãe natureza:** Pontos fracos (ou fortes) específicos no ambiente externo da tarefa. O "ambiente" refere-se a influências ambientais, bem como a atividades de parceiros e de concorrentes externos. Flutuações de alta temperatura na cadeia de suprimentos causam uma grande quantidade de produtos estragados nos transportes de alimentos. A participação de mercado em declínio de um produto são explicadas com o lançamento bem-sucedido de um produto melhor pela concorrência.

» **Medição:** Pontos fracos (ou fortes) específicos na medição de processos técnicos ou econômicos. Um sistema de medição defeituoso destinado a reconhecer desvios na tinta pode causar danos subsequentes à tinta em um novo produto. Usar exclusivamente o número de consultas processadas do cliente como o principal indicador na avaliação de um funcionário pode causar consultas de baixa qualidade durante a consulta do cliente.

» **Montante:** Pontos fracos (ou fortes) específicos nos recursos financeiros disponíveis (dinheiro) para a tarefa. Meios financeiros insuficientes podem causar um atraso no desenvolvimento de uma equipe de vendas na Ásia.

Nessa fase inicial do processo do design thinking, o diagrama de espinha de peixe fornece uma visão geral inicial das relações de causa e efeito. Nas fases seguintes, use pesquisas, observações e experimentos para coletar informações adicionais, que entrarão no diagrama.

DICA

Após compilar as causas, é preciso avaliá-las. Uma abordagem simples se fundamenta em realizar a avaliação com sua equipe aplicando pontos vermelhos de adesivos nas causas no diagrama. Cada avaliador recebe cinco adesivos para aplicar livremente. Se uma causa é especialmente significativa, um participante pode lhe atribuir vários adesivos. A soma deles confere a ordem das causas, da menos à mais significativa. Discuta com a equipe as causas mais importantes em maiores detalhes.

Por fim, verifique se listou todas as causas possíveis. Pergunte a si mesmo se as causas apresentadas são suficientes para explicar o problema ou o desejo dos usuários. Ao fazer essa verificação, outras causas podem ser vistas.

Como complemento ao diagrama de espinha de peixe, recomendo usar a técnica dos cinco "porquês" para cada causa principal identificada. Por trás de cada problema ou desejo, há uma cadeia de causas que precisa ser identificada. Como uma criança pequena, pergunte pelo menos cinco vezes seguidas por que algo é do jeito que é. Nos casos em que a causa da falha é inicialmente considerada de natureza técnica, a técnica dos cinco "porquês" geralmente revela que o erro humano ou a má administração é a causa raiz.

EXEMPLO

Digamos que você tenha um problema de qualidade com um novo produto, no qual uma peça de plástico se quebra após o uso constante, e os clientes reclamam. Você pergunta: "Por que isso?" Resposta: "O processo de fabricação tem um problema." Você pergunta uma segunda vez: "Por que isso?" Resposta: "O processo não faz testes adequados." Você pergunta uma terceira vez: "Por que isso?" Resposta: "Não havia tempo suficiente para desenvolver o processo antes do lançamento no mercado." Você pergunta pela quarta vez: "Por que isso?" Resposta: "A unidade de pesquisa informou o departamento de produção sobre as especificações técnicas para o novo produto muito tarde para o lançamento." Você pergunta pela quinta vez: "Por que isso?" Resposta: "Não há processo de coordenação organizado entre as unidades de pesquisa e produção da empresa." Por fim, a causa de um problema técnico está em um deficit de comunicação entre dois departamentos.

Identificando as Lacunas do Conhecimento

Após esclarecer a primeira tarefa definida, reflita novamente sobre tudo o que sabe e o que não sabe sobre ela. Dessa forma, descobre-se o *ponto cego* — aquela lacuna no conhecimento que não tinha sido considerada até então. Use as seguintes estratégias para fechar essa lacuna:

- **Compile o conhecimento atual.** Questione sua noção geral sobre a tarefa. Compile o conhecimento vigente que conseguiu como resultado do trabalho sistemático auxiliado pelas seis perguntas: o que, quem, como, onde, quando e por quê. Anote os fatos sobre a tarefa.
- **Identifique o conhecimento que lhe falta.** Pergunte a si mesmo o que não conhece a respeito da tarefa. Essas são as lacunas no conhecimento que se devem fechar com análises adicionais. Formule perguntas sobre essas lacunas, que precisam ser respondidas com informações adicionais.
- **Explore aquilo que desconhece.** O conhecimento de que você não está ciente é, por assim dizer, a página em branco do livro do conhecimento — o ponto cego, em outras palavras. O filósofo austríaco Karl R. Popper resume assim: "Podemos saber todo tipo de coisa sobre o futuro. Em princípio, há apenas uma coisa que não podemos saber, que é o que saberemos no futuro. Caso contrário, já saberíamos agora." Só se descobrem novos conhecimentos por meio de pesquisa exploratória. Faça perguntas ou suposições sobre a tarefa e use pesquisas, observações ou experimentos para obter mais informações — que antes você nem sequer sabia que existiam.

Fechando Sistematicamente as Lacunas no Conhecimento

São necessárias informações convincentes e atualizadas para se fecharem as lacunas no conhecimento. É possível obtê-las de várias fontes, dependendo da tarefa. Aproveite as seguintes:

- Bancos de dados de publicações e de patentes.
- Jornais e revistas especializadas.
- Estudos de tecnologia, mercado e setores feitos por associações comerciais, prestadores de serviços, empresas de consultoria, instituições científicas (universidades, institutos de pesquisa) e outras entidades nacionais e internacionais.
- Estatísticas (sites como o do Instituto Brasileiro de Geografia e Estatística — IBGE [`https://www.ibge.gov.br`], bem como sites privados do tipo).
- Relatórios de pesquisa de tendências ou de mercado.
- Relatórios anuais e de sustentabilidade, apresentações, releases de imprensa e sites de outras empresas (concorrentes, fornecedores, startups).
- Pesquisa geral na internet, em fóruns, em blogs e em redes sociais.

- Conferências e feiras.
- Pesquisas com clientes e fornecedores, workshops com clientes e fornecedores.
- Redes pessoais de seus próprios colaboradores.
- Palestras com especialistas.
- Trabalho cooperativo com institutos científicos ou outras empresas.
- Pesquisas com funcionários.

Estimando Influências à Tarefa

Com as informações das fontes listadas na seção anterior, "Fechando Sistematicamente as Lacunas no Conhecimento", você perceberá rapidamente que vários fatores influenciam a tarefa. O risco é se afogar em uma quantidade esmagadora de informações e ficar muito paralisado para conseguir analisar melhor. Analise a tarefa sem paralisia. Evite a paralisia que decorre de se basear em informações irrelevantes demais seguindo estas duas etapas:

1. **Identifique as influências ambientais.**

   A prioridade inicial é entender melhor o campo de pesquisa e identificar importantes influências ambientais na tarefa. As informações sobre os fatores de influência mais importantes podem ser estruturadas e preparadas com o método PESTEL. (PESTEL representa a influência *p*olítica, *e*conômica, *s*ocial, *t*ecnológica, da *e*sfera ambiental e *l*egal.) Ele confere uma visão geral das condições básicas da tarefa.

2. **Identifique as partes interessadas e analise as influências na tarefa.**

   Na segunda etapa, identifique as pessoas ou grupos que estão direta ou indiretamente relacionados à tarefa em questão — as partes interessadas, em outras palavras. Os fatores de influência identificados nas primeiras etapas afetam essas partes interessadas selecionadas. Por isso é preciso avaliar esses efeitos em relação à tarefa.

Avaliando as influências ambientais

O método PESTEL é uma grade de compilação analítica para identificar fatores de influência no ambiente do campo de pesquisa. Use-o para analisar vários fatores referentes à influência *p*olítica, *e*conômica, *s*ocial, *t*ecnológica, da *e*sfera ambiental e *l*egal. No entanto, sempre questione se um fator específico é relevante ou se tem alguma influência real no seu campo de pesquisa. Aqui está uma compilação de alguns aspectos desses fatores de influência:

- **Política:** Clima político e estabilidade do sistema político, entendimento da democracia, resultados e participação nas eleições, envolvimento e reputação do partido, gastos governamentais em várias áreas (medidas do mercado de trabalho, saúde, infraestrutura, construção, educação, pesquisa, proteção ambiental, proteção do consumidor, apoio ao desenvolvimento), política financeira e tributária, política de saúde, política de aposentadoria, fusão de economia e política, lobby e burocracia.
- **Econômica:** Crescimento econômico e industrial, liberalização de mercados versus protecionismo e barreiras comerciais, privatização, dívida pública, taxas de inflação, taxas de juros, desemprego versus escassez de funcionários em determinadas áreas, custos e produtividade do trabalho, poder de compra, crescimento da riqueza, distribuição de renda, diferença de pobreza/riqueza, influência de sindicatos, conflitos tarifários, propensão a investir, índices de ações, avaliações de empresas, subsídios, nacionalização, taxas de câmbio, fragmentação e especialização de mercados, saturação de mercado, atividades competitivas, volumes de pedidos, custo de vida, custos de moradia, gastos privados com saúde, provisões privadas versus estatais, promoção da saúde, satisfação do cliente, lealdade do cliente, taxa de rotatividade, propensão a consumir, propensão a economizar, comportamento do consumidor (percepção da qualidade, sensibilidade ao preço, desejos individuais, percepção da marca), percepção do status, necessidade de consultas e informações, crescimento de e-commerce e dinheiro digital.
- **Social:** Valores e normas, justiça social, coesão social, atitudes em relação à tolerância e à justiça, engajamento social, contatos sociais (quantidade, proximidade), crescimento populacional, mudanças na estrutura familiar, fragmentação da sociedade, famílias menores, mudanças geográficas da população, diferenças regionais, mudanças étnicas na estrutura da população, migrações, conflitos religiosos e étnicos, espiritualização, mudança na distribuição etária, qualidade da escola/universidade/educação, mentalidade do trabalho, consciência de carreira, atitude em relação à educação (ao longo da vida), atitude em relação à tecnologia, prestígio da ciência, competência tecnológica, estruturas de propriedade (economia compartilhada), reputação da economia, atitude em relação a investimentos e lucros estrangeiros, comportamento no lazer, conscientização ambiental

e de sustentabilidade, comportamento do consumidor, conscientização da saúde, aceleração de mudanças sociais, influência e reputação da mídia, volumes de transporte e mobilidade, comportamento da mobilidade, necessidades de segurança, corrupção, pequenos delitos, crimes violentos e terrorismo.

» **Tecnológica:** Progresso científico, dinâmica da mudança tecnológica, taxa de inovação, inovações significativas em produtos e processos, tempos de desenvolvimento, gastos com pesquisa e desenvolvimento, número de patentes, interdisciplinarização, convergência tecnológica, digitalização da educação, automação, miniaturização, ataques cibernéticos e disseminação de vírus de computador.

» **Esfera ambiental:** Eventos naturais (inundações, erupções vulcânicas, tornados, secas, frio), poluição ambiental, mudança climática, extinção de espécies, desertificação, escassez de matérias-primas (petróleo bruto, metais raros), escassez de água, preços de energia e de matérias-primas, reciclagem, comportamentos e sistemas relacionados ao desperdício, custos de descarte, epidemias e formações de resistência.

» **Legal:** Alteração dos direitos à liberdade (viagens, pessoa física, mídia), mudanças na situação legal nacional e multinacional (impostos, concorrência, leis antitruste e de patentes), responsabilidade do produto, regulamentação, aplicabilidade dos contratos e influência dos grupos de interesse na legislação (associações, movimentos de proteção ambiental e proteção do consumidor, organizações não governamentais).

A partir dessa infinidade de fatores de influência, selecione os que forem relevantes para as tarefas do cenário atual, além de alguns para os próximos 5, 10 ou 15 anos.

EXEMPLO

Se deseja desenvolver ideias para uma loja online no mercado indiano, considere fatores econômicos, como barreiras comerciais, influências legais, concorrência e leis de patentes. Se sua tarefa é procurar um método para processar o alumínio com eficiência de recursos, observe fatores tecnológicos, como progresso científico e patentes em áreas de tecnologia selecionadas ou influências ambientais, como preços da energia e matérias-primas.

É importante entender a causa e a origem dessa alteração e rastrear o desenvolvimento desde o início, até o presente momento. Avalie o fator de influência com base nas informações do passado. Primeiro, descreva-o com palavras-chave e os efeitos que uma mudança nele teria no futuro. Em seguida, estime sua relevância e a probabilidade de que tal alteração ocorra em dois momentos diferentes no futuro. Adicione também uma estimativa do desenvolvimento de longo prazo da avaliação, propondo uma tendência constante de pelo menos cinco anos. Examine também os possíveis efeitos acidentais e se haverá desenvolvimentos conflitantes. Veja o diagrama de avaliação na Tabela 6-1.

TABELA 6-1 **Diagrama de Avaliação de Fatores de Influência Externos à Empresa**

Fator de influência	Indicador--chave/Sinal	Relevância: 0 = irrelevante; até 5 = muito significativo	Probabilidade de ocorrência 2025 2035	Desenvolvimento de longo prazo	Efeitos recíprocos em outras tendências

Alguns dos fatores de influência selecionados não afetam diretamente a tarefa. Mudá-los influenciará pessoas ou grupos, que, por sua vez, são relevantes para sua tarefa. Mudanças sociais em relação a valores, normas, justiça social ou solidariedade comunitária influenciam o comportamento de pessoas interessadas na solução da tarefa, como clientes. Uma mudança no fator social da conscientização ambiental é evidente, pois os clientes em potencial exigem cada vez mais produtos ecologicamente corretos. Por isso é importante identificar as pessoas ou grupos relevantes e explorar os efeitos dos fatores de influência ambiental que os afetam.

Identificando influências para as partes interessadas (stakeholders)

Em sentido amplo, as pessoas ou os grupos que têm ou podem vir a ter interesse na tarefa são partes interessadas (stakeholders), sejam externas ou internas à empresa. A relação delas com a pergunta ou com a tarefa é expressa de diferentes maneiras, como no desejo de obter informações ou no interesse na solução que será desenvolvida. As partes interessadas podem apoiar, mas também impedir o projeto do design thinking. Essas pessoas são afetadas de alguma maneira por ele (positiva ou negativamente, direta ou indiretamente).

DICA

Lidar com as partes interessadas relevantes e com seus objetivos, preocupações, necessidades e influências em um estágio inicial colaborará com o sucesso do projeto. Os objetivos desse tipo de análise são compilar todas essas influências logo de início, detectar o quanto antes áreas possivelmente problemáticas durante o trabalho nas tarefas e avaliar quaisquer eventuais barreiras à futura implementação das ideias.

Primeiro, identifique as partes interessadas relevantes. As *externas* são as pessoas ou os grupos de fora da empresa ou organização, que podem ser:

- **Clientes ou usuários:** Diferencie entre segmentos existentes, novos e não clientes, ou segmentos de clientes isolados.
- **Fornecedores:** Quando for apropriado, diferencie entre fornecedores novos e já conhecidos.
- **Concorrentes:** Quando for apropriado, diferencie entre concorrentes existentes, novos e potenciais.
- **Parceiros:** Segmente de acordo com a área (pesquisa e desenvolvimento, produção, marketing, vendas) ou de acordo com o tipo de instituição (empresa, consultoria, autoridades estatais).
- **Ciência:** Diferencie de acordo com a área ou a instituição (universidade, instituição de pesquisa não acadêmica).
- **Proprietários ou investidores — os acionistas, em outras palavras:** Diferencie provedores de ações e credores externos, patrocinadores, consultores financeiros, analistas e agências de classificação.
- **Grupos de interesse:** Diferencie entre locais, regionais, nacionais ou internacionais ou de acordo com a área de interesse, como proteção ambiental, defesa do consumidor, sindicatos, associações, câmaras, iniciativas de cidadãos e residentes.
- **Meios de comunicação:** Diferencie entre televisão, jornal, mídia online, rádio, e imprensa comercial e geral.
- **Política:** Onde apropriado, diferencie entre políticas municipais, estaduais, federais e internacionais ou por áreas de política: financeira, tributária, econômica, comercial, mercado de trabalho, saúde, infraestrutura, proteção ao consumidor, proteção ambiental e políticas de ajuda ao desenvolvimento ou diferencie de acordo com as instituições em ministérios, autoridades, parlamento ou partidos políticos.

As partes interessadas *internas* são as pessoas ou os grupos que trabalham na empresa ou organização, e que influenciam direta ou indiretamente a tarefa. Podem ser:

- Colaboradores (possivelmente, também ex-funcionários e futuros).
- Outras unidades ou departamentos de negócios.
- Clientes internos.
- Um comitê de vendas.
- A alta diretoria.

Nem todas as partes interessadas externas e internas são relevantes para todas as tarefas. Identifique as que forem cruciais com as seguintes perguntas:

- » Quem pode impedir o trabalho na tarefa?
- » Quem pode dar suporte, material e simbólico, para a busca da solução?
- » Quem pode se beneficiar de se encontrar uma solução para esta tarefa?
- » Quem pode ser afetado negativamente por uma solução em potencial?
- » Quem pode ter interesse nos resultados?
- » Quem pode chamar atenção para os resultados?
- » Quem está executando atividades relacionadas à tarefa?
- » Quem quer participar da busca pela solução?

Posteriormente, colete as informações necessárias sobre os grupos relevantes para análise e avaliação. Basta limitar-se a três ou quatro partes interessadas.

DICA

O método da persona ajuda a entender mais facilmente a perspectiva de cada parte interessada. Compile, em um breve perfil, informações sobre suas características, preferências e comportamento. (Para mais informações sobre a aplicação do método da persona, veja o Capítulo 7.)

Após identificar e selecionar as partes interessadas, examine quais efeitos as eventuais mudanças nas influências externas identificadas teriam sobre elas. Isso expõe padrões de mudança em um estágio inicial. Concentre-se nas áreas política, econômica, social, tecnológica, ambiental e jurídica que afetam o comportamento, a atitude ou as necessidades delas.

Generalize os efeitos de cada parte interessada para a tarefa do processo no design thinking. A tarefa pode se tornar mais significativa se um número cada vez maior de pessoas for afetado pelo problema. Digamos que queira desenvolver novos sistemas de assistência para idosos que desejam morar sozinhos. Essa população aumentará no futuro e, assim, aumentará a necessidade de novos sistemas de assistência. A tarefa pode se tornar mais complexa se os efeitos sobre as partes interessadas continuarem se multiplicando e se eles mudarem dinamicamente ao longo do tempo. Os requisitos legais e de segurança para sistemas de assistência se ampliam e se transformam. Além disso, é possível usar diferentes tecnologias para esses sistemas, que continuarão avançando no curso do progresso técnico.

Resuma os resultados da análise das partes interessadas com um diagrama, como mostrado na Tabela 6-2. Ele confere uma visão geral dos grupos de pessoas afetadas pela tarefa ou de quais grupos a influenciam. Com base nesse conhecimento, reformule mais especificamente a tarefa.

TABELA 6-2 Diagrama de Avaliação das Partes Interessadas

Fator de Influência	Alterações para Clientes	Alterações para Fornecedores	Efeitos na Tarefa Originadas nas Alterações para Partes Interessadas

Reformulando a Tarefa

Após analisar a tarefa, reformule-a para olhar por outro ângulo o problema ou a questão a ser resolvida. Uma boa abordagem inicial é considerar o problema, ou o desejo, sob a perspectiva das pessoas afetadas ou envolvidas. Pergunte-se qual é o problema sob o ponto de vista de grupos individuais e quão sério ele é. Pense também em como a solução ideal seria sob a perspectiva de cada uma dessas pessoas.

Outra possibilidade é formular a tarefa sob o ponto de vista de uma pessoa ou empresa externa para considerar sua perspectiva. Essas pessoas podem ser atletas famosos, políticos, artistas, palestrantes, juízes, jornalistas, psicólogos, artesãos, médicos e até crianças. Para as empresas, considere Apple, McDonald's, Microsoft, Walmart, Google, Facebook ou BMW, cada uma representando uma estratégia ou modelo de negócios específico. A ideia é, como sempre, propiciar novos estímulos para a tarefa.

DICA

Descreva a tarefa usando a fórmula "E se..." — como em: "E se a Apple ou outra empresa tivesse que resolver essa tarefa?"

Formule a tarefa em diferentes níveis abstratos. Quanto mais abstrata for essa formulação, mais você se distanciará e adotará uma visão mais holística. Comece, por exemplo, abordando como tornar mais ecológico o transporte com caminhões, entre o local de produção e o centro de distribuição, mas expanda o escopo dessa tarefa analisando todo o seu sistema logístico, a partir do fornecimento de materiais da China para entrega a clientes nos EUA. Isso permite identificar as correlações e as interdependências gerais de cada etapa do processo, além de definir a tarefa mais especificamente, a fim de avaliar os detalhes e as várias nuances de um problema ou pergunta. No exemplo do transporte, foque exclusivamente o planejamento de rotas. Na tarefa, será preciso considerar a quantidade e o tipo de frete, a disponibilidade de caminhões e motoristas, as restrições de carga (volume, peso), as rotas de transporte, a hora do dia e as opções de carga e descarga nos locais.

DICA

Para reformular a tarefa, segmente o problema principal em partes menores: examine-o como um todo e depois em suas partes individuais. Essa é uma técnica comprovada para reduzir a complexidade de uma pergunta. Se a tarefa é levar ao mercado um veículo elétrico feito de matérias-primas renováveis, foque primeiro cada componente isolado, como materiais para o interior do carro. Então, volte-se para os componentes resistentes a colisões, como o chassi do carro.

Para desenvolver novas ideias sobre uma tarefa, basta descrever o problema com palavras diferentes. Há várias abordagens para essa estratégia. Às vezes, basta reformulá-lo com sinônimos. Observe a tarefa e use apenas sinônimos para as palavras-chave. Se um produto ou serviço funcionar rapidamente, use termos como "num piscar de olhos", "rápido" ou "no ato". Se um produto deve ser fácil de usar, reformule-o para que seja usado de maneira simples, intuitiva, conveniente ou sem esforço.

Procure também, em dicionários ou na Wikipédia, as definições das palavras usadas na descrição da tarefa. Talvez isso lhe abra novas perspectivas. Sua plataforma na internet precisa de um design mais amigável. Em sua pesquisa, busque definições de *facilidade de uso*, em que o termo seja explicado visando "maior rapidez" (mais eficiência), "uso ideal" (mais eficácia) e "facilidade e conveniência" (maior satisfação). Assim, será fácil reformular a tarefa objetivando tornar sua plataforma mais acessível aos usuários, com as informações corretas e com um design mais ilustrativo.

DICA

As tarefas de áreas técnicas costumam ser descritas com termos especializados, difíceis de entender. Use uma linguagem mais coloquial ou descreva o problema visando um leigo, em palavras simples, sem jargões. Pergunte-se também como você explicaria o problema a uma criança de 6 anos.

Para se distanciar da tarefa ou mudar o modo de vê-la, teste estas técnicas:

» **Amplie ou reduza o problema:** Use a técnica do "vezes dez", reduzindo ou ampliando dez vezes a tarefa em sua mente. Se precisa aumentar a produtividade de um processo técnico, descreva a tarefa com o objetivo de aumentar a produtividade em dez vezes.

» **Ilustre a tarefa:** Crie uma imagem da tarefa ou execute-a como um jogo de representação. Se deseja simplificar o planejamento de viagens para famílias, descreva como os pais discutem seus planos com os filhos na frente da tela do computador, em casa. Assuma os papéis de cada pessoa e os desempenhe em diferentes situações.

» **Mude ou inverta a tarefa:** Por exemplo, se algo deve ser aprimorado, piore seu cenário vigente. Se deseja melhorar a qualidade do atendimento ao cliente, pense em como a tarefa seria apresentada se a qualidade fosse bem pior do que é atualmente.

Ao reformular a tarefa, fica fácil entender o problema específico e, assim, encontrar a solução ideal.

NESTE CAPÍTULO

» Entendendo a empatia

» Tendo empatia pelas pessoas

» Caracterizando o usuário desejado de forma abrangente

» Sendo empático em várias situações

» Explorando os passos do usuário

Capítulo 7

Colocando-se no Lugar do Outro

Este capítulo lhe ensina a se colocar no lugar do usuário desejado, um conceito conhecido como *empatia*, um fator de sucesso significativo no design thinking. Primeiro, você descobrirá o potencial de uma abordagem empática e, depois, entenderá os princípios básicos para desenvolvê-la. Por fim, explicarei como coletar de forma sistemática informações sobre as pessoas e as situações em que está interessado, e como avaliar tais informações metodicamente.

A Empatia É o Segredo

Um princípio fundamental do design thinking é a empatia, o que faz com que você se coloque no lugar do outro. Quando se consegue "sentir o mesmo" que alguém, demonstra-se *empatia emocional*. Com o design thinking, você vai além: identifica e entende emoções, características, necessidades, desejos, objetivos, motivações e atitudes de outra pessoa, e antecipa seu comportamento com base nisso — um processo conhecido como *empatia cognitiva*. A ideia é nem sequer precisar de contato direto com a pessoa — embora seja útil, claro! —, mas colocar-se mentalmente no lugar dela para encontrar soluções para suas necessidades, desejos e problemas. É por isso que se fala sobre o *design empático*, o que significa criar conceitos, métodos de trabalho, produtos, serviços, procedimentos ou modelos de negócios inteiros baseados na perspectiva do usuário.

Uma abordagem empática oferece inúmeras vantagens, como entender:

» Como dada pessoa se sente, pensa e age.

» Quais são seus problemas, necessidades, objetivos e desejos.

» Quão sérios são seus problemas, suas necessidades e seus desejos.

» O que é particularmente importante para ela.

» O que a satisfaz.

A empatia também colabora com as etapas seguintes, quando se criam soluções inovadoras, e o foco recai sobre o crucial. Por fim, é a base da capacidade de desenvolver soluções sustentáveis, que serão aceitas e usadas. Para resumir: mostre-me o que faz, ouve, vê, cheira e sente, e lhe direi do que precisa.

Nas próximas seções, apresento quais fatores de sucesso é necessário ter em mente e quais métodos devem ser aplicados para se praticar um design empático.

Trilhando o Caminho com Empatia

Seguir pela estrada com empatia significa desvendar os pensamentos do usuário e identificar necessidades e desejos não declarados. É criado um vínculo emocional com a pessoa para se ver o mundo sob a perspectiva dela. Nas seções a seguir, cito cinco fatores de sucesso para alcançar esse vínculo.

Crie receptividade

Uma atitude receptiva se baseia em abordar as pessoas com um interesse real por elas e com curiosidade sobre os problemas que têm. Essa receptividade não surge do nada. Não avalie de imediato as pessoas e as situações. Questione-se sobre as ações que se desenrolam e sobre as situações criadas. Descreva o que vê sem julgar nada. Responda ao seguinte: quem está agindo nessa situação, o que está acontecendo e quando e onde exatamente ela acontece?

O resultado de uma postura receptiva é captar detalhes que os outros negligenciam. Em situações cotidianas, preste atenção aos pequenos detalhes que ainda não tinha percebido. Quando vir algo, evite procurar as respostas óbvias.

DICA

Faça este exercício para adotar uma postura receptiva: Reserve três minutos para pensar em como usar um objeto, como um tijolo. Encontre maneiras originais de usá-lo. Você também pensou em peso de papel, móvel, objeto decorativo, batente de porta, halter ou arma?

Fazer algo completamente novo cria mais receptividade. Faça atividades das quais nunca participou. Experimente uma nova receita; leia um jornal diferente; assista a um show de rock, se você gosta de pagode; ou pegue o metrô em vez de ir de carro a algum lugar.

Desconsidere suas ideias e ignore seus preconceitos

Uma imparcialidade básica em relação às pessoas e às novas situações está intimamente ligada à receptividade. Evite julgamentos rápidos e categorizações imediatas. Geralmente, é equivocada a suposição de que você, como designer de soluções, já conhece os problemas e desejos dos potenciais usuários.

Aja sem preconceitos durante uma observação ou pesquisa, bem como durante a avaliação subsequente. Mitigue seus padrões de pensamento entrincheirados. Suas experiências e habilidades não contam. Afaste-se delas. Esclareça suas próprias ideias verbalizando-as, anotando-as ou visualizando-as. Para revelar suas ideias e preconceitos, responda a estas perguntas:

- » Na sua opinião, qual é a situação do usuário e quais atitudes ele cogita tomar?
- » Como você acha que o usuário agirá nessa situação?
- » Quando o usuário fará isso, na sua opinião?
- » Com que frequência acha que ele age assim?
- » Por que acredita nessas ideias?

Aceite os resultados de observações e pesquisas da forma como se apresentarem. Mesmo se os considerar errados, precisará documentá-los e interpretá-los.

Compartilhe resultados

Compartilhe suas ideias com outras pessoas, como colegas, amigos, conhecidos ou familiares, de contextos profissionais totalmente diferentes. Confronte pessoas não relacionadas às descrições de suas observações ou pesquisas. Pergunte como interpretariam e avaliariam tais informações. Pergunte-lhes também quais informações ainda faltam e/ou seriam úteis. Analise e reflita sobre seus resultados a partir de diferentes perspectivas.

Seja metódico

Seguir pela estrada com empatia significa pesquisar pessoas. Ao adotar a atitude e a abordagem de um pesquisador, encontram-se indícios de problemas nunca antes formulados e de desejos não expressos de um usuário em potencial. Aja como um etnógrafo que deseja explorar uma tribo remota em uma expedição. Primeiro colete e estruture as informações e depois avalie-as sistematicamente. Na próxima seção, explico as especificidades desse processo.

Coletando Informações

Há diversas abordagens úteis para obter informações diretas ou indiretas do usuário desejado, tanto sobre ela quanto sobre seus comportamentos e sentimentos. Há cinco métodos de pesquisa para escolher:

- **Análise de material secundário:** As informações já existentes sobre o usuário são chamadas de material *secundário*, que varia: pesquise online e offline por estudos, artigos e matérias sobre os usuários. Colete declarações, detalhes de contato ou outras informações relevantes nas redes sociais (Facebook, Twitter, Instagram). Procure blogs deles ou sobre eles. Use fontes internas de marketing e de vendas. As reclamações dos usuários são uma boa fonte. Use esse material secundário como base para considerar quais informações já possui, quais faltam e para reunir melhor os dois tipos por meio de pesquisas, observações e experiências pessoais.
- **Levantamentos:** Pesquise as pessoas que mais lhe interessam. Certifique-se de estar disposto e capaz de realmente ouvi-las. Qualquer um pode *perguntar* aos usuários o que querem; ouvi-los atentamente é mais difícil. Permita que lhe contem livremente histórias sobre o que fizeram, onde, como e quando o fizeram, e como se sentiram. (Veja o Capítulo 14 para obter mais informações sobre como realizar levantamentos.)
- **Observações:** Observe as pessoas em seu ambiente natural ou em um artificial, como um laboratório. Essa abordagem — observar falhas ao usar um produto, ver os usuários encontrarem soluções alternativas quando se deparam com um problema, reconhecer as necessidades tácitas deles — gera excelentes ideias para inovações. As observações são feitas com pouca frequência. Muitas vezes, são usadas apenas dentro do contexto de testes de usabilidade, que se baseiam na perspectiva dos usuários em potencial e tendem a ocorrer muito tarde durante o processo de inovação. Garanto que você encontrará informações úteis e relevantes para soluções e novas ideias muito mais cedo no processo se seguir um modelo de design thinking. (Para mais informações sobre as observações sistemáticas, veja o Capítulo 8.)
- **Experimentos:** Como qualquer pesquisador, use experimentos com as pessoas-alvo para obter informações sobre suas necessidades, problemas, desejos e atitudes. Tal experimento é uma mistura de observação e levantamento. A abordagem básica é primeiro propor uma suposição sobre qual é o problema ou desejo do usuário em potencial, e como ele se dá. Por meio das respostas ou das reações observadas, teste se a suposição está correta ou se precisa ser descartada. Isso lhe permite conhecer melhor o usuário desejado, passo a passo. (O Capítulo 14 tem mais informações sobre a realização de experimentos.)

- **Suas experiências pessoais:** Uma percepção profunda do problema de outra pessoa é obtida ao se assumir seu papel. Se quiser ter uma ideia dos problemas cotidianos de uma pessoa idosa ou de alguém com deficiência, use óculos que turvem sua visão, prenda pesos nos punhos e nos tornozelos ou mova-se com um andador ou cadeira de rodas. Avalie como você se sente, o que percebe e quais problemas tem que dominar. Com certeza, essa experiência chamará sua atenção para detalhes e áreas problemáticas negligenciados ou desconhecidos. Esse tipo de "ação como se" adiciona um componente lúdico à fase da descoberta, o que aumenta a curiosidade e a receptividade em relação ao desconhecido.

Avaliando Informações

Após usar os métodos de coleta de dados, como análises secundárias, levantamentos, observações, experimentos ou experiências pessoais, há várias opções para analisar o material coletado. Elas funcionam de três maneiras:

- Use-as para estruturar não apenas os resultados de análises secundárias, levantamentos, observações, experimentos ou experiências pessoais, mas também para descrever o *status quo*.
- Use-as para identificar quais informações ainda estão faltando e quais são as lacunas das descobertas.
- Use-as para encontrar novas ideias e soluções, e projetar um cenário futuro ideal segundo a perspectiva do usuário.

Há várias opções quando se trata de explorar o potencial de análises secundárias, levantamentos, observações, experimentos e experiências pessoais. Os métodos a seguir se concentram em pessoas, situações e processos:

- Use o método da persona, descrito na seção a seguir, para descrever e analisar o usuário desejado.
- Use o mapa da empatia para examinar o usuário desejado em uma dada situação, para perceber o que faz, como se sente, o que ouve e o que vê.
- Use a jornada do usuário para rastrear todas as etapas do usuário desejado e descobrir seus pontos fracos ou ideias para reprojetá-la.

Caracterizando um usuário com o método da persona

O método da persona representa, de forma fictícia, o papel de um usuário ou usuário, que, por sua vez, retrata os membros de um grupo real. Aplique-o para desenvolver ideias ou modelos de negócios, bem como para configurar as atividades de marketing.

A técnica da persona o auxilia a se distanciar das suas concepções e, ao mesmo tempo, a criar proximidade com o usuário. Em outras palavras, ela o faz focar o usuário. Estruture os próximos passos pensando nessa pessoa e, de acordo com sua persona, escolha as necessidades particulares nas quais deseja se concentrar. O método da persona também amplia a conscientização dos colaboradores sobre as necessidades do usuário — em pesquisa e desenvolvimento, e em produção, por exemplo — mesmo sem contato frequente com ele. Todos precisam saber como a persona é, para que consigam se colocar na situação da pessoa. O usuário não é visto como um objeto anônimo em uma massa indefinida, mas ganha características reais e, portanto, vida. Além disso, o método é barato e se combina facilmente com outras abordagens.

A pessoa fictícia tida como a persona encarna características específicas, que representam os usuários — ou, pelo menos, alguns deles.

CUIDADO

Em vez de elaborar uma persona mediana, concentre-se em criar várias personas, distintas e exclusivas. Uma persona mediana não rende grandes informações distintivas, sendo ineficaz para gerar novas ideias para inovações reais.

Represente as diferentes pessoas que desempenham funções distintas no processo de compra. Por exemplo, inclua:

- Uma persona representando um determinado segmento-alvo.
- Um comprador de primeira vez.
- Usuários extremos (aqueles que usam os produtos com frequência ou sob condições especiais).
- Não compradores (persona negativa).
- Persona de cliente e de usuário.

O método da persona também se aplica a business-to-business (B2B), para distinguir tomadores de decisão, influenciadores ou possíveis sabotadores.

Para iniciar o processo, pegue uma folha de papel e escreva um breve perfil da pessoa, com bastantes palavras-chave. (Outra opção é escrever frases curtas em notas adesivas maiores e organizá-las em uma ordem lógica para você. Qualquer que seja o método escolhido, é útil nomear a pessoa.) Não reduza a persona a uma única característica, o que se faz em pesquisas de mercado tradicionais como parte da segmentação do usuário. Descreva-a de forma holística, em seu ambiente. Comece a descrição com uma citação ou slogan (fictício) dela. A Figura 7-1 mostra uma descrição elaborada da persona.

Citação: »Não me faça pesquisar no Google.«

Desejos:

- **Carro elétrico com autonomia de 1.000km**
- **Canetas com tinta de todas as cores**
- **Comer chocolate sem culpa**
- **Sapatos que se amarrem sozinhos**

Christian (Idade :-)

Homem; nascido na Alemanha central, depois mudou-se para Boston, Hamburgo, Berlim e Colônia; casado, pai de dois filhos; docente de administração de empresas e de tecnologia; entusiasta de inovações, mundo digital e tecnologia; ex-jogador de handebol; quer praticar mais esportes no futuro; amante da culinária japonesa e indiana, louco por chocolate.

Fica irritado com:

- **Ficção científica**
- **Precisar obter informações na internet**
- **Produtos cujo uso não é intuitivo**
- **Produtos cuja bateria não dura nada**

FIGURA 7-1: Exemplo de descrição de persona.

As seguintes informações biográficas descrevem essa pessoa:

- Gênero, idade, origem, estado civil (casado; solteiro; tem filhos?; quantos?; idade deles; qual é o estilo parental?).
- Profissão (cargo, função), formação, conhecimentos especiais, especialização em um tópico específico.
- Amigos e contexto social, animais de estimação.
- Condições de vida (casa própria, condomínio, apartamento alugado ou compartilhado; bem como tipo, design, qualidade e mobília).
- Estado dos bens.
- Atitudes (valores, interesses, preferências), tolerância à frustração, cuidados com a saúde, objetivos de vida.
- Hobbies e atividades de lazer. (Atlético? Qual esporte? Com que frequência?)
- Quanto tempo a persona reserva para tópicos ou atividades específicos?
- Quais mídias e fontes de informação são usadas para quais tópicos?
- Atitude em relação às mídias digitais. (Usuário assíduo ou mais alheio? Gosta de compartilhar informações abertamente com outras pessoas?)
- Hábitos ou fatores de consumo que influenciam as decisões de compra: Qual é a rapidez da decisão de compra? É um comprador espontâneo ou há uma tendência para planejar? Quais canais de informação usa? Foca mais preço, qualidade ou serviço? Fiel a marcas?

Também é uma boa ideia analisar os problemas (dores) e desejos (ganhos) dessa persona — por exemplo, com as seguintes perguntas:

- O que irrita ou frustra a persona? Quais problemas ela tem? Quais são seus desafios na vida? O que considera muito caro, muito inconveniente, muito demorado, muito inferior, muito confuso ou muito complexo? O que a irrita? De que tem medo? O que a deixaria constrangida na frente dos amigos? Quais são seus padrões de erro? O que é incapaz de fazer? Que tipos de oposições enfrenta?
- Quais são as necessidades da persona? A que aspira? Com o que sonha? Quais são seus objetivos na vida? Quais são suas motivações (de compra)? De que tipo de ofertas de venda precisa? O que espera de tal oferta? O que facilitaria sua vida? O que a faria feliz? O que a inspiraria? O que a tornaria admirada pelos outros?

Essas perguntas devem ser adaptadas ou expandidas para o problema sob investigação. Descreva as respostas em uma folha de papel por meio das palavras-chave. Também ajuda descrever a persona e seus problemas ou desejos de maneira pessoal. A persona deve ser atualizada constantemente, pois problemas e desejos tendem a mudar ao longo do projeto do design thinking.

DICA

Dê vida à persona. Dê um nome atraente e adequado a ela. Use pequenos desenhos para visualizá-la e a seu ambiente. Descreva como age em família, no seu lazer favorito ou quando executa determinadas ações e usa objetos específicos.

Explicando tudo com o mapa de empatia

O mapa de empatia viabiliza que você se coloque no lugar, de forma holística, da pessoa ou do grupo que enfrenta determinada situação. Imagine uma pessoa específica em seu ambiente. Pode ser uma atividade cotidiana (compras, uso de determinado dispositivo eletrônico, atividades domésticas, uso de internet, viagens, lazer ou atividades culturais), que se deve observar sob diferentes perspectivas. Usando o exemplo da pessoa específica, faça as seguintes perguntas e responda-as com palavras-chave em notas adesivas. Cole suas respostas em um pôster, fazendo um diagrama semelhante ao da Figura 7-2.

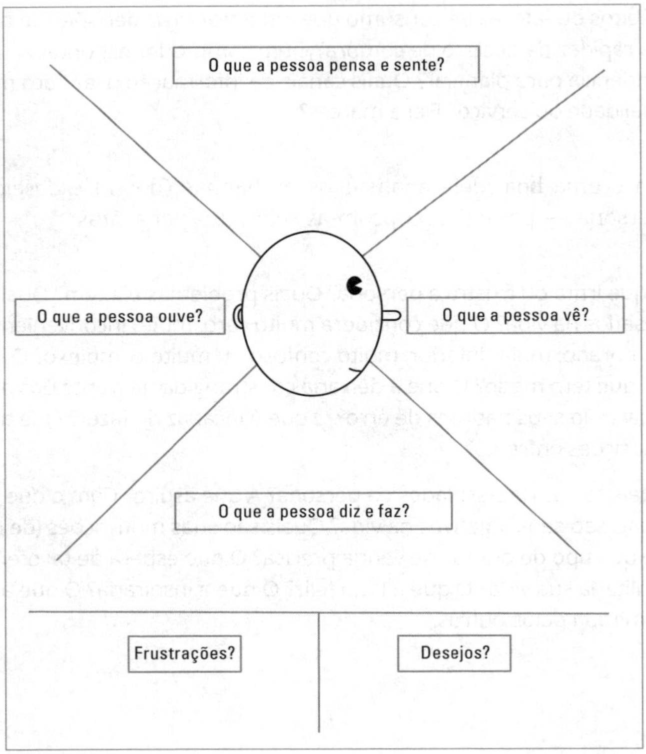

FIGURA 7-2: Diagrama do mapa de empatia.

Primeiro, descubra o que a pessoa observada sente ou pensa. Essa questão principal dá uma boa ideia do que impulsiona e motiva a pessoa. Outras perguntas também são úteis:

- » O que essa pessoa quer ou deseja?
- » O que não quer?
- » O que pensa ao fazer a atividade?
- » Quais emoções afetam suas ações?

EXEMPLO

Imagine que o usuário desejado é uma grávida passeando por um shopping com a filha de 4 anos. Vamos chamá-la de Sabine e sua filha, de Charlotte. Sabine fez uma longa lista de compras. Ela está estressada (bastante natural, dada a sua condição), e fazer compras com Charlotte é sempre um desafio. Como grávida, pensa que não deveria precisar andar muito para ir aonde interessa e que os banheiros deveriam estar sempre por perto. Sabine quer que as compras sejam o mais tranquilas possível. Charlotte fica entediada e quer ir ao parquinho.

Toda pessoa está sempre lidando com o mundo exterior. Agora, é preciso analisar o que ela diz e faz nesse ambiente. Caracterize seu comportamento e ações com mais precisão com as seguintes perguntas:

- » O que essa pessoa diz aos outros e o que ela faz?
- » O que se observa a respeito dela?
- » Que comportamento exibe?
- » Quais são as citações, termos-chave e declarações que ela usa com frequência?
- » Quais comportamentos e atividades ela pratica?

EXEMPLO

Sabine fica chamando a filha, que está correndo desvairada pelo shopping. Em cada loja que visita, logo procura um vendedor e o aborda. A consulta ao vendedor é sempre interrompida, várias vezes, por Charlotte.

A próxima pergunta a ser respondida é o que a pessoa ouve nessa situação e ambiente. Aqui, você analisa o que o usuário desejado ouve (barulho, mensagens publicitárias, informações) e como e por quem é influenciada — conversas com parentes, amigos e colegas de trabalho, por exemplo, ou informações provenientes de rádio, TV ou internet. Aqui estão algumas outras perguntas:

- O que os familiares, amigos ou colegas dizem à pessoa?
- O que ela deve fazer ou não?
- Quais canais de comunicação são relevantes para ela?

EXEMPLO

Sabine ainda se lembra dos muitos conselhos de suas amigas e de sua irmã gêmea sobre todas as coisas que tem que comprar antes que o segundo filho chegue — uma segunda cadeira alta, um carrinho novo, roupas de bebê em azul-celeste e travesseiros de vários tamanhos. Charlotte está ficando cada vez mais chorona. Não ajuda o fato de o shopping ser muito barulhento. Além da música, cada loja faz suas promoções, o que deixa tudo confuso.

Em seguida, descreva o ambiente específico da pessoa na situação examinada (durante o dia, no trabalho, em casa, durante as compras, durante uma atividade recreativa). Em outras palavras, o que a pessoa vê na situação específica? Faça essa descrição a partir das seguintes perguntas:

- Como são os arredores?
- Que impressões visuais a pessoa recebe nessa situação?
- Quais ofertas vê e quais não vê?
- O que vê outras pessoas fazendo?

EXEMPLO

Sabine vê a publicidade de várias formas. Agora, só tem olhos para roupas de bebê. Ela procura ofertas especiais. Observa outras mães cuidando de seus filhos enquanto fazem compras. Sabine fica olhando o relógio enquanto faz compras, e isso a distrai, fazendo com que Charlotte se afaste.

Uma questão decisiva é que tipos de problemas ou de frustrações a pessoa tem ou terá na situação. Aqui, a frustração ganha destaque. Nesse ponto, escreva quais problemas, preocupações, medos, obstáculos e necessidades urgentes são enfrentados pela pessoa. Estas perguntas complementam a análise:

- Quais são os riscos que a pessoa sente que enfrenta?
- O que ela tenta evitar?

EXEMPLO

Sabine fica sempre caçando o banheiro mais próximo. Espera que Charlotte não fique muito entediada e que não a perturbe enquanto faz compras. Ela se preocupa achando que se esqueceu de algo. Cada vez mais se sente sob pressão, porque precisa voltar para casa o quanto antes. Ela fica irritada por não conseguir encontrar rápido o caminho para lojas específicas.

Para fechar, observe os aspectos positivos. Pense no que faz um indivíduo feliz nessa situação. Aqui o foco está no prazer. As respostas lhe darão pontos de partida para encontrar ideias posteriormente. Aborde esse aspecto com a ajuda das seguintes perguntas:

- » Quais objetivos Sabine busca?
- » Ao que ela se dedica?
- » O que deseja alcançar?
- » Como mede seu sucesso pessoal?
- » De que formas busca ser bem-sucedida?

EXEMPLO

Sabine ficaria feliz se volta e meia pudesse se sentar no meio do percurso entre as lojas. Áreas de recreação nas lojas para sua filha Charlotte também seriam um alívio. Ela ficaria especialmente satisfeita se encontrasse uma atmosfera calma e relaxada.

Anote as respostas com palavras-chave e agrupe-as no diagrama para obter o mapa de empatia. (Veja a Figura 7-2.) Mantenha o usuário desejado no centro — a que será descrita com o método da persona.

Explorando o processo com a jornada do usuário

Para a jornada do usuário, imagine quais etapas um usuário em potencial (de preferência, personificado) vivencia antes, durante e depois de usar um produto ou serviço. Execute-a conforme descrito a seguir:

Crie uma descrição do usuário desejado usando o método da persona e complemente-a com o mapa de empatia. Use também diferentes personas para descobrir diferenças e aspectos especiais da jornada do usuário. Pessoas-alvo em potencial podem incluir:

» Uma persona representando um determinado segmento-alvo.

» Um comprador de primeira viagem.

» Usuários extremos (aqueles que usam os produtos com frequência ou sob condições especiais).

» Não compradores (persona negativa).

» Usuários.

» Tomadores de decisão do processo de compra.

» Influenciadores do comportamento de compra.

» Possíveis sabotadores do processo de vendas.

Com as informações provenientes de levantamentos, observações, registros de vendas, de suas experiências pessoais, análises de satisfação do usuário ou de uma sessão de brainstorming, resuma as fases da jornada do usuário com palavras-chave em notas adesivas. Primeiro, descreva brevemente cada fase. (Descreva-as em maiores detalhes depois— particularmente a do consumo.) A Figura 7-3 mostra as etapas envolvidas na busca por uma hospedagem como exemplo de jornada do usuário.

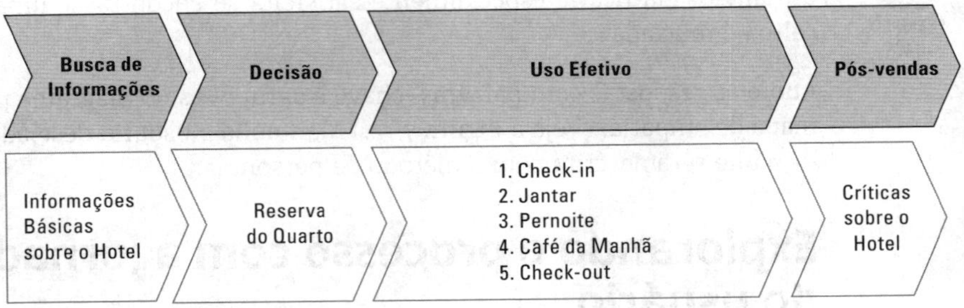

FIGURA 7-3. Uma jornada do usuário para a reserva de um quarto de hotel.

EXEMPLO

Lembre-se de que as jornadas mudam conforme o usuário desejado, e cada uma delas pode ter jornadas distintas. Crie jornadas separadas para pessoas diferentes e compare-as posteriormente. Em muitos casos, exatamente essa etapa — a criação de jornadas separadas para cada usuário — me mostrou diferenças interessantes.

Descrevendo as fases da jornada do usuário

Na primeira fase, descreva em detalhes a forma como um usuário toma conhecimento de uma necessidade, problema ou oferta. Resuma a forma como ele levanta informações sobre desejos, sobre uma solução para um problema ou sobre uma oferta. Aborde sua forma de comparar ofertas.

EXEMPLO

Imagine uma jornada do usuário para uma reserva de hotel. Um homem — vamos chamá-lo de Fred, de Hamburgo — descobre que haverá um show dos Rolling Stones em Munique, em um anúncio que viu em um portal de informações sobre rock. Online, Fred obtém informações sobre os Stones, sobre Munique e sobre as possibilidades de viajar para lá e pernoitar. Animado com essa perspectiva, procura ofertas de hotéis em um portal que os compara, e as analisa superficialmente.

Na segunda fase da jornada do usuário, toma-se uma decisão. Examine como e por quem ou por meio do que o usuário é influenciado positiva ou negativamente durante essa decisão de compra. Faça, também, a pergunta básica de *por que* os usuários fazem determinada escolha.

EXEMPLO

Com base em recomendações de amigos, Fred busca alguns hotéis no centro de Munique. Ele os compara de acordo com sua localização, preço e avaliação. Localização tranquila, fácil acesso a transporte bom e barato e uma boa área fitness são fatores importantes para a decisão de Fred. Ele finalmente opta por um hotel indicado por um amigo.

Na quarta fase, explore tudo o que acontece durante o uso do produto ou serviço. Analise o que os usuários em potencial experimentam a cada etapa do uso de um serviço ou produto. Seja bastante específico e detalhista ao descrever essa fase. Cada passo, atividade, atitude e opinião devem ser analisados isoladamente.

EXEMPLO

Fred viaja para Munique e pega o metrô para o hotel. Como não encontra nenhuma sinalização na estação que indique o hotel, precisa usar seu smartphone. A bateria está descarregada, então ele precisa pedir orientações aos pedestres. Ligeiramente irritado, Fred enfim encontra o hotel. Não há ninguém na recepção. Meia hora depois, uma recepcionista hostil o recebe.

Fred quer jantar no hotel antes do show. Como é vegetariano, suas únicas opções são salada de batatas e sopa de batatas. Na manhã seguinte, Fred vai tomar café da manhã no hotel: torresmo, molho de queijo e cerveja, purê de batata com pretzel fresco e pão de camponês — não é exatamente uma "seleção" que lhe agrade. Além disso, o hotel não aceita cartão de crédito. Fred sai do hotel o quanto antes.

A última fase, do pós-venda, concentra-se nas atividades do usuário após sua experiência com o produto ou serviço, descrevendo suas necessidades, tarefas ou expectativas posteriores. É de especial interesse o como, o quem e o que levariam o usuário a fazer outra compra. Não subestime o boca a boca para compartilhar essas experiências que teve com o produto ou serviço. Verifique como, por quem ou por que meios o usuário é persuadido a relatar uma experiência positiva de compra. Veja onde (na internet, em casa ou no escritório) e em quais ocasiões ele relata tais experiências.

EXEMPLO

Fred voltou para Hamburgo. Primeiro, conta suas experiências em Munique ao amigo que lhe indicou o hotel. Embora nunca tenha avaliado produtos ou serviços na internet, ele fala extensivamente sobre sua péssima experiência no portal que compara hotéis, que costumava usar para reservar hospedagens. No mesmo dia, após enviar sua avaliação online, o hotel entra em contato diretamente com ele por e-mail, através do portal. O proprietário do hotel lhe pede desculpas e o convida para passar um final de semana em Munique, incluindo uma viagem de primeira classe de trem.

Em cada fase da jornada do usuário, faça as seguintes perguntas:

- O que a persona quer aqui? O que pretende conquistar?
- O que ela faz ou (surpreendentemente) o que não faz? Como busca seus objetivos ou desejos?
- O que ela usa para esse fim e quais etapas segue? Com quem a persona está em contato? Quais são os pontos de contato com a empresa? Quanto tempo dura cada um desses contatos? Quanto tempo duram as fases individuais da jornada do usuário?

Descobrindo os problemas (e as melhorias) na jornada do usuário

Os *pontos de contato* são particularmente importantes na jornada do usuário — locais, ocasiões ou momentos em que as pessoas entram em contato com o produto, a marca ou a empresa, em sentido amplo. Eles podem estar sob o controle da empresa, como anúncios, comerciais de televisão ou rádio, folhetos, catálogos, panfletos, feiras e eventos, linhas diretas de usuários, call centers, itens enviados por correio, conselhos, pontos de venda, móveis de lojas, presença na internet ou publicidade online (e-mails, boletins, banners, lojas virtuais, páginas de destino [landing pages] e blogs de empresas/produtos). Além disso, é necessário levar em consideração os pontos de contato que ainda não podem ser influenciados, ou que o podem apenas indiretamente, como familiares, conhecidos, amigos do usuário desejado, redes sociais, reportagens em jornais, revistas, fóruns, blogs, comparações, sites ou portais de classificação.

Analise cada ponto de contato com as seguintes perguntas:

- » Quais pontos de contato são particularmente eficazes sob a perspectiva do usuário — e quais não o são?
- » Até que ponto cada um deles influencia positivamente a experiência do usuário?
- » Os possíveis pontos de contato se relacionam ao longo da jornada do usuário?
- » Como os colaboradores classificam cada ponto de contato em termos de esforço em comparação com o benefício? Há pontos de contato que oferecem poucos benefícios ao usuário, mas que são complexos? Existem muitos pontos de contato que confundem o usuário?
- » Quais pontos de contato seus concorrentes têm? Quais não têm? Por que ou por que não?
- » Existem pontos de contato suficientes ao longo da jornada do usuário? Onde estão as lacunas? Quais pontos adicionais podem ser criados para o usuário?
- » O que pode ser automatizado e como?

Além de analisar os pontos de contato, observe todas as etapas da jornada do usuário e descubra possíveis problemas para ele. Talvez o usuário já os reconheça, ou ainda não esteja ciente deles. Dê uma atenção especial às emoções negativas. Aqui estão exemplos de problemas ou emoções negativas. O usuário:

- » Está irritado.
- » Fica desagradavelmente surpreso com o preço ou com os custos.
- » Não sabe o que fazer em uma determinada situação.
- » Executa a atividade incorretamente.
- » Tenta resolver o problema por conta própria.
- » Tem que esperar e, portanto, perde tempo.
- » Realiza atividades desnecessárias (desperdício).
- » Está decepcionado com a qualidade.
- » Considera a situação ou atividade muito complicada.
- » Considera a situação ou atividade nada intuitiva.
- » Preocupa-se com os riscos ou se sente inseguro quanto ao resultado.
- » Fica envergonhado na frente dos outros.

ANALISANDO PONTOS FRACOS DA JORNADA DO USUÁRIO

Use a *técnica do incidente crítico* para avaliar os pontos fracos da jornada do usuário. Com ela, a pesquisa concentra-se em eventos particularmente memoráveis e em sua relação com os conselhos dedicados e o uso de um determinado produto ou, mais ainda, de um serviço específico. Esses eventos críticos geralmente sobrevivem como histórias transmitidas no boca a boca e, portanto, também se tornam significativas para a empresa.

Por meio de entrevistas com perguntas abertas e padronizadas, os usuários devem lembrar e relatar incidentes críticos que tiveram nos pontos de contato com a empresa e com seus colaboradores. Esses incidentes geralmente resultam em uma não compra ou na devolução do produto.

As seguintes perguntas básicas são adequadas quando se trata de analisar incidentes críticos:

- **Você se lembra de algum contato particularmente insatisfatório com um colaborador?**
- **Quando ele aconteceu?**
- **Quais circunstâncias específicas levaram a essa situação?**
- **O que exatamente o colaborador disse e fez? O que você disse e o que fez?**
- **O que exatamente aconteceu para você considerar o contato insatisfatório?**
- **Como você se sentiu antes, logo após e uma semana depois do incidente?**
- **Você mudou seu comportamento após o incidente?**

A princípio, também é possível consultar os usuários sobre incidentes positivos. Eventos negativos, em particular, costumam ficar na memória dos usuários por um longo tempo. Essa pesquisa sobre incidentes críticos deve se referir a uma situação específica, que causou uma grande insatisfação, ser suficientemente detalhada e ter ocorrido dentro de um prazo delimitado.

A avaliação das declarações, principalmente das qualitativas, é uma oportunidade para identificar as expectativas mínimas do usuário, a incapacidade de atender a um padrão e o comportamento do pessoal ou processo considerado extremo. Em seguida, classifique os resultados em categorias de problemas de acordo com suas causas. A especificação das categorias mais frequentes de cada problema permite uma avaliação quantitativa da relevância de certos problemas com o serviço (ou com a consulta e com o uso do produto).

Esses problemas ou emoções negativas são avaliados e selecionados em termos de relevância (extensão, frequência de ocorrência) e analisados de acordo com sua causa.

A satisfação do usuário é avaliada em cada fase e em cada etapa da fase — um processo que se resume no dito mapa da experiência do usuário. Como a persona se sente? (Ao elaborar o mapa, fique à vontade para usar símbolos simples, como vários emojis.)

Além disso, identifique os principais *momentos da verdade* de cada fase e etapa. São momentos ou situações particularmente importantes para o usuário, que se localizam ao longo de sua jornada:

- **O primeiro momento da verdade:** Quando o usuário toma conhecimento do produto ou do serviço pela primeira vez.
- **O segundo momento da verdade:** Quando o usuário está realmente usando o produto ou serviço e o avaliando com base nos padrões de qualidade do momento.
- **O terceiro momento da verdade:** Quando o usuário tem uma sensação ou experiência positiva, neutra ou negativa após o uso do produto ou serviço.

Como opção, adicione estes:

- **O grau zero do momento da verdade (o momento da verdade antes do começo):** Quando o usuário percebe um problema ou necessidade pela primeira vez por meio de uma sugestão ou impulso (como a publicidade) e pesquisa ou compara informações sobre possíveis soluções.
- **O momento da verdade derradeiro:** Quando o usuário conta a outras pessoas sobre suas experiências e sentimentos sobre o produto ou serviço (por meio de redes sociais, portais de avaliação ou comunidades virtuais, por exemplo).

Combine a jornada do usuário com a matriz de benefícios para desenvolver melhorias para cada fase ou etapa. As seguintes perguntas facilitam que se chegue a soluções:

- Como simplificar algo para os usuários?
- Como oferecer mais benefícios aos usuários?
- Como reduzir ou minimizar os riscos para os usuários?
- É possível integrar mais diversão e entretenimento?
- O que inspiraria os usuários?

A Figura 7-4 mostra toda a grade de análise para a jornada do usuário.

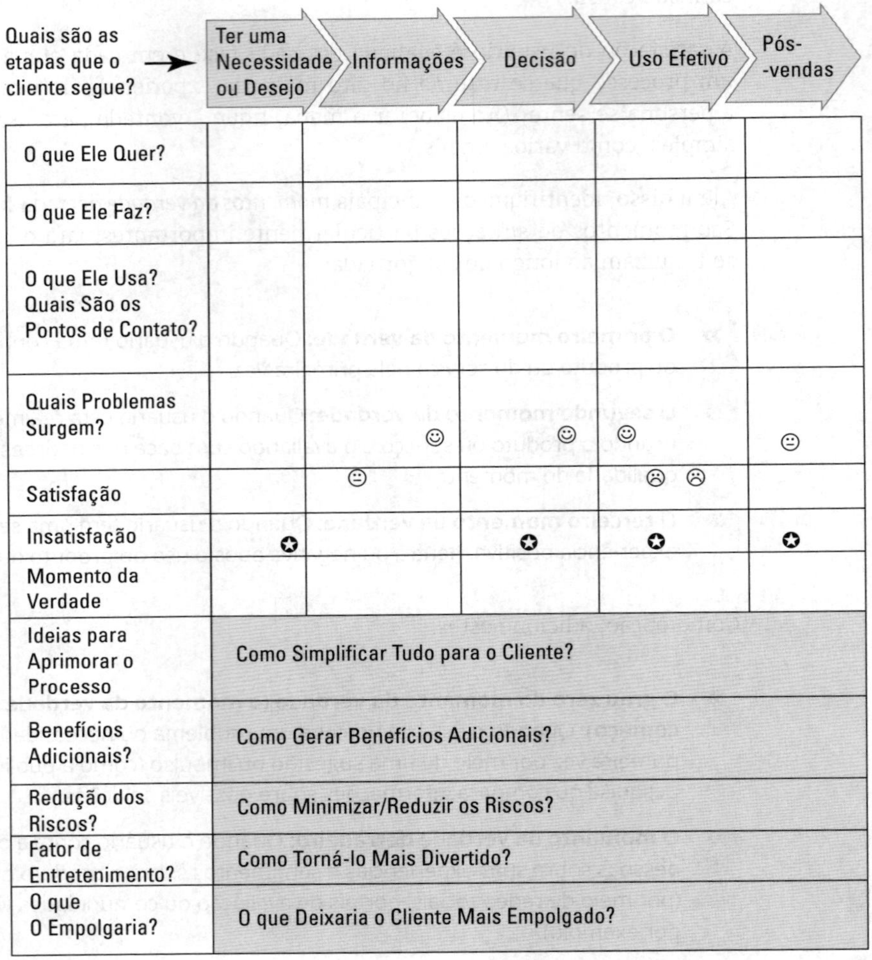
Quais são as etapas que o cliente segue?
Ter uma Necessidade ou Desejo
Informações
Decisão
Uso Efetivo
Pós-vendas
O que Ele Quer?
O que Ele Faz?
O que Ele Usa? Quais São os Pontos de Contato?
Quais Problemas Surgem?
Satisfação
Insatisfação
Momento da Verdade
Ideias para Aprimorar o Processo
Como Simplificar Tudo para o Cliente?
Benefícios Adicionais?
Como Gerar Benefícios Adicionais?
Redução dos Riscos?
Como Minimizar/Reduzir os Riscos?
Fator de Entretenimento?
Como Torná-lo Mais Divertido?
O que O Empolgaria?
O que Deixaria o Cliente Mais Empolgado?

FIGURA 7-4. Grade de análise para a jornada do usuário.

Use uma variação da jornada para definir um dia na vida de um usuário.

Ao dividir a jornada em 15 ou 30 minutos, por exemplo, as seguintes perguntas são úteis para se avaliar um recorte do dia de uma pessoa específica:

- » Onde e como a persona passa o dia?
- » Quais produtos ou serviços ela usa?
- » Quanto tempo gasta com o produto ou serviço?
- » Como a vida da pessoa mudaria depois de receber o produto?
- » Com que frequência a persona fica online? Ela usa PC, laptop, tablet ou smartphone?
- » Quais dispositivos o usuário usa, quando e com que frequência?

Além das atividades domésticas e das de lazer, concentre-se também em um dia típico de trabalho.

DICA

Complemente a jornada, particularmente a variação "um dia na vida do usuário", não só com palavras-chave descritivas, mas também com imagens, desenhos e vídeos para visualizar as informações e torná-las mais tangíveis.

NESTE CAPÍTULO

» **Compreendendo o potencial dos estudos de observação**

» **Esclarecendo de antemão as perguntas mais importantes**

» **Realizando observações de forma eficaz e eficiente**

» **Aplicando métodos corretamente para respaldar e avaliar as observações**

Capítulo 8
Luz, Câmera, Ação

Neste capítulo, explico os possíveis ganhos decorrentes dos estudos baseados na observação. A preparação minuciosa é um fator de sucesso significativo; portanto, atende a todos os pré-requisitos necessários, mostrados neste capítulo. Você descobrirá como observar o objeto certo e como fazê-lo corretamente. Ao longo do caminho, destaco erros típicos nas análises — erros que deve evitar — e, para finalizar, apresento alguns métodos particularmente úteis para executar e avaliar as observações.

Fazendo do Jeito Certo

Embora as observações possam ser elaboradas em termos de tempo e de custos, um estudo que analise de perto como pessoas reais agem em situações reais promete viabilizar grandes ideias para produtos e serviços verdadeiramente novos. Nos estágios iniciais da inovação, use a observação para compilar impressões e informações iniciais sobre os problemas e as necessidades das pessoas em ambientes reais. Somente por meio dela é possível captar o comportamento autêntico e espontâneo das pessoas, enquanto respiram e vivem. Às vezes, o comportamento humano é difícil de expressar em palavras e, portanto, é inacessível se você só se basear em questionários escritos.

DICA

Concentre-se nas ações inconscientes das pessoas — aquelas passíveis de serem rastreadas até chegar aos problemas ou que indicam uma situação insatisfatória. Os gestos e a expressão facial evidentes ao seguir os movimentos oculares de uma pessoa usando uma ferramenta ou dispositivo, por exemplo, revelam dificuldades e são pontos de partida para novas soluções.

Se apenas observar o comportamento das pessoas em dadas situações, não dependerá de sua cooperação nem de sua boa vontade para lhe dar informações. As pessoas não querem falar de seus problemas, inadequações ou sentimentos negativos, ou então suas declarações são subjetivas, senão desonestas. As insatisfações do usuário e as deficiências do produto só são identificadas objetivamente por meio de observações.

Você também não precisa depender das habilidades verbais das pessoas cujas necessidades deseja analisar. Imagine que deseja desenvolver um novo produto para crianças pequenas. Ao observar o comportamento delas em determinadas situações, você obtém novas ideias valiosas.

Se você deseja analisar serviços, geralmente se verá em situações complexas, em que muitas pessoas interagem entre elas. Somente as observações permitem registrar várias atividades ou sequências delas de forma simultânea, enquanto se observam expressões de sentimentos. Com base nessas avaliações, otimize ou reprojete completamente o serviço sob o ponto de vista dos clientes.

Ao observar situações durante um período mais longo, também não precisa depender da memória das pessoas — ou seja, é possível obter uma amostra representativa das impressões. Por fim, as observações dão a oportunidade de captar situações diariamente, obtendo-se, assim, um relato direto e realista dos desejos, necessidades e problemas dos clientes em potencial.

Antes de começar a fazer as observações, recomendo os três fatores de sucesso cruciais para essa fase:

- Preparar o terreno.
- Observar sistematicamente.
- Aplicar os métodos corretos para observar e avaliar as informações.

Preparando o Terreno

Começo esta seção explicando como fazer as observações corretamente e, em seguida, apresento vários métodos para ajudá-lo a fazê-las e a avaliar seus resultados de forma sistemática.

DICA

Prepare o terreno. Muitas vezes, você tem apenas uma chance de observar uma pessoa ou situação sem ser perturbado. Use-a. Ao se preparar, esclareça:

» Quem e o que você está observando.

» Como está observando.

» Como avaliará metódica e sistematicamente os resultados.

Determine quem observar

Durante a fase do design thinking de observação, o foco está no cliente ou no usuário em potencial. Para obter uma compreensão abrangente dele, selecione um grupo-alvo real. Recomendo se concentrar em clientes ou em usuários que compartilhem as mesmas necessidades ou problemas, e que estejam procurando as soluções correspondentes.

CUIDADO

Não descreva o grupo-alvo apenas com fatos superficiais, como idade e gênero. Na verdade, há usuários ativos da internet que são idosos, e cada vez mais o público que compra carros esportivos é feminino. Muitos gêmeos demográficos integram grupos-alvo distintos: conhece um inglês de 1948, que mora em Londres, é muito rico, tem filhos e cachorros, divorciou-se e se casou de novo, e gosta de carros esportivos, de um bom vinho e de viajar para os Alpes? O príncipe Charles se encaixa na descrição, bem como Ozzy Osbourne, vocalista da banda de heavy metal Black Sabbath. Mesmo público-alvo? Difícil.

Se tem uma ideia completamente nova, é útil procurar usuários líderes — aqueles cujas necessidades precedem as de todos os outros do mercado e que têm uma forte propensão a resolvê-las —, em vez de focar o "cliente médio". Os usuários líderes estão cientes de problemas específicos e procuram pela solução com certa urgência. Podem até já tê-la desenvolvido. Provavelmente estão dispostos a fornecer feedback qualificado. Além disso, procure usuários extremos, que usam os produtos em situações (extremas) específicas (como no frio ou no calor, constantemente ou em determinadas regiões). Busque-os em comunidades corporativas online.

Anote os nomes e as informações relevantes sobre as pessoas observadas.

- » Quem são eles? (Clientes, colaboradores?)
- » Que tipo de comportamento se observa? Em outras palavras, quais desejos e necessidades eles demonstram?
- » Quais papéis e tipos de relação têm uns com os outros?
- » Quem os influencia?

Defina o que, quem e quando observar

Quando se trata de ações e procedimentos específicos, esclareça as seguintes questões:

- » O que o usuário desejado faz em suas interações com os outros? O que não faz?
- » O que o usuário desejado diz, vê, ouve e sente? O que não diz, não vê, não ouve e não sente?

Além de incluir na avaliação das atividades o uso de um produto ou serviço, ou o uso de um protótipo para um novo produto, incorpore todas as atividades diárias possíveis, bem como todas as ocorrências específicas nos contextos privado e profissional. Observe a rotina de um cliente em potencial, com suas atividades recreativas, ações em casa ou quaisquer etapas que executem antes, durante e depois do trabalho.

A observação não se restringe a atividades superficiais específicas — as pessoas e as situações com que se lida devem ser percebidas como um todo. Capte o ambiente em detalhes, incluindo todos os objetos relevantes, a própria situação e todas as atividades ou interações das pessoas, bem como suas emoções. Recomendo seguir estas etapas para a observação:

1. **Descreva os arredores.**

   Faça uma descrição detalhada dos cômodos ou das áreas externas nas quais o usuário desejado passa o tempo. Responda às seguintes questões:

   Como são os arredores e como é o clima no qual as pessoas executam suas atividades?

   Qual é o aspecto e a função do cômodo?

2. **Analise os objetos.**

Anote os objetos e os itens que as pessoas usam ou encontram nessa situação (móveis, computador ou dispositivos especiais, por exemplo).

Quais objetos ou dispositivos são usados consciente ou inconscientemente, e quais não são usados, alterados nem movidos?

Quem os usa e em quais ambientes?

Qual é a relação desses objetos entre si?

Qual é o sentido que os clientes ou os usuários atribuem aos objetos ou aos materiais com os quais interagem?

3. **Identifique a situação.**

Descreva os eventos ou as situações em que os clientes se encontram.

Qual é o tipo de evento ou de situação (reunião, bate-papo, discussão com um cliente, atividade recreativa, serviço doméstico)?

Como se descreve o clima do evento ou da situação (formal, tenso, informal, exuberante)?

4. **Entenda as ações e as interações.**

Resuma as atividades realizadas pelas pessoas. Destaque cada ação das pessoas-alvo. Anote a sequência na qual cada ação e cada interação ocorrem:

O que está acontecendo?

Quais atividades as pessoas realizam para conseguir alguma coisa? Quais tarefas executam?

O que as pessoas tocam, abrem, fecham, pressionam, puxam, movem e transportam em determinadas situações?

O que acontece antes de uma situação ou atividade específica, e o que acontece depois?

Quais interações estão acontecendo entre quais pessoas?

Essas interações são processos rotineiros ou cada interação acontece de maneira diferente?

Quais são as ações de cada pessoa?

O que as pessoas leem, para o que olham intensamente, o que decidem fazer e o que realizam?

Como são suas interações com o ambiente?

Como as pessoas interagem umas com as outras? Elas agem de maneira mais formal ou mais informal, divertida ou séria, distante ou próxima?

Quais são os pontos de contato entre as pessoas?

Como eles conversam, decidem, negociam ou trabalham juntos?

5. **Detecte as emoções.**

Anote as emoções dos clientes em diferentes situações. Isso também inclui as expressões não verbais do usuário desejado, por meio de gestos, expressões faciais e postura:

Quais sentimentos e opiniões as pessoas demonstram? Como eles são expressos?

Quais gestos e expressões faciais são observados?

6. **Considere o tempo.**

Registre em que momento as observações ocorrem e quanto tempo duram:

Quando você realiza a observação?

Como o tempo e/ou a duração influenciam as pessoas ou as situações observadas?

Determine como observar

Após esclarecer quem e o que observar, surge a questão de como fazê-lo. Observações não são todas iguais; há tipos diferentes, como abertas e secretas. Na variação aberta, o usuário desejado basicamente o reconhece como observador; em outras palavras, sabe que está sendo vigiada. Por outro lado, com o método secreto, a pessoa não tem conhecimento da observação. Embora ele permita captar comportamentos muito mais naturais e minimize erros de observação, acarreta questões legais e éticas. Por esse motivo, quando se trata de observar indivíduos, recomendo a você que escolha a variação aberta.

DICA

Tenha em mente as dimensões legais e éticas das observações. Sem um acordo explícito, investigações na esfera privada dos indivíduos não são justificáveis nem legal nem eticamente. Opte pela observação aberta e peça o consentimento das pessoas que deseja observar.

Para grupos maiores, uma observação secreta pode ser justificável ou pode ser a única opção possível. Tenha tato; em caso de dúvida, peça o consentimento dos indivíduos. A observação aberta o aproxima da ação, para que a capte melhor, bem como gestos e expressões faciais. No entanto, esteja ciente de que esse tipo de abordagem propicia erros de observação.

CUIDADO

Considere os inúmeros erros possíveis relacionados à observação aberta. Acima de tudo, o efeito "entrevistador" deve ser levado em consideração (também conhecido como efeito "observador", ou efeito Hawthorne). Esse efeito baseia-se no fato de que, apenas pela observação, você pode provocar uma mudança no comportamento do usuário desejado.

Observações podem ser realizadas em um contexto natural ou em um artificial. As observações de campo se voltam para o comportamento das pessoas em seu ambiente natural (típico). Ele é preferível ao artificial, como um laboratório ou outro local externo. No ambiente natural, é mais fácil evitar os efeitos de observação que levam a erros na coleta e na avaliação de informações. Em comparação, os testes de laboratório são elaborados e caros. No entanto, podem ser necessários. Com frequência, a pessoa observada não está disposta a participar de análises de situações em ambientes privados. Um exemplo é o comportamento das pessoas mais velhas quando usam seus computadores domésticos.

É possível simular condições semelhantes por meio de um laboratório para que as situações das observações sejam comparáveis. Compare como diferentes pessoas se comportam sob condições semelhantes. No laboratório, é mais fácil evitar interferências que forjem comportamentos ou os tornem irreconhecíveis. Um ambiente muito conturbado ou prejudicado por uma má qualidade do ar e iluminação ruim, temperaturas desagradáveis ou outros estímulos, interfere nas ações durante o uso de um produto ou serviço.

Também é possível que queira ou tenha que usar um equipamento especial para registros difícil ou até impossível em observações de campo. Um exemplo são os sistemas de rastreamento ocular para investigar os movimentos oculares durante as compras ou o uso de aplicativos online. Os sistemas de rastreamento ocular tornam possível avaliar o que as pessoas veem quando visualizam um produto, um ambiente ou um site. Mapas de calor podem ser usados para analisar o comportamento de observação dos usuários; quanto mais saturada é a cor, mais os olhos focam a região. Outros exemplos de tais comportamentos que exigem um uso intensivo de equipamentos incluem medições da resposta galvânica da pele (GSR), análises de frequência de voz e registros das reações da pupila, atividade cerebral ou respiração.

DICA

Realize observações de campo sempre que possível. Elas permitem analisar o comportamento normal, detectar influências do ambiente natural e minimizar os efeitos da observação. Elas se baseiam na realidade e mostram as ações naturais das pessoas.

Determine quem deve fazer a observação

Não subestime a importância de decidir quem deve assumir o papel de observador e se essa pessoa deve participar da situação observada.

Na maioria dos casos, a observação deve ser externa, concentrando-se em outra pessoa (que lhe pode ser estranha). Em teoria, você também pode observar seu próprio comportamento — quando faz compras no supermercado, por exemplo. No entanto, recomendo evitar essa auto-observação, porque você não tem a distância simbólica necessária para a situação analisada, o que tornará sua visão ainda mais subjetiva. Além disso, analisar seu próprio comportamento enquanto ele se desenrola propicia uma grande sobrecarga mental. Durante a preparação, a auto-observação é útil para refletir sobre seu papel como observador. Antes da observação (externa), pense na influência que você terá, como observador, nos indivíduos envolvidos ou na situação.

DICA

Esclareça suas expectativas a respeito da situação e das pessoas envolvidas. Isso lhe dará consciência de seus preconceitos e suas preconcepções. Com essa autorreflexão sobre seu papel como observador, responda a estas perguntas:

- Como você imagina o usuário desejado em termos de aparência, idade, gênero e comportamentos?
- Quais seriam seus desejos e necessidades se você fosse o usuário desejado?
- Como usuário desejado, como você imagina a situação e seus arredores?
- O que você, como usuário desejado, espera daqueles com quem interage nessa situação?
- Como você agiria nessa situação como o usuário desejado?
- Quais problemas, dificuldades ou conflitos você esperaria como usuário desejado?

Após refletir sobre suas ideias sobre a observação planejada, determine alguns aspectos metodológicos:

- Onde e como você se sentará e/ou se moverá como observador.
- Que gestos e expressões faciais terá como observador.
- Se, o que e como diria algo como observador.
- Como pretende registrar as ações.

DICA

Peça que pessoas diferentes, com uma variedade de habilidades, realizem as observações ou avaliem as gravações. Psicólogos, engenheiros, cientistas da computação ou especialistas em design repararão diferentes aspectos das ações do cliente. Reunir algumas pessoas de diferentes áreas para apoiá-lo e compilar e comparar suas observações já é suficiente.

Decida se deseja — ou se precisa — participar da interação das observações externas enquanto observador. Na observação participante, você participa da ação, o que representa a oportunidade de obter informações mais aprofundadas pessoalmente. Por exemplo, imagine que você é um especialista em ajuste automático em um evento sobre o tema. Em uma interação direta com outros especialistas, você pode avaliar sua linguagem corporal e declarações muito melhor do que se estivesse de longe.

Uma observação externa de como os clientes lidam com determinadas situações, bem como de suas interações, capta ações e comportamentos, às vezes complexos, em sua totalidade. Se você participar, certamente influenciará a situação em algum nível. As pessoas-alvo, sentindo-se vigiadas, tendem a mudar seu comportamento, o que deturpa os resultados. Uma variação da observação não participante que envolve participação esporádica é o *sombreamento* ou *shadowing*, no qual se acompanha uma pessoa de perto por várias horas ou até dias. Em geral, você precisa agir na surdina, executando seu papel de observador de maneira discreta. No entanto, é possível fazer perguntas à pessoa observada se algo não ficar claro.

Observe Sistematicamente

A observação pode ser sistemática ou mais solta, tendo apenas categorias aproximadas, se houver, sobre o que se deseja observar. Isso funciona nas fases iniciais da inovação, quando ainda não se sabe muito, ou não se sabe nada, sobre o problema. Esse nível de liberdade e flexibilidade para atuar gera grandes epifanias. No entanto, há o risco de ficar "feito cego em tiroteio" ao lidar com os aspectos mais específicos — seguindo apenas os interesses pessoais do observador, negligenciando detalhes objetivos. Além disso, um processo não sistemático torna a avaliação subsequente muito mais difícil. Como você não definiu o foco, captará uma grande quantidade de informações úteis, além de muitos dados irrelevantes. É a armadilha de buscar estabelecer categorias com base nessa montanha de informações e depois apresentar uma análise útil com base nelas. Isso aumenta o risco de paralisia da análise — a maior armadilha para qualquer observador, especialmente quando se trata de ações complexas. Se houver vários observadores, um processo não sistemático dificulta também a compilação uniforme de informações.

Com base nessas desvantagens, recomendo que faça observações sistematicamente, mantendo-se flexível ao lidar com imprevistos. Esclareça quem realizará a observação, do que, como será realizada e por quais métodos os dados serão avaliados. As principais características dessa abordagem são planejamento, orientação e viabilidade de verificável. Permite realizar observações efetivas (observar a coisa certa) com eficiência (observar corretamente).

Observando a coisa certa

Durante os preparativos, defina se deseja ou se pode observar as pessoas e as situações direta ou indiretamente. Você observa o comportamento do usuário de aplicativos online diretamente "olhando-o por cima dos ombros" e, assim, registra suas atividades. Criar um perfil de usuário apenas a partir do comportamento do clique é uma maneira indireta. Da mesma forma, é possível observar indiretamente o comportamento de compra no varejo com um sistema de cartão de fidelidade.

Com a observação indireta, nem sempre é fácil identificar a relação entre a causa (a ação e os comportamentos) e o efeito (o resultado da ação e dos comportamentos), além de ela dar margem a interpretações equivocadas.

DICA

Mesmo se estiver interessado apenas nos resultados de uma ação, dedique-se — na medida do possível — a observá-la diretamente. Essa é a única maneira de identificar com clareza as várias relações de causa e efeito.

Se deseja realizar suas observações sistematicamente e registrar em detalhes todos os aspectos, ações complexas o levarão à exaustão. Para lidar com a enorme quantidade de informações que se aproxima, concentre-se no básico dos comportamentos e das ações. Em outras palavras, observe a coisa certa. A questão é: o que exatamente ela é?

DICA

Concentre-se nestas dicas do comportamento como parte da observação:

» Incerteza, um ritmo agitado ou um mal-entendido por parte do usuário desejado.

» Necessidade de um esforço extra por parte da pessoa que está sendo observada, ou sinais de que ela está sobrecarregada.

» As "áreas problemáticas" — partes do processo nas quais o usuário desejado se sente desconfortável, progride lentamente ou são difíceis ou chatas.

» Quaisquer distúrbios que ocorram (com ou sem a influência da pessoa).

- O uso inesperado por parte da usuário desejado de algo diferente ou incorreto.
- A decisão do usuário desejado de pular uma etapa ou se recusar a fazer algo.
- Quaisquer emoções observáveis do usuário desejado ou da pessoa com quem interage, como raiva, aborrecimento, desespero, curiosidade, interesse, entusiasmo ou dedicação.

Para se concentrar na pesquisa, fique ciente dos limites dos estudos observacionais. As observações, sem dúvida, têm um alto potencial para revelar problemas, desejos e necessidades até então desconhecidos. No entanto, só detectam comportamentos perceptíveis pelos sentidos. Se estiver interessado nas motivações e atitudes subjacentes, tudo o que terá das observações serão informações indiretas, no máximo.

CUIDADO

Concentre o foco geral nas ações do entrevistado, não na mentalidade, valores nem padrões; o método da observação esclarece essas questões apenas indiretamente — se é que o faz. Para elas, é melhor usar as entrevistas. Você pode, por exemplo, vincular a observação a uma pesquisa, perguntando adicionalmente aos usuários sobre sua motivação para executar ações específicas. Você pode realizar essa pesquisa antes, durante ou após a situação observada. Isso esclarece quais emoções o usuário desejado sentiu ao executar as ações, por exemplo, e é de particular interesse ao detectar contradições e discrepâncias entre as respostas dadas e as ações observadas. Por exemplo, a pessoa afirma que está feliz com o produto, mas você repara que ela tem problemas quando o utiliza.

Restrinja ainda mais o foco concentrando-se em ações e eventos específicos, que ocorrem com mais frequência. Se observar repetidamente o mesmo fenômeno enquanto observa pessoas diferentes em várias situações, preste atenção aos detalhes. Observe os padrões recorrentes nas situações observadas.

As observações sempre têm uma duração definida. Se deseja pesquisar o comportamento de compra em uma loja de eletrônicos, uma observação relativamente curta será proveitosa. No entanto, se quiser entender o comportamento da tomada de decisão na compra de imóveis, excederá o escopo de uma única observação. Na prática, esse processo passa por muitas etapas, em locais e em momentos muito diferentes.

DICA

Os comportamentos dependem parcialmente do horário da observação. Selecione o turno ou o intervalo com cuidado, para observar a coisa certa e obter resultados representativos.

Observando corretamente

Embora seja verdade que conduzir uma boa observação é uma arte, é possível treinar-se para dominá-la. Aqui está um exercício simples: observe atentamente uma situação cotidiana por quinze minutos, como o comportamento em uma estação de metrô muito usada. Após a observação, faça as seguintes perguntas e anote o que reparar usando palavras-chave:

- » Quantos trens entraram e saíram da estação durante o período especificado?
- » Quantas pessoas (aproximadamente) entraram e saíram dos trens?
- » Como você caracterizaria essas pessoas — idade, gênero, vestuário (casual ou executivo)?
- » As pessoas estavam relaxadas ou apressadas?
- » As pessoas se moviam em blocos ou por conta própria? Houve interações espontâneas? Se sim, de que tipo?
- » O que as pessoas faziam enquanto esperavam?
- » Que sons e cheiros havia na estação de metrô?

Essas e outras perguntas aprimoram sua sensibilidade para situações futuras e aumentam sua consciência dos detalhes dos estudos observacionais.

Tire um tempo de qualidade para a observação. Você verá que investiu tempo suficiente quando começar a perceber uma frequência cada vez maior de padrões interessantes nas observações. Se as observações adicionais apenas os confirmarem, pule outros estudos.

Determine o quanto antes como planeja documentar e/ou registrar a riqueza de informações que obterá. Há inúmeros esquemas que ajudam a captá-las de maneira estruturada e evitam a eventual negligência de algum aspecto essencial. Recomendo usar uma folha de dados como a apresentada na Tabela 8-1, adaptada a seus estudos. Com uma planilha de dados como esta, em uma área de transferência, munido de câmera ou de um dispositivo de gravação de áudio, você está preparado para as observações em campo. Obviamente, você também pode usar um tablet, mas lembre-se de que uma caneta e um caderno simples costumam ser mais convenientes.

TABELA 8-1 **Planilha de Dados para Observações**

Nome da observação	Data e hora:
Nome do observador	Local:
Dimensões de observação	Notas (palavras-chave, símbolos):
Arredores e objetos	**Suas observações:** Informações (aspecto, características e funções) sobre os cômodos ou as áreas externas. Uma lista dos objetos e itens presentes, como móveis, computadores ou dispositivos especiais.
Situação	**Suas observações:** Tipo de situação: reunião, bate-papo, discussão com um cliente, atividade recreativa, serviço doméstico. Clima da situação: formal, tenso, informal, exuberante.
Pessoas	**Suas observações:** Número de pessoas envolvidas. Idade, gênero, características, aparência; funções e relacionamentos das pessoas entre si; comportamento, desejos e necessidades identificáveis.
Ações e interações	**Suas observações:** Tipos de ações em ordem cronológica (com cada etapa descrita em detalhes); pessoas e/ou objetos que interagem. Tipo de interação: formal/informal, divertida/séria, distante/próxima.
Emoções e ocorrências pontuais	**Suas observações:** Expressões verbais e não verbais especiais das pessoas, demonstradas por meio de gestos, expressões faciais e movimentos. Expressões especiais de sentimentos das pessoas ativas.

DICA

Não se preocupe em tomar notas para tudo o que observar. Anote o quanto for necessário, mas o mínimo possível. Concentre-se nos aspectos essenciais, como indivíduos, e certas ações ou interações com os outros.

Transcreva, palavra por palavra, as frases particularmente importantes (sobretudo as tocantes). Crie símbolos para captar rápida e facilmente expressões faciais, gestos, linguagem corporal e expressões de sentimentos. Use emojis, por exemplo, para captar as emoções (aborrecimento, preocupação, frustração, curiosidade, emoção). Em suas anotações, descreva o que viu, ouviu e vivenciou da maneira mais neutra possível, sem interpretar imediatamente.

DICA

Registre quais problemas o cliente tem com o produto específico e em quais situações ocorrem. Escrever simplesmente que o cliente não gosta do produto é a sua interpretação, ou até uma suposição. Essa estratégia aumenta a objetividade da observação.

Dadas as restrições dos prazos, é conveniente anotar as palavras-chave durante a observação. No entanto, recomendo que, depois, elabore as observações essenciais. Por um lado, isso o ajuda a refletir mais profundamente sobre suas impressões. Por outro, esse tipo de resumo lhe permite compartilhar suas observações com pessoas que não estavam envolvidas, o que gera ideias úteis, principalmente se elas interpretarem os resultados da observação com novos olhares. Decida, com elas, se são necessárias outras observações e, se sim, em quais áreas.

Não deixe passar muito tempo entre a observação e a avaliação dos resultados; do contrário, sua memória deturpará detalhes importantes, que serão perdidos. Recomendo documentar o processo em fotos, vídeos ou áudio. Se o espaço e o aparato técnico permitirem essa estratégia, as quantidades consideráveis de informações e impressões serão processadas depois com muito mais facilidade. Às vezes, o smartphone basta. Ao fazer os registros, concentre-se nos aspectos mais complexos de reconstruir. Lembre-se de que as pessoas às vezes se comportam de modo diferente na frente de uma câmera.

CUIDADO

O registro em vídeo, foto ou em áudio requer o consentimento prévio das pessoas observadas. Recomendo explicitar em detalhes, para cada uma delas, por que as observações são feitas e com qual finalidade. Principalmente, obtenha esse consentimento por escrito. Explique a importância dos seus estudos. Ainda me surpreendo com a quantidade de pessoas que fica satisfeita em apoiar meus estudos observacionais.

Complemente a observação direta com a *técnica do pensamento em voz alta*, na qual você solicita ao usuário desejado que explique suas atividades ou declare o que está sentindo ou percebendo. Ela é aplicada enquanto a atividade é executada (técnica *concorrente*) ou você grava as ações da pessoa, sem que ela fale. Depois, ela comenta as atividades enquanto assiste ao vídeo (técnica *retrospectiva*). Essa variação tem algumas vantagens: a pessoa se concentra nas atividades e, depois, explica melhor suas intenções, pensamentos e sentimentos em um ambiente descontraído. Quando pedir que a pessoa explique suas atividades ou sentimentos, sempre esclareça suas dúvidas. Não presuma nada — aborde de forma objetiva.

Evitando erros de observação

Para documentar objetivamente as situações observadas, internalize a seguinte lista de possíveis erros, para evitá-los quando for a campo:

- **Efeito Hawthorne (ou efeito entrevistador):** Quando observadas, as pessoas tendem a mudar seu comportamento natural. Todos conhecemos esse efeito: quando há uma câmera na sua frente, seu comportamento, expressão e/ou ações mudam. Como observador, no entanto, você não pode interferir — precisa conseguir uma situação natural. Evite usar áudio e vídeo para documentar os procedimentos, se suspeitar que esse efeito ocorrerá.
- **Efeito Rosenthal:** As expectativas, as atitudes, as convicções e os estereótipos do observador influenciam o resultado quase como se houvesse uma profecia. Você já espera que idosos tenham problemas ao usar aplicativos online, então se concentra em atividades incorretas ao observá-los, e algumas das observações atendem às expectativas — isso aparenta ser uma confirmação. Mas muitos idosos não têm problemas ao usar aplicativos online. Para evitar o efeito Rosenthal, esclareça suas atitudes e possíveis preconceitos sobre as pessoas e as situações que deseja observar. Isso é necessário para se iniciar um estudo observacional sem ônus.
- **Efeito halo:** Características ou atividades particulares superam o todo. Se a pessoa observada fizer uma observação particularmente engenhosa, não presuma que ela responderá com competência em todas as situações.
- **Dissonância cognitiva:** Isso acontece quando os observadores buscam apenas a confirmação de suas expectativas, porque considerariam a incompatibilidade desagradável. Como observador, você espera que as pessoas sempre tenham problemas ao usarem dispositivos específicos. Se tais problemas não ocorrerem, ignore tal resultado.
- **Efeito primário (ou efeito recente):** A primeira impressão (primária) ou a última (recente) supera o restante. Logo de cara, o usuário desejado questiona a suposta facilidade de uso de um produto. No entanto, o processo subsequente deixa claro que essa dificuldade consistia apenas em problemas iniciais. Ao observar, não concentre a atenção só no início ou no fim; documente todos os comportamentos em toda a observação.
- **Efeito função:** Uma certa expectativa acompanha uma pessoa devido a sua função. Um cientista geralmente é um especialista em sua área. Não suponha que todo cientista saiba operar determinados dispositivos, por exemplo.
- **Efeito de contato:** Quanto mais você observa uma pessoa, mais a vê de modo positivo. Como observador, a observação frequente da mesma pessoa resulta na formação de um relacionamento com ela, porque lhe parecerá familiar com o tempo.

- **Efeito de similaridade (ou efeito de contraste):** As características do próprio observador (idade, educação, origem) e seus comportamentos (hobbies) são transferidos para a pessoa observada. Quaisquer semelhanças reveladas geram simpatia. Quaisquer diferenças, antipatia. Suponha que, em suas observações, você descubra que uma pessoa gosta das mesmas atividades recreativas que você. À medida que o estudo avança, você perceberá essa pessoa sob uma luz particularmente positiva e dará apenas uma atenção passageira a outras pessoas.
- **Erro de atribuição:** As características, os comportamentos e as atitudes da pessoa observada são superestimados, e os fatores externos, subestimados. Ao observar quantas pessoas em uma estação de trem com tráfego intenso têm problemas com a bilheteria, você pode ignorar o fato de que eles podem ser causados pelo ambiente barulhento e pela pouca iluminação. As pessoas nunca devem ser entendidas isoladas do ambiente nem da situação em que estão. Sempre visualize os eventos de maneira abrangente, registrando não apenas as pessoas, mas também as influências do ambiente, os aspectos especiais da situação e o sentido de certos objetos.
- **Falácias lógicas:** São feitas conclusões supostamente lógicas de uma observação com base em uma suposição ou condição equivocada. Uma relação de causa e efeito é presumida com base em eventos que acontecem juntos em dado momento. A falácia lógica clássica é a seguinte: um retorno de cegonhas na primavera causa um aumento no número de nascimentos na primavera. Uma variação semelhante é concluir que uma correlação espacial de eventos significa que seu conteúdo está relacionado. As estatísticas enganam: supõe-se que o conteúdo de determinados eventos se relaciona porque eles ocorrem com frequência.
- **Efeito de exposição:** Representações que chamam atenção se tornam mais representativas, como superestimar o discurso enfurecido de uma pessoa sobre o uso de um aplicativo para smartphone, mas não dar muita importância à enorme quantidade de usuários que não têm problemas. Analise esses efeitos com cuidado e evite superestimá-los.
- **Efeito dominó:** Um comportamento observado no passado é projetado no futuro. Em algumas ocasiões, espera-se que alguém que sempre reclamou que um dispositivo técnico era muito complicado de usar mantenha esse comportamento ao usar um novo dispositivo. Com base em suas experiências, você ignora o fato de que o dispositivo possui uma funcionalidade completamente diferente e que a situação também é outra. Esse é um apego enganoso ao passado. Em particular, ao observar uma pessoa várias vezes, em várias situações, sempre avalie cada situação isolada. Derive padrões apenas durante a avaliação.
- **Efeito periférico:** O foco não está na pessoa observada, mas em aspectos periféricos (ambiente, clima, cenário, objetos adjacentes, objetos existentes, outras pessoas ou aspectos acidentais). Ao observar serviços, separe as impressões do ambiente da qualidade da ação.

- **Percepção seletiva:** Em função da observação, você foca apenas algumas propriedades, características ou comportamentos. Às vezes, o valor de uma observação recai sobre aspectos supostamente irrelevantes, como concentrar-se exclusivamente nas declarações verbais do usuário desejado. Por causa dessa percepção seletiva, uma possível contradição entre declarações e expressões faciais e gestos do usuário desejado passa despercebida.
- **Doutrina do meio-termo:** Você provavelmente sabe disso pelas suas próprias experiências, que as pessoas tendem a favorecer a neutralidade ao avaliar pessoas e situações, procurando um meio-termo, nada muito extremista. Em outras palavras, é provável que se busquem médias nas avaliações — mesmo quando, objetivamente, elas não se aplicam.
- **Efeito de minimização (ou efeito de exacerbação):** Caso saiba de antemão que uma pessoa sofreu um infortúnio, ainda é muito jovem ou tem uma deficiência, provavelmente pesará menos a mão na avaliação. Por outro lado, as avaliaria com um olhar mais rígido se conhecesse aspectos negativos de seu passado.

Aplique os Métodos Corretos

Há alguns métodos úteis para observar sistematicamente e avaliar diferentes situações na prática. Esta lista apresenta quatro métodos, que discuto em mais detalhes nas seções a seguir, e seus objetivos:

- **Análise de artefatos:** Analisar os objetos do cliente.
- **Mapeamento e rastreamento comportamental:** Documentar os movimentos e as atividades do cliente.
- **Modelos mentais:** Descrever o comportamento real do cliente.
- **Compras misteriosas:** Identificar o comportamento de compra.

Use métodos para se preparar e conseguir se concentrar nas tarefas essenciais. Conheça-os melhor no Capítulo 7. Há, ainda, métodos que lhe permitem estruturar e analisar os principais resultados das observações. Falo mais sobre isso no Capítulo 9.

Análise de artefatos: Analisando os objetos do cliente

A *análise de artefatos* consiste no exame sistemático de objetos e de itens que o cliente ou usuário em geral possui, usa ou deseja (um inventário pessoal, em outras palavras). Primeiro, observe os objetos e, depois, toque ou sinta-os. Além dessa análise visual e tátil, faça vídeos, fotos ou desenhos para a análise subsequente. Ela deve se concentrar em:

» Valor.

» Funcionalidade.

» Complexidade.

» Propriedades físicas.

» Facilidade de uso.

» Estética e design de cores.

» Frequência de uso.

» Localização do objeto.

» Descrição do caráter da marca.

Obtenha informações sobre o cliente e tire conclusões importantes, como:

» Características do cliente (idade, gênero, preferências).

» Seus hábitos e necessidades.

» Os problemas que ocorrem ao usar o objeto.

» Até que ponto o cliente é caracterizado em termos culturais ou sociais com base no objeto.

Os objetos podem fazer parte do ambiente profissional ou pessoal do cliente. Por exemplo, peça a ele que nomeie os objetos que possuem um grande valor intrínseco, o que propicia análises informativas sobre o uso de produtos concorrentes.

Faça perguntas a ele sobre tais objetos. Por exemplo:

- » Como e com que frequência ele o utiliza ou o armazena?
- » O que o cliente associa a ele?
- » Por que o adquiriu?
- » Como se sentiria se não o possuísse mais ou se ele estivesse danificado?

Mapeamento e rastreamento comportamental: Documentando os movimentos e as atividades do cliente

Com o mapeamento e o rastreamento comportamental, os movimentos e atividades do cliente são sistematicamente registrados e examinados. Há uma distinção entre o mapeamento centrado no local e o centrado no indivíduo, e essas duas modalidades também se combinam:

- » No mapeamento **centrado no local**, as pessoas são observadas em locais e por períodos previamente determinados. Com ele, documentam-se:
  - A caracterização das pessoas (idade, gênero, hábitos).
  - Se a pessoa está no local sozinha ou em grupo.
  - Como as pessoas interagem umas com as outras no local.
  - Quanto tempo elas passam no local em geral.
  - Quanto tempo certas atividades são observadas.

  Insira as anotações em um projeto, planta baixa ou esboço do local observado (corredores e estandes de um supermercado, por exemplo). Na análise, compare diferentes períodos para verificar se as observações mudam conforme o horário. Fotos feitas em diferentes momentos no mesmo local também são úteis.
- » No mapeamento **centrado no indivíduo**, observa-se como uma pessoa em particular se comporta e/ou como realiza dadas atividades em um local e durante um determinado período. Para esse tipo de observação intensiva, a pessoa precisa dar seu consentimento.

DIAGRAMAS DO MODELO MENTAL

As suposições de uma pessoa se baseiam em experiências anteriores, em conhecimentos prévios e em desejos, expectativas e interpretações livres. Assim, é possível analisar seu curso de ação e seus comportamentos com base em observações e em pesquisas com grupos específicos de usuários. O *curso de ação* e os *comportamentos* se referem a atividades físicas e a processos mentais e emocionais, que se dividem em ações, pensamentos ou em sentimentos específicos. Para esse fim, é importante lidar com ações específicas reais, não com desejos nem com expectativas abstratas para o futuro.

A figura a seguir apresenta um diagrama do modelo mental, com um exemplo de procura, localização, compra, financiamento e habitação em um novo imóvel. Ele expõe todo o curso de ação com cada atividade, pensamento ou emoção específica relacionada à forma como uma pessoa ou um grupo busca atingir uma meta (como encontrar um imóvel, neste exemplo) ou lidar com uma tarefa. Atividades, pensamentos ou emoções semelhantes ou intimamente relacionados são agrupados e recebem cabeçalhos, representando cada "torre" do diagrama. A torre "Averiguar um Imóvel", agrupa todas as atividades de antes, durante e depois de ver um apartamento, como "Marcar Visita com o Corretor", "Planejar a Ida até Lá", "Dirigir para Lá", "Fazer Perguntas" e "Visitar o Imóvel". O nível de abstração depende do objetivo do estudo.

Abaixo da linha, ofertas concretas de produtos ou serviços próprios ou externos são contrastadas com as torres. No exemplo, seria um portal de comparação online para a pesquisa de imóveis. Com base na comparação no topo da linha (atividades, pensamentos ou sentimentos) e embaixo (ofertas), é possível identificar pontos fracos e lacunas (as lacunas mentais). Use essas informações para deduzir necessidades de ação ou abordagens para novas ideias.

No exemplo, o portal imobiliário online não compara as diferentes cidades. Também há lacunas nas ofertas de suporte, "Procurar Inquilinos", "Reforma" e "Mobília", para as quais há concorrentes. Também é possível identificar *pontos de contato* de serviço, que respaldam atividades individuais de clientes. Imagine uma função de pesquisa automatizada que mostra contatos de pedreiros para trabalhos de reforma ou a oferta de uma consulta pessoal no local sobre o design do imóvel.

Os diagramas do modelo mental também comparam diferentes grupos de usuários para saber se variam em termos de atividades ou pensamentos específicos.

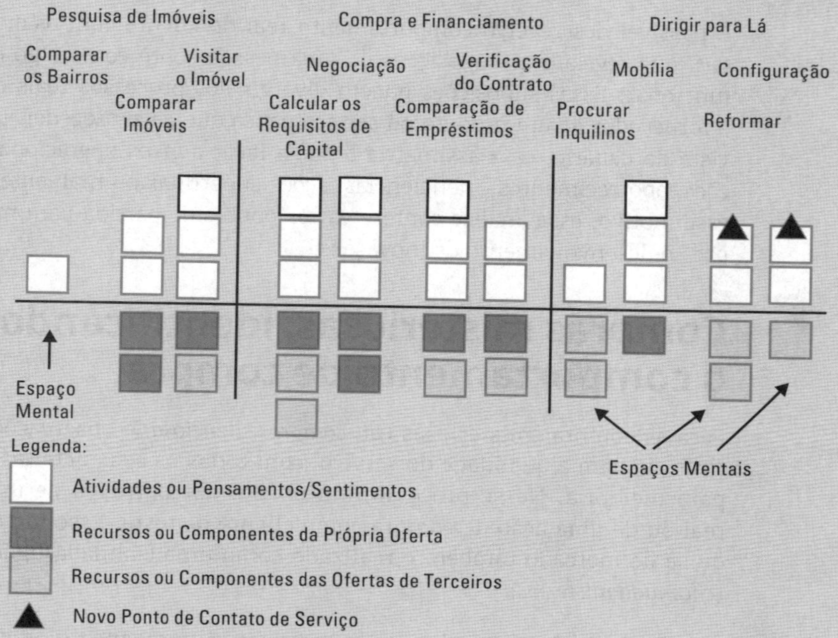

CUIDADO

O efeito Hawthorne (efeito do entrevistador), que faz as pessoas mudarem seu comportamento quando sabem que estão sendo observadas, é particularmente pronunciado nos casos de mapeamento e rastreamento comportamental. Portanto, dê tempo para as pessoas se acostumarem com a situação. Com o consentimento delas, e em conformidade com a proteção de dados e dos direitos de personalidade, grave as situações em vídeo.

Modelos mentais: Descrevendo o comportamento real do cliente

É possível descrever o comportamento real do cliente com os *modelos mentais*, que revelam as suposições de uma pessoa sobre como algo deve ser ou funcionar. Essas suposições podem divergir dos processos reais ou de como o fornecedor de um produto ou serviço pensa que deve proceder. Do ponto de vista do usuário, essa assimetria tende a levar a erros operacionais, frustrações, aborrecimentos, ineficiências, ações supérfluas ou mal-entendidos. Por esse motivo, essa análise confere vários pontos de partida para melhorias ou para o desenvolvimento de inovações.

Compras misteriosas: Identificando o comportamento de compra

Para as compras misteriosas (ou *compras silenciosas*), observações sistemáticas avaliam a qualidade do serviço, com todos os seus defeitos e potencial para melhoria. Nesse processo, um observador participa de uma consulta real ou de uma ação de compra como cliente de teste. Esse método de pesquisa de mercado também é realizado como uma chamada/ligação de teste (*chamada misteriosa*).

Os testadores devem ser treinados para, nas compras misteriosas, comportarem-se como clientes reais, registrarem o ambiente e, acima de tudo, observarem minuciosamente o comportamento do vendedor e/ou o do consultor. Se possível, o pessoal do teste não deve ter afiliação corporativa e deve se assimilar ao verdadeiro cliente em potencial. Especialistas externos ou colaboradores (também conhecidos como *checkers*) também são úteis. Exercícios de encenação são excelentes para preparar as pessoas para várias situações e, assim, treinar o olhar delas para que detectem áreas necessitadas de melhoria.

DICA

Crie, com antecedência, um catálogo padronizado de critérios e um conjunto de diretrizes para especificar como, o que e quando observar. O tipo de observação deve ser o mais representativo possível em termos de local e horário, e deve (preferencialmente) ser realizado várias vezes com vários testadores. Concentre-se, ainda, nas etapas críticas do processo nas consultas ou nas transações de vendas.

CUIDADO

Em teoria, as compras misteriosas viabilizam comparações ocultas com a concorrência, que apontam possíveis melhorias ou pontos fortes e fracos dela. Ainda assim, essa análise é questionável do ponto de vista ético, e é por isso que não a detalho.

As compras misteriosas permitem observar as seguintes características:

- **Qualidade do meio ambiente:** Inclui o design e a limpeza dos espaços, a atmosfera da sala, a atmosfera discreta de consultoria, os assentos, as instalações e a aparência dos colaboradores.
- **Qualidade da gestão do tempo:** Incluindo aderência a horários, disponibilidade, tempos de espera, prazos de entrega, horário comercial ou tempos de consulta.
- **Qualidade das consultas:** Especialmente em termos do escopo e da profundidade da análise do problema ou da necessidade do cliente.
- **Qualidade da solução:** Inclui a correção e a objetividade das declarações, o aconselhamento individual, a credibilidade e a motivação do consultor do cliente, a apresentação e a inteligibilidade dos benefícios.
- **Qualidade da comunicação:** Inclui o ambiente amigável, educado, empático, prestativo e receptivo.
- **Qualidade da entrega ou flexibilidade:** Refere-se à entrega em si, às opções de devolução e aos métodos de pagamento disponíveis.

Além das sugestões específicas para a inovação em produtos e, principalmente, em serviços, esse processo faz os colaboradores notarem falhas nas consultas e, portanto, melhora a qualidade do serviço, além de permitir determinar objetivamente o nível de satisfação do cliente.

NESTE CAPÍTULO

» Caracterizando com precisão os usuários

» Descrevendo a pergunta em aberto e o problema a ser resolvido

» Entendendo os problemas dos usuários e os desejos que expressam

» Resumindo a tarefa para continuar a busca da solução

Capítulo 9

Virando Seu Mundo de Pernas para o Ar

As fases do design thinking que descrevi nos capítulos anteriores abordam a coleta de informações significativas sobre o problema selecionado. Neste capítulo, apresento algumas diretrizes sobre como usá-las para formular a tarefa em questão. Esclarecer quem são os usuários é uma etapa importante. Com a ajuda dessa definição, mostrarei como examinar atentamente as necessidades deles. Por um lado, é preciso observar em detalhes os problemas que têm na situação específica. Por outro, é preciso ser pontual na descrição dos desejos deles.

Como você certamente descobrirá uma variedade de problemas e desejos, deve fazer uma escolha. Com base nos problemas ou desejos selecionados e na especificação do usuário desejado, mostrarei como encontrar uma tarefa concreta para o projeto do design thinking.

Encontrando a Tarefa

Após entender o problema e observar como ele se manifesta no mundo real, é necessário reunir as informações — *sintetizá-las*, em outras palavras — de forma concisa. A questão ou o problema é o desafio de design que você e sua equipe devem dominar. Uma pergunta ou problema bem formulado é de fundamental importância para a fase subsequente, a da geração de ideias, e para saber em qual tarefa se concentrar e como orientar a solução.

As informações coletadas devem responder a estas duas perguntas básicas, cruciais para resolver o problema:

- » Quem são os usuários relevantes aqui?
- » Qual é a necessidade específica que se deseja satisfazer?

Essas duas perguntas compreendem uma nova definição da pergunta original, que já deveria ter sido feita ao iniciar o projeto do design thinking. Geralmente, o termo *redefinição* é usado para descrever esse processo, mas, particularmente, não gosto muito da ideia de *definição*. Soa muito acadêmico e impessoal, e não expressa a ideia principal por trás de uma tarefa bem formulada, cujo caráter é visionário e que deve ser motivadora. Apesar de tudo isso, se ainda uso o termo *definição*, é porque ele é comumente usado, e mesmo que eu nem sempre fale sobre a visão, lembre-se de entender sua tarefa como inspiradora e relevante para o futuro, em longo prazo. No geral, observe as diretrizes descritas nas seções a seguir sempre que redefinir a pergunta.

Nem tanto nem tão pouco

A pergunta, ou o problema, não deve ser muito ampla nem muito específica. O campo de pesquisa no qual se busca a solução é baseado na pergunta. Se ela for muito específica, você corre o risco de não conseguir explorar ideias fora do campo de pesquisa ao gerar ideias. Isso sufoca a criatividade quando se trata de encontrar ideias para uma solução. Um campo de pesquisa muito específico acarreta soluções de nicho, particularmente no caso de questões técnicas. Com uma tarefa específica, no entanto, você facilita a localização da solução. Evita desvios para detalhes e assuntos secundários, que estão fora do foco. No entanto, eles revelam um alto potencial de inovação. Procure um equilíbrio entre uma pergunta muito abstrata e outra muito específica.

Comece com uma pergunta mais ampla e, aos poucos, restrinja-a no processo do design thinking. Para um tópico complexo, formule várias perguntas focadas em diferentes aspectos dele. Se a tarefa for abrangente, como a de determinar como se beneficiar das oportunidades e desafios dos desenvolvimentos da digitalização em um determinado setor, concentre-se em cada aspecto técnico, econômico, ético ou legal desse tópico. A pergunta: "Como responder por e-mail às questões dos clientes sobre o produto XY em dez minutos?" certamente já é específica, mas ainda é ampla o suficiente para se proporem várias soluções. A tarefa é bem formulada quando ainda propicia inúmeras abordagens para a solução em particular.

CUIDADO

Se a pergunta for muito ampla ou pouco clara, o processo de encontrar ideias e de desenvolver protótipos ficará caótico. Você pode ficar impressionado com a amplitude de uma pergunta a ponto de não saber por onde começar a buscar ideias. Minha experiência pessoal com projetos do design thinking é que uma pergunta um pouco mais específica é mais útil do que uma tarefa ampla e abrangente. Durante o processo, refine ainda mais o foco.

Evitando a tentação de prescrever soluções

Nessa fase, evite propor qualquer indício de como a solução deve ser. Sempre separe a definição do desafio e a busca pela solução. Não caia na tentação de dizer como algo deve ser realizado, ou mesmo de mapear a abordagem. O foco da tarefa está mais no "por que" e no "que", e menos no "como". Para a tarefa: "Como usar a tecnologia de impressão 3D para fabricar acessórios para bicicletas de forma rápida e fácil?" já se decreta a abordagem por meio da impressão 3D. "Como ajudar nossos clientes a adquirir acessórios para bicicletas em poucas horas sem gastarem muito dinheiro e tempo?" é uma definição mais aberta.

CUIDADO

Evite descrever a tarefa com palavras negativas: "Como evitar que os clientes tenham perdas financeiras ao usar XY?" Em vez disso, assuma uma atitude positiva: "Como possibilitar aos clientes que obtenham lucros usando XY?"

Formulando uma pergunta relevante e desafiadora

O problema e a pergunta devem ser relevantes e desafiadores. Quanto maior a relevância, mais atraente a solução se torna. Isso, por sua vez, aumenta a motivação dos participantes para que eles contribuam ativamente com o desafio. Uma tarefa cria urgência para a solução e impulsiona a implementação.

Um problema considerado relevante e desafiador chama a atenção. Lembre-se dessas informações posteriormente, quando precisar de recursos para implementar a solução.

CUIDADO

Evite comparações ao definir a tarefa. Aqui estão alguns exemplos: "Queremos desenvolver um produto melhor que o do concorrente XY" e "Nossa solução deve oferecer aos clientes mais funções do que a solução padrão atual". A tarefa deve ser única, não apenas melhor do que outra. A ideia deve ser tudo, exceto comum — em outras palavras, deve ser extraordinária.

Considerando a perspectiva do usuário

A pessoa para quem se busca uma solução ou cujo desejo se pretende realizar deve estar no centro da tarefa. Defini-la sob a perspectiva do usuário significa usar uma linguagem atraente, pessoal e humana, com ênfase nos sentimentos. A tarefa não é uma meta de negócios que precisa ser trabalhada até a conclusão nem um problema puramente técnico que se deve resolver. A tecnologia deve beneficiar as pessoas e, quando o faz, você também atinge seus objetivos de negócios. Concentre-se nas pessoas e afaste os assuntos tecnológicos ou comerciais. Para entender o que quero dizer, observe estas formulações:

» **Muito técnica:** "Como fabricar uma bateria com uma alta capacidade de duração que ainda seja leve o suficiente para uso em carros elétricos?"

» **Muito profissional:** "Como renovar nossos produtos de bateria de modo a torná-los tão atraentes que aumentem nossa participação de mercado em 10%?"

» **Foca o usuário:** "Como apoiar nossos clientes no setor automobilístico para que uma família de quatro pessoas viaje de modo conveniente e confortável de Boston a Chicago em seu veículo elétrico sem parar para reabastecê-lo?"

CUIDADO

Não use a tarefa como forma de abordar seus objetivos pessoais ou os da empresa. Você vai alcançá-los de qualquer jeito, mas não os use como único guia. Na verdade, o design thinking pode ajudá-lo a atingir seus objetivos pessoais e comerciais, mas lembre-se de que isso não é a prioridade. A única perspectiva que você deve ter em mente é a do usuário.

Formulando tarefas de forma clara e compreensível

A pergunta, ou o problema, deve ser formulada claramente para todos os participantes do processo do design thinking — essa é a única maneira de encontrar uma solução orientada a objetivos. A linguagem simples e pictórica ajuda a torná-la inteligível. "Como desenvolver uma bicicleta elétrica para nossos clientes que lhes permita subir a estrada mais íngreme do mundo sem precisar pedalar?" Essa formulação é clara e, considerando a inclinação de 35%, também é um desafio. Discuta a tarefa com sua equipe e também com pessoas de fora. Uma pergunta complicada não funcionará; recomendo uma tarefa fácil de comunicar.

DICA

Certifique-se de que todos os envolvidos no processo do design thinking realmente entendem a pergunta. Peça aos participantes para formularem-na com as próprias palavras. Dessa forma, fica fácil avaliar até que ponto todos têm o mesmo entendimento da tarefa. Aborde o que cada participante espera em termos de resultados.

As próximas três seções principais ensinam como formular com precisão a tarefa, com base nessas diretrizes, em três etapas simples, um processo que o prepara melhor para a próxima fase — encontrar ideias:

1. **Selecione e descreva o usuário desejado.**
2. **Identifique, analise e selecione as necessidades do usuário desejado (seus problemas e desejos).**
3. **Resuma a tarefa e determine o ponto de vista ideal.**

Focando as Pessoas Certas

Com sua equipe de design thinking, defina o usuário desejado que analisará em detalhes e para quem desenvolverá uma solução. O método da persona é a melhor maneira de resumir as informações relevantes quando se trata de descrever usuários. (Para mais informações sobre o método da persona, veja o Capítulo 7.) Busque pessoas diferentes se quiser trabalhar com ângulos diferentes ou aspectos especiais dos problemas ou dos desejos.

CUIDADO

Tenha cuidado se notar diferenças ou mesmo incompatibilidades nos problemas e desejos declarados dos usuários durante suas observações e pesquisas. Diferenças e incompatibilidades indicam uma heterogeneidade do grupo-alvo, e pessoas diferentes podem precisar de uma variedade de soluções para seus problemas e desejos. Nesse caso, recomendo avaliar novamente o grupo-alvo e formar subgrupos. Você só tem certeza de que o grupo-alvo possui uma composição uniforme quando detecta um padrão semelhante em todos os membros.

Na teoria, o usuário não precisa ser um indivíduo único, vivo, que respira, mas também compreende uma organização, como uma empresa. Na área business-to-business (B2B), pessoas diferentes em várias funções geralmente contribuem para o processo de tomada de decisão em uma empresa. Muitas vezes, é feita referência a um centro de compras ou a uma unidade de tomada de decisão, que abriga as seguintes funções:

» **Iniciador:** Essa pessoa procura soluções inovadoras para problemas corporativos.

» **Influenciador:** Essa pessoa influencia a decisão de compra porque apresenta requisitos especiais para a solução oferecida. O departamento de TI de uma empresa pode estabelecer requisitos para que a solução de software que você oferece seja compatível com a infraestrutura do software em uso.

» **Conselheiro:** Essa pessoa é líder de opinião na empresa e lhe pedem orientação em caso de dúvidas.

» **Comprador:** Essa pessoa é responsável pela seleção de fornecedores e pelas transações de vendas até um determinado volume.

» **Tomador de Decisão:** Começando com um certo volume de compras, essa pessoa é a autoridade para a decisão final.

» **Usuário:** Essa pessoa usa a solução e, portanto, tem muito conhecimento sobre as aplicações e os produtos.

» **Sabotador:** Por qualquer motivo, essa pessoa é contra a solução, em princípio. Pense em quem teria algum tipo de desvantagem nos negócios do cliente como resultado da solução.

Conheça esses diferentes papéis e divida as pessoas com base neles nos centros de compras. Essa tarefa fica mais fácil com uma análise das partes interessadas (falo mais sobre elas no Capítulo 6), complementada pelas seguintes perguntas de uma análise de centros de compras:

» Quem pertence a um centro de compras em uma empresa específica?

» Como essas pessoas influenciam a decisão?

» Qual objetivo cada pessoa no centro de compras busca?

» Como essas pessoas obtêm informações sobre novos produtos?

» Como a decisão é tomada?

Caracterize os indivíduos com o método da persona, descrevendo por meio de palavras-chave suas principais características, desejos e problemas. (Para saber mais informações sobre o método da persona, veja o Capítulo 7.)

DICA

Inclua não clientes e os analise na próxima etapa. Então, gere campos de pesquisa interessantes e novos, propícios para inovações. Em vez de clientes, cada parte interessada pode ser selecionada e analisada de um jeito mais amplo.

Reconhecendo as Necessidades dos Usuários

Ao descrever as necessidades do cliente, primeiramente ignore o fato de que os usuários desejam obter um determinado produto ou serviço. Essa fase não se baseia nisso. Em 1986, Theodore Levitt, professor da Harvard Business School, foi preciso: "As pessoas não querem comprar uma broca de seis milímetros. Querem simplesmente fazer um furo de seis milímetros!" A necessidade do cliente é expressa como uma tarefa que deve ser resolvida, não importa de que maneira.

Para formular a necessidade como uma tarefa, recomendo que aplique o conceito de tarefas a serem realizadas. Esse conceito, popularizado pelo professor Clayton Christensen, da Harvard Business School, foca as tarefas ou atividades — os trabalhos, em outras palavras — iniciadas pelos clientes, ou para eles. Elas atendem a uma necessidade específica deles, resolvendo um problema ou realizando um desejo.

Em geral, pense no trabalho como uma tarefa que, concluída em dada situação ou em um contexto específico, gera progresso, sob o ponto de vista dos clientes. Considere a tarefa menos como resultado e mais como um processo. Esse trabalho deve sempre levar em consideração a situação e o contexto específicos, o que significa que os trabalhos são dependentes de dadas situações, que possuem limitações ou aspectos especiais. Esse pode ser um determinado estágio na vida do cliente, seu status familiar, sua situação financeira ou pessoal, o ambiente ou outros fatores contextuais. Os clientes não compram produtos e serviços assim; em vez disso, contratam para que, por sua vez, realizem determinados trabalhos (tarefas ou atividades) para eles. A citação de Levitt também expressa esse foco na tarefa, e menos no produto. Os clientes não querem produtos — querem *soluções* para suas tarefas (leia-se: necessidades, problemas, desejos), o que resultará em algum tipo de progresso.

PENSANDO OS TRABALHOS DE FORMAS DIFERENCIADAS

Subdivida ainda mais os trabalhos individuais do usuário desejado com estas categorias:

- **Funcional:** Certas funções, características, atividades ou etapas do processo devem ou precisam ser presentes, executadas ou concluídas (sob a perspectiva do cliente).
- **Social:** Ao concluir a tarefa, o cliente ganha prestígio, poder, influência, status ou uma imagem (desejável) específica. Em outras palavras, é respondida a pergunta de como o cliente deseja ser percebido pelos outros (familiares, amigos, conhecidos, outras organizações).
- **Pessoal (ou emocional):** Esse tipo de categoria é apreciado pelo cliente, que lhe gera uma impressão de ser interessante, empolgante, inspirador, divertido, legal, atraente, bonito — ou, depois que o trabalho está terminado, gera uma sensação de segurança, orgulho ou satisfação pessoal para ele. Em outras palavras, responde-se à pergunta de como o cliente quer se sentir quando o trabalho é concluído.

Os trabalhos sociais e pessoais (emocionais) são um benefício simbólico. Com essa categorização, fica fácil analisar por que os clientes desejam que determinadas tarefas sejam concluídas. Colete essas informações por meio de análises secundárias, pesquisas, observações, experimentos ou por meio de sua experiência pessoal. (Para mais informações sobre esse tipo de análise, veja o Capítulo 7.)

Analisando Necessidades como se Fossem Tarefas

Esta seção ensina a identificar sistematicamente os trabalhos essenciais para os quais você busca uma solução, a fim de resolver suas pendências. Analisá-los não tem nada a ver com a compreensão de como um cliente interage com um produto ou serviço. Em vez disso, pergunte-se o que e por que o usuário deseja obter algo em uma situação específica. Essa estratégia o leva um passo mais aprofundado na análise. Essa é a principal diferença do conceito de jornada do usuário, que se concentra nas atividades realmente executadas em conexão com um produto ou serviço específico. (Para mais informações sobre a jornada do usuário, veja o Capítulo 7.) Os trabalhos devem ser separados de determinados produtos e serviços. Eles não têm características, funções nem etapas dos processos seguidos por produtos e serviços.

Para uma análise mais profunda do trabalho, observe as ações do usuário desejado antes, durante e após a conclusão da tarefa:

» **Antes de a tarefa ser executada:**

Quais são as metas que o usuário desejado busca atingir com a tarefa? Por que ela deseja concluir (ou delegar a alguém) essa tarefa? Quais são os resultados que deseja alcançar com ela? Que tipo de progresso deseja fazer em uma situação específica?

A tarefa é importante para o usuário desejado?

Quais aspectos a pessoa deve planejar e esclarecer? Como planeja a conclusão dessas tarefas? Como avalia quais recursos são necessários para concluí-las e como os seleciona?

Quais etapas o usuário desejado deve seguir antes de concluir a tarefa ou a atividade?

Quais recursos necessários a pessoa deve procurar para concluir as tarefas? Eles são tanto materiais (ferramentas, outras pessoas) quanto imateriais (informações, conhecimentos, licenças). Até que ponto é difícil para essa pessoa encontrá-los?

Como o usuário desejado deve preparar e organizar esses recursos, bem como a situação, para que a tarefa seja concluída? O que precisa verificar antes do início da tarefa para iniciá-la? A pessoa precisa confirmar (ou obter uma confirmação) da funcionalidade desses recursos?

Em que situação o usuário desejado deseja que as tarefas sejam concluídas? Onde ela está quando deseja concluir a tarefa ou as atividades? Quando a tarefa deve ser resolvida?

Durante o trabalho, quais são as condições básicas enfrentadas pelo usuário desejado? Quais limitações precisam ser consideradas quando se trata de concluí-lo? A pessoa é capaz de resolver as tarefas por conta própria?

» **Ao executar a tarefa:**

Como, por quem e com que meios as tarefas são concluídas atualmente?

O que o usuário desejado precisa fazer para concluí-las com êxito?

Características particulares e experiências passadas do usuário desejado influenciam a conclusão do trabalho?

O usuário desejado usa ferramentas ou dispositivos específicos para concluir a tarefa de maneira incomum?

O que mais a pessoa pode usar para realizar a tarefa? Quais são as alternativas atuais? Algumas alternativas são inúteis, outras têm outros objetivos e outras, ainda, são soluções somente parciais.

Quais influências sociais, culturais e políticas afetam a conclusão das tarefas?

Há diferenças entre o usuário desejado e os não clientes, em termos de conclusão das tarefas?

Quais tarefas ou atividades se mostraram problemáticas para o usuário desejado? Quais a fazem se sentir frustrada, incomodada ou irritada? Quais são as maiores dificuldades do usuário desejado?

Quais são as tarefas que o usuário desejado ficaria feliz em concluir? O que ela deseja?

» **Depois de concluir a tarefa:**

O que o cliente deve fazer para concluir a tarefa? Quais são as etapas que se seguem a essa tarefa ou precisam ser elaboradas posteriormente?

O que o usuário desejado precisa ajustar posteriormente para concluir a tarefa com êxito?

Como ela revisa o sucesso da tarefa depois de concluí-la? O que os clientes farão depois de concluir o trabalho?

Analise essas etapas no contexto de uma situação específica. Os trabalhos devem ser identificados no nível certo de abstração: não muito, pois importantes informações detalhadas podem se perder; nem pouco, para evitar restringir o escopo para a busca futura de ideias.

Ao concluir as tarefas, você precisa, acima de tudo, analisar os problemas e desejos que vieram à tona. As próximas subseções mostram a melhor maneira de fazê-lo.

Determinando os problemas do usuário desejado

Os problemas, as frustrações e as dores do usuário desejado ao lidar com uma tarefa geralmente são os pontos de partida para a solução subsequente. Vale a pena identificá-los e analisar sua natureza e causas. Na lista a seguir, há várias perguntas que colaboram com essa análise:

» Quais tarefas ou atividades serão (física, intelectual ou emocionalmente) árduas para o usuário desejado? Quais serão desconfortáveis?

» Quais tarefas ou atividades gerarão custos para o usuário desejado?

» Quais tarefas ou atividades exigirão que ela espere? Quais demoram muito?

» Quais tarefas ou atividades o usuário desejado considera muito complicada?

- Quais tarefas ou atividades o usuário desejado (usando as soluções atuais) realiza de forma ineficiente ou não ideal? Quais são os erros típicos quando as executa (ou quando outras pessoas as executam)?
- Quais tarefas levam a resultados com que o usuário desejado não está 100% satisfeita?
- A pessoa entende o que seria um bom cumprimento da tarefa?
- O usuário desejado fica hesitante para executar as atividades ou para que sejam executadas por outras pessoas? Quais barreiras a impedem de receber ajuda externa para as tarefas e atividades? O gasto (de tempo ou de dinheiro) a impede de usar ajuda externa para as tarefas ou atividades?
- Do ponto de vista do usuário desejado, quais são os riscos ao concluí-las?
- Ela espera desvantagens sociais ou emocionais negativas se a tarefa não for concluída?
- Quais são as barreiras que impedem o usuário desejado de resolver a tarefa de uma maneira diferente de antes?
- Quais tarefas ou atividades são barreiras para não clientes? Existem diferenças entre os não clientes e o usuário desejado?

Identificando os desejos do usuário desejado

Além dos problemas, considere os desejos (não declarados) do usuário. Eles possibilitam encontrar novas ofertas para o usuário desejado e podem ser novos produtos, serviços, processos ou modelos de negócios. Faça as seguintes perguntas para detalhar a análise:

- O usuário desejado espera conseguir uma vantagem pessoal com essa tarefa?
- A conclusão da tarefa desencadeia sentimentos emocionais positivos na pessoa? Em caso afirmativo, quais?
- O usuário desejado espera obter reconhecimento social ao concluir a tarefa?
- Economizar dinheiro ao executar as tarefas lhe agradaria?
- Economizar tempo ao executar as tarefas lhe agradaria?
- Qual é o nível de excelência que o usuário desejado espera da execução das tarefas e atividades?
- O que facilita as tarefas para o usuário desejado? Qual é o serviço que deseja com as tarefas?

- » Como avalia a alta qualidade na execução das tarefas?
- » O que o usuário desejado deseja se ocorrerem problemas na conclusão da tarefa?
- » Quais tarefas adicionais lhe agradariam se fossem concluídas?

DICA

Ao analisar os desejos do usuário desejado, considere também as soluções atuais (concorrentes). Além de informar sobre desejos não atendidos (mal atendidos), uma comparação das alternativas atuais também exibe resultados excessivos (desejos superatendidos) produzidos por essas alternativas. *Superatendido* nesse contexto significa que a alternativa atual conclui a tarefa com o resultado desejado, mas possui muitas funções e recursos — também chamados de *superengenharia* ou *folheado a ouro*, o que denota um desperdício —, e é muito cara ou muito complicada, em outras palavras. Essa situação é solucionada com a *inovação revolucionária/disruptiva*, segundo a qual se aproveita a vantagem competitiva oferecendo ao cliente simplicidade, conveniência, facilidade de uso, acessibilidade e um baixo preço.

Compreendendo as motivações de problemas e desejos específicos

Na análise, além de identificar os problemas e os desejos, procure entender cada motivação por trás deles. Isso permite encontrar abordagens para novas ideias. Com a análise de meios e fins, é possível determinar os trabalhos funcionais, sociais e pessoais (tarefas e atividades) e analisá-los com uma técnica de levantamento apropriada (a técnica da escada, por exemplo, conforme descrevo adiante). A análise de meios e fins é uma abordagem que explica por que os clientes preferem determinados recursos do produto e o que (inconscientemente) esperam obter com eles. Isso significa que o foco está nos motivos básicos do comportamento de compra.

A análise de meios e fins se baseia na ideia de que os clientes entendem a inovação de produtos ou serviços como um meio para realizar seu desejo ou objetivo pessoal (fim). Como mostra a Figura 9-1, a conexão entre os recursos e os valores do produto pode ser descrita como etapas em uma escada.

Os recursos do produto (os *meios*, como características técnicas) de início oferecem ao cliente um benefício funcional, que também pode produzir um benefício psicológico adicional. Esse benefício psicológico pode ser de cunho apreciativo (o cliente acha o produto bonito) e/ou social (pode compartilhar o benefício da inovação com os amigos).

Por sua vez, esses componentes funcionais e psicológicos do benefício influenciam os valores de curto e os de longo prazo. Os valores de curto prazo (também conhecidos como *valores instrumentais*) representam modos de comportamento desejáveis para o cliente. Exemplos de valores instrumentais são clientes que desejam se sentir úteis, que têm um alto desempenho ou que são criativos. Os valores de longo prazo (também conhecidos como *valores finais*) são, em última análise, objetivos desejáveis da vida, como divertir-se, aproveitar a vida, ser sábio, ser livre, gozar de direitos iguais, sentir-se seguro, ser reconhecido socialmente ou ser realizado. De modo geral, considere a possibilidade de que vários valores determinam vários componentes do usuário, o que por sua vez influenciaria vários recursos do produto.

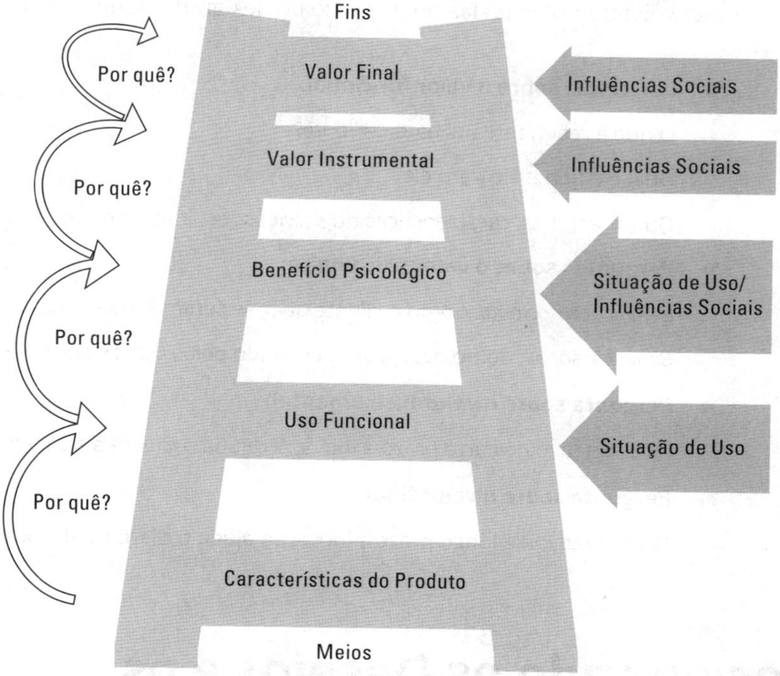

FIGURA 9-1. Os passos de uma análise de meios e fins.

Os aspectos dos benefícios e os valores não são independentes das influências externas. Eles dependem da situação atual do cliente ao usar a inovação (a influência da situação de uso) e/ou das influências sociais a que o cliente está exposto (quaisquer expectativas em relação ao ambiente social). Essas influências sociais também determinam os valores criados.

Use a técnica da escada para analisar as etapas do conceito de meios e fins de forma incremental — como os degraus de uma escada — desde os recursos específicos do produto até os valores mais abstratos. Com a *escada vertical*, você pode prosseguir passo a passo, desde os recursos do produto até os aspectos dos benefícios, com esta pergunta recorrente: "Por que isso é importante para você?" Além disso, use a *escada horizontal* para consultar por que os recursos identificados correspondem às características reais do produto do ponto de vista do cliente. Nesse caso, a pergunta recorrente é: "Por que a característica do produto XY corresponde ao recurso que você deseja, ou por que não?"

Outra variação é a técnica da escada descendente. Usando os valores como ponto de partida, faça perguntas do tipo "como". Pergunte ao cliente como ele deseja atingir um determinado objetivo ou um valor por meio de qual benefício ou recurso específico do produto: "Como deseja alcançar XYZ?" Na pesquisa, dê a ele exemplos de recursos específicos do produto.

A técnica da escada auxilia a encontrar respostas para perguntas cruciais no desenvolvimento de ideias no processo do design thinking, como:

- **Perguntas sobre o valor funcional:**

  O que é realmente útil para o cliente?

  Qual é o benefício para ele?

  Quais recursos, características ou serviços resultarão em um valor para ele?

- **Perguntas sobre o valor psicológico:**

  Benefício emocional: Como o cliente quer se sentir depois de usar a inovação?

  Benefício social: Como deseja ser percebido pelos outros devido à inovação?

- **Pergunta sobre o valor instrumental:**

  Qual objetivo de curto prazo a inovação ajuda o cliente a alcançar?

- **Pergunta sobre o valor final:**

  Qual objetivo de longo prazo a inovação ajuda o cliente a alcançar?

Selecionando os Desejos e os Problemas Mais Importantes

Após a análise dos problemas e dos desejos do usuário desejado, você se depara com uma grande variedade de necessidades potenciais. Selecione e priorize os problemas identificados. O ideal é que o usuário desejado avalie os trabalhos (tarefas e atividades) e, portanto, os problemas e desejos associados a eles. Aqui estão as duas perguntas básicas para fazer ao usuário desejado, usando uma classificação simples de 1 = irrelevante a 5 = crucial:

» "Qual é o significado que você atribui à tarefa XY?"

» "Como classifica a solução alternativa atual para concluí-la?"

Por um lado, isso mostra a relevância da tarefa, o que também representa sua atratividade. Por outro, permite identificar as que atualmente não são cem por cento satisfeitas pelas soluções existentes. O caso mais interessante é uma tarefa significativa que não tem solução satisfatória no momento. (Para mais informações sobre a implementação específica de pesquisas — nas quais é interessante fazer essas duas perguntas —, veja o Capítulo 14.)

Se o feedback do usuário indicar que uma tarefa é irrelevante, leve a sério essa mensagem e a relegue a segundo plano. Em seguida, analise criticamente as classificações que denotam o nível de satisfação dos usuários com a solução atual. Na minha experiência, os usuários nem sempre têm condições de perceber que as alternativas atuais têm deficiências. Não desanime se as pessoas-alvo estiverem satisfeitas com o status atual. Seu objetivo é desenvolver algo que o cliente em potencial nem sequer percebeu ser possível. Ele não deve ser a mera satisfação dos desejos dos usuários; em vez disso, você precisa empolgá-los.

Expanda a avaliação com o Modelo Kano. (Veja o próximo box, "Definindo os Requisitos do Cliente com o Modelo Kano.") Ele lhe permite segmentar os trabalhos na perspectiva do cliente em requisitos básicos, como desempenho e entusiasmo.

DICA

Para complementar a avaliação da perspectiva do usuário, adicione uma avaliação sob a perspectiva da empresa ("A tarefa é economicamente interessante?"), bem como sob a perspectiva do concorrente ("É possível alcançar uma vantagem competitiva cumprindo [talvez de forma melhor] a tarefa?").

Não foque excessivamente a avaliação da perspectiva da empresa e a do concorrente. Essa fase aborda a perspectiva do usuário. Você ignorará muitas tarefas interessantes se mantiver um foco restrito na viabilidade econômica e na atratividade competitiva de uma tarefa.

Siga esta lista de tarefas do que se deve ou não fazer ao aplicar o conceito de tarefas a serem executadas:

» Não analise apenas trabalhos funcionais — leve em consideração também os emocionais (pessoais) e sociais.

» Nunca trate os trabalhos como se fossem isolados de seu contexto.

» Não combine clientes diferentes com tarefas diferentes ou com clientes em situações diferentes.

» Não faça uma descrição muito vaga das tarefas.

» Expresse trabalhos com mais verbos que descrevem um processo e menos na forma de adjetivos ou de advérbios, pois eles descrevem condições.

» Como os trabalhos dos clientes mudam dinamicamente e estão expostos a inúmeras influências externas, use esse conceito regularmente.

O conceito de tarefas a serem executadas ajuda a desenvolver soluções ou ofertas na forma de inovações de produtos, processos, serviços ou modelos de negócios, que podem concluir essas tarefas melhor do que as alternativas.

DEFININDO OS REQUISITOS DO CLIENTE COM O MODELO KANO

O Modelo Kano, proposto pelo Dr. Noriaki Kano, é uma maneira de esmiuçar o nível de satisfação do cliente de acordo com diferentes requisitos, como:

- **Básicos (critérios obrigatórios):** São os requisitos que os clientes consideram óbvios ou imprescindíveis, o que significa que nem sempre são mencionados explicitamente. Eles devem estar presentes; do contrário, o cliente ficará insatisfeito e procurará a concorrência.
- **De desempenho (critérios-alvo, satisfatórios):** A satisfação do cliente é proporcional ao cumprimento deste requisito. Quanto maior a qualidade, maior a satisfação, e vice-versa. Em outras palavras, se o requisito for satisfeito, o cliente fica satisfeito e, se não o for, fica proporcionalmente insatisfeito.
- **De entusiasmo (critérios potenciais, interessantes):** O cliente não espera esses requisitos ou pode não ter conhecimento de tal expectativa. Se estiverem presentes, o farão feliz. Se não estiverem, no entanto, isso não o levará à insatisfação.

Adicionados a esses requisitos estão os recursos do produto classificados de maneira neutra sob a perspectiva do cliente ("Não me interessa") e aqueles cuja presença pode até resultar na rejeição do produto.

No geral, o Método Kano propicia uma melhor compreensão dos requisitos do cliente e ajuda a definir prioridades no desenvolvimento do produto. Lembre-se de que ele exige muito esforço de sua parte — especialmente quando se trata de executar a pesquisa — e que a avaliação do cliente, em geral, é bastante subjetiva. Além disso, os clientes costumam avaliar apenas recursos compreensíveis, claros e tangíveis para eles. Aqui, a fase de protótipo do design thinking ajuda. (Para ler mais informações sobre protótipos, veja o Capítulo 13.)

Determinando a Perspectiva Ideal

Após analisar e selecionar o usuário desejado, bem como seus problemas e desejos, formule uma tarefa concreta — para definir a perspectiva, a base do desenvolvimento de ideias ou de conceitos a fim de gerar soluções para o usuário desejado na próxima etapa do processo do design thinking. O objetivo é resumir a tarefa em uma mensagem curta, de uma única frase, com cerca de 280 caracteres.

DICA

Crie uma *história de usuário* para concentrar as informações sobre ele e sobre seus problemas ou desejos em uma única frase. Esse formato também é chamado de técnica do *como podemos:*

> Como podemos...
>
> ajudar, apoiar ou convencer [nome do usuário desejado]
>
> de modo que
>
> [o problema dela] seja resolvido ou [o desejo dela] seja realizado
>
> com [o seguinte resultado]
>
> em [a seguinte situação]
>
> e com [as seguintes limitações]?

Quando se trata de limitações, concentre-se exclusivamente nas condições da estrutura que não podem ser alteradas, como disposições legais, regulamentos ambientais ou princípios éticos. Do contrário, você ficará muito restringido para gerar novas ideias, parte da próxima etapa do processo do design thinking. Além dessa frase da história de usuário, adicione uma motivação que explique seu problema ou desejo.

Essa frase-chave deve ser colocada em um local central nas salas comuns, para que todos os colaboradores envolvidos no processo do design thinking a vejam. Todas as outras informações sobre o usuário desejado, seus problemas e desejos, e a situação que enfrenta também devem ficar visíveis (fotos, gráficos, entrevistas). Crie um quadro de humor, uma boa opção para esse fim, para captar o clima de determinadas situações com a ajuda de uma colagem de textos e imagens, e com objetos relevantes. Ou narre a tarefa como uma história que dê vida ao problema ou aos desejos e às informações básicas, com palavras simples. Essa estratégia de contação de histórias também é útil para o desenvolvimento de protótipos. (Para saber mais sobre protótipos, veja o Capítulo 13.)

A frase que capta a perspectiva ideal deve estimular discussões e ficar permanentemente visível na sala durante todas as etapas subsequentes, à medida que se avança rumo a uma solução. Consulte-a várias vezes enquanto trabalha. A frase também permite medir os resultados das etapas subsequentes em relação a ela. Avalie se a ideia encontrada resolve os problemas formulados com base na perspectiva ou se satisfaz a esses desejos.

CUIDADO

Evite formular uma única tarefa para vários grupos-alvo diferentes. Da mesma forma, não coloque em uma única tarefa todas as ideias que coletou até o momento sobre a pessoa e sobre seus problemas e desejos. Isso só serve para sobrecarregar a tarefa. Para ter certeza de que a perspectiva está clara, é preciso condensar as informações e expressá-las em apenas uma frase. No entanto, elimine qualquer resquício de senso comum ou de clichês. Concentre-se no que há de especial na pessoa e em seus problemas ou desejos, ou nos aspectos particulares da situação. Aqui está um exemplo de frase: "Como ajudar os alunos migrados para que compreendam todo o conteúdo de uma aula de inglês avançado dentro de seis semanas, sem um professor particular, e melhorar seus resultados em termos de nota?"

3

As Fases da Solução

NESTA PARTE...

Fomente novas ideias e use os princípios do pensamento criativo.

Use técnicas para a criatividade e considere o problema sob perspectivas distintas para encontrar uma solução.

Avalie as ideias com vários métodos, selecionando e aplicando critérios apropriados para avaliação.

Crie protótipos para os clientes em potencial testarem.

Teste as suposições e as ideias com o feedback dos usuários e continue refinando a ideia.

NESTE CAPÍTULO

» **Descrevendo as etapas do processo criativo**

» **Fomentando novas ideias**

» **Gerando criatividade com regras**

» **Considerando os segredos da criatividade**

» **Superando as barreiras ao trabalho criativo**

» **Selecionando as técnicas certas para encontrar ideias**

Capítulo **10**

Minerando Ideias

Você chegou à fase do design thinking na qual desenvolve ideias. O objetivo é gerar o máximo de ideias possível. Neste capítulo, você descobre como o processo criativo funciona e quais princípios usar para ele. A tarefa é identificar fontes de novas ideias para descobrir abordagens inovadoras. Para se preparar para o trabalho criativo, primeiro familiarize-se com os fatores para o sucesso e, em seguida, examine os eventuais bloqueios à criatividade e pense em formas de superá-los. Por fim, você conhecerá a sistemática por trás das técnicas arquitetadas para aumentar a criatividade, a fim de que selecione os métodos certos para a tarefa.

Dominando o Processo Criativo

Ser criativo significa pensar em algo novo. Ser inovador, implementá-lo. É por isso que a criatividade é um componente fixo de qualquer projeto de inovação, independentemente de se buscar um novo produto, serviço, processo, mudança social e organizacional, ou modelo de negócios.

A criatividade não é um evento — entenda-a como um processo. Às vezes, esse processo leva dias, semanas ou meses. A Figura 10-1 apresenta uma visão geral do processo criativo. Graham Wallas o descreveu em 1926, e ainda hoje ele permanece universalmente válido.

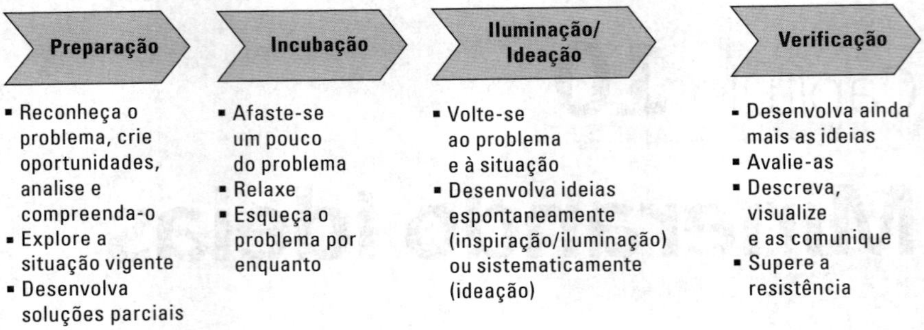

Preparação
Incubação
Iluminação/ Ideação
Verificação
▪ Reconheça o problema, crie oportunidades, analise e compreenda-o
▪ Explore a situação vigente
▪ Desenvolva soluções parciais
▪ Afaste-se um pouco do problema
▪ Relaxe
▪ Esqueça o problema por enquanto
▪ Volte-se ao problema e à situação
▪ Desenvolva ideias espontaneamente (inspiração/iluminação) ou sistematicamente (ideação)
▪ Desenvolva ainda mais as ideias
▪ Avalie-as
▪ Descreva, visualize e as comunique
▪ Supere a resistência

FIGURA 10-1: O processo criativo.

Para desenvolver uma ideia, é preciso primeiro se envolver intensamente com um problema ou com uma oportunidade. Acima de tudo, investigue o estado atual da tecnologia. Com base nisso, desenvolva as primeiras soluções parciais. Tudo isso compreende a fase preparatória. (É bom criar também a oportunidade empresarial.) No segundo passo, é preciso se distanciar da tarefa. Para tal, observe-a de fora. (Para mais informações sobre isso, veja o Capítulo 11.) Por assim dizer, reflita sobre a tarefa, mas, ao mesmo tempo, relaxe. Esse é o período de incubação.

DICA

Afaste-se do problema ou da pergunta. Não é preciso se preocupar com a tarefa a cada minuto do dia. Faça outra coisa quando não estiver trabalhando nela. Ocupe-se com outras atividades. Pratique esportes. Tire férias. Quando sua mente retorna à tarefa e a lidar com elas, cria novas ideias e uma nova perspectiva.

Após o período de incubação, volte a lidar com a questão e com o problema. Somente agora o surgimento de ideias ocorre. Ele pode ser espontâneo, como uma epifania — ou *iluminação*. Mas uma ideia também pode ser desenvolvida sistematicamente. Isso se chama *ideação*. A ideia nunca termina. Posteriormente, é preciso desenvolver, testar, implementar, descrever e comunicá-la. (Espere encontrar um pouco de resistência na empresa.) Essa etapa é a *verificação*. Na prática, essas fases não ocorrem em sequência, como você pode ter suposto ao ver a Figura 10-1. Em vez disso, inúmeros e variados ciclos de feedback e de reflexão ocorrem nesse processo criativo, no qual a abordagem do design thinking se baseia.

Criando Fontes para Novas Ideias

Tomar consciência de possíveis fontes de ideias e pesquisá-las sistematicamente em busca de informações e de inspiração certamente colabora com o processo criativo. Dependendo do alcance das tarefas, há uma variedade de fontes de informação disponíveis. Apresento algumas particularmente importantes nas seções a seguir.

Aproveitando as habilidades e os conhecimentos dos seus colaboradores

Parece óbvio que os colaboradores da sua empresa são uma fonte de informações e de inspiração para possíveis soluções, mas, sobretudo em empresas maiores, com diferentes áreas de negócios, não se conhecem bem as habilidades dos colegas de outros departamentos nem se compartilham tantas informações em várias divisões. Estabeleça na empresa um sistema de gestão de conhecimento que promova o compartilhamento de informações.

Para tal, aqui estão duas abordagens que são particularmente relevantes e auxiliam o processo de busca de ideias:

- **Páginas amarelas:** Essa ideia, emprestada das listas telefônicas de papel à moda antiga, consiste em listar informações de contato e descrições das habilidades dos colaboradores. Na lista, inclua informações como nome, função, área, departamento, número de telefone, áreas de interesse, experiências de projeto, áreas especiais, conhecimento especializado e habilidades específicas. Esses perfis de competência podem ser criados pelos próprios colaboradores em um formato padrão e ser editados por um membro da equipe.

» **Mapa de conhecimento:** Ele exibe áreas de conhecimento ou especialistas para as atividades de inovação. As relações entre cada área de conhecimento ou entre os especialistas são representadas na forma de um mapa mental. Além disso, complemente esses mapas de conhecimento com elementos gráficos para ter mais clareza. Arquive também informações secundárias, descrições de métodos ou contatos de determinadas instituições para cada área de conhecimento ou das próprias instituições. Ao criar esse mapa, as perguntas norteadoras devem se voltar para as áreas de conhecimento necessárias e definir quais conhecimentos específicos alguém precisa ter sobre elas.

Pesquisa, observação e envolvimento dos clientes

Pesquise e observe os clientes não apenas com o objetivo de obter informações sobre seus problemas e desejos, mas também com o intuito de que lhe forneçam informações sobre as soluções. Clientes focados na área de produtos — os *usuários líderes* — dão informações detalhadas não apenas sobre requisitos, mas também sobre soluções, porque estão interessados nelas e têm as competências necessárias para tal. Portanto, busque-os sistematicamente.

Os usuários líderes gostam de compartilhar informações em comunidades online especializadas, publicar blogs sobre o tópico ou comentar sobre produtos anteriores em portais de comparação. Aborde-os e engaje-os na busca de ideias. Uma opção é convidá-los para um workshop conjunto. Envolva-os também por meio de competições de inovação, por meio de seu site ou de provedores externos; determine um prazo e solicite que enviem ideias sobre uma questão específica em um processo competitivo. Recompense as melhores ideias.

Pesquisa e trabalho com fornecedores

Integre sistematicamente os fornecedores ao processo do design thinking, da mesma forma como fez com os clientes. Os fornecedores têm altas competências técnicas na área da tarefa e terão prazer em ajudá-lo, tal qual o cliente, no desenvolvimento de novos produtos e processos. Além de palestras e pesquisas pessoais com os colaboradores dos fornecedores, realize workshops conjuntos ou convide-os para participarem de competições de inovação.

No rastro dos concorrentes

Uma análise das atividades dos concorrentes exibe sugestões para futuros produtos e serviços. Analise os novos desenvolvimentos e produtos deles. Adquira informações por meio de invenções com patentes pendentes, publicações em revistas especializadas, folhetos, comunicados à imprensa e apresentações em feiras. Compre os produtos deles e desmonte-os para ver as inovações técnicas — isso se chama *engenharia reversa*. Além dos concorrentes diretos e potencialmente novos, há os indiretos. São as empresas que oferecem aos mesmos clientes outros tipos de produtos ou de serviços. Para o fabricante de um MP3 player, por exemplo, os fabricantes de smartphones e os serviços de streaming de música são concorrentes indiretos, porque também lhes possibilitam ouvir música em movimento. Pesquise outros setores para descobrir suas tendências alternativas, seus desenvolvimentos e novos produtos e processos.

Avaliação de publicações e informações de patentes

Antes de iniciar a pesquisa de ideias, pesquise artigos em revistas especializadas e descrições encontradas nos pedidos de patente. Além da pesquisa geral na internet (sites de instituições de pesquisas e de outras empresas relevantes) e da pesquisa científica nos bancos de dados, pesquise bancos de dados de patentes. Pesquisar patentes é útil para determinar o estado da tecnologia, detectar descobertas tecnológicas, encontrar parceiros e levantar sugestões para novas ideias. As principais bases gratuitas de dados de patentes estão no site do governo brasileiro (`https://www.gov.br/inpi/pt-br/assuntos/informacao/bases-de-patentes-online`) e no da Fiocruz (`http://www.castelo.fiocruz.br/vpplr/banco_patentes.php`). O mecanismo de pesquisa de patentes do Google (`https://patents.google.com`), o banco de dados de patentes da Europa (`https://worldwide.espacenet.com`) e dos EUA (`www.uspto.gov`) — os três com conteúdo em inglês — são outros recursos essenciais para esse fim.

DICA

Ao pesquisar patentes, defina palavras-chave que façam referência à tarefa e à área tecnológica correspondente. As palavras-chave não devem ser muito específicas, pois as patentes incluem termos amplos (especializados). Sempre pesquise sinônimos. Leia os documentos de patentes relevantes para se familiarizar com os jargões usados. Busque também pelos nomes das pessoas e das empresas relevantes que trabalhem na área.

Participação em feiras e em congressos

Localize parceiros interessantes para encontrar ideias em debates e em apresentações técnicas feitas em feiras e em congressos. Você conhecerá novos clientes, fornecedores e representantes do mundo científico. Pesquise feiras e congressos específicos para encontrar novos parceiros na ciência e no setor. Visite também eventos de outros setores para descobrir novas tendências, desenvolvimentos e produtos em outras áreas, que talvez sejam uma boa fonte de inspiração para seu projeto.

Colaboração com especialistas

Integre ao processo do design thinking especialistas da ciência e do setor com um conhecimento especializado aprofundado em sua área de trabalho, por meio de workshops, pesquisas orais ou escritas e do próprio trabalho do projeto. Busque especialistas, ainda, por meio de publicações em revistas especializadas, pesquisas de patentes, redes sociais, comunidades especializadas online, e feiras e congressos. Aborde-os e descreva a tarefa em questão.

Essas fontes de informação auxiliam na busca por ideias para a tarefa. Após o período de incubação, você estará mais capacitado para desenvolver uma solução criativa durante a fase de iluminação, ou ideação, com base nesse processo.

Conhecendo os Princípios da Criatividade

Criei alguns princípios básicos gerais para a etapa de iluminação/ideação após muitos anos de experiência com o processo criativo. No mundo real, eles não ocorrem de forma independente; seu potencial cresce quando eles são combinados. Por isso, associe-os ao trabalhar em sua tarefa.

O princípio da decomposição

Seguindo o princípio de decomposição, segmente o problema, a tarefa, as etapas do processo ou o produto reprojetado em várias partes e recombine-as de novas maneiras. Muitos dispositivos multifuncionais foram criados seguindo esse princípio. Usando a *caixa morfológica*, divida cada produto em suas várias funções. Redefina essas funções e recombine-as de novas maneiras.

O princípio associativo

Com o princípio associativo, você vincula ideias, informações, percepções e emoções. Faça essa conexão sem ter em mente um objetivo fixo (isso é associação livre), como no brainstorming. Ou siga uma ordem ou sequência específica para criar associações (isso é conhecido como *associação estruturada*; o Capítulo 11 detalha esse tópico).

O princípio da analogia e do confronto

A analogia e o confronto, que são mudanças específicas de perspectiva, baseiam-se em comparações com diferentes áreas (esse princípio também é conhecido como *bissociação*). Isso lhe permite criar novas relações. Usando as analogias, a tarefa é associada a uma outra área. Os pontos em comum e as diferenças identificadas estimulam o surgimento de novas ideias. As analogias criam efeitos positivos para o desenvolvimento de ideias e para sua subsequente implementação, como maior originalidade, risco reduzido, e menores tempos e baixos custos de desenvolvimento.

No confronto, a área selecionada é contrastada com a tarefa. Há diferentes tipos de confronto: por meio da inversão, o problema é considerado sob uma perspectiva inversa. Em vez de perguntar: "Como resolver o problema?", pergunte: "Como piorar o problema?" Esse princípio é baseado na técnica de variação de brainstorming headstand. (Falo mais sobre esse tópico no Capítulo 11.) No entanto, uma provocação deliberada também estimula o fluxo de ideias: "Como resolveríamos o problema se fôssemos dez vezes mais ricos que Jeff Bezos, Bill Gates e Warren Buffett juntos?"

O princípio da abstração e da imaginação

Com o princípio básico da abstração e da imaginação, um problema é resolvido em um nível mais complexo ou mais simplificado. Afaste-se o máximo possível do problema para entendê-lo do ponto de vista dos pássaros e ter ideias para soluções. Sob uma perspectiva complexa, procure padrões típicos de inovações bem-sucedidas. A imaginação se associa a imagens. O problema, ou pergunta, é abordado como um objeto ou como uma situação. Visualize seus pensamentos ou use o pensamento metafórico para aplicar esse princípio.

EXEMPLO

O químico Friedrich August Kekulé passou muito tempo lutando com um dos maiores mistérios não resolvidos da química — a estrutura da molécula de benzeno. Um dia, ele a imaginou como um oroboro. Isso foi a solução: como molécula, o benzeno forma uma estrutura em anel.

Os Fatores de Sucesso para a Criatividade Disparar

Além dos princípios básicos, há outros fatores de sucesso que contribuem para o processo criativo. Dê uma olhada na tarefa e pergunte-se como usar algum dos fatores descritos nas seções a seguir.

Questionando o senso comum

Não considere nada óbvio. Faça as seguintes perguntas:

» Por que isso é assim?

» Por que isso *não* é assim?

» Por que deveria ou não ser de tal jeito?

» Como isso poderia ser diferente?

Você pode mudar tudo na sua mente. Pegue caminhos distintos. Entenda isso no sentido literal e no figurado. Questione as convenções e as premissas do seu setor.

EXEMPLO

Durante muito tempo, foi convenção no setor de móveis que os clientes não podem nem querem montar móveis. O fundador da IKEA, Ingvar Kamprad, rompeu essa convenção com sucesso. A companhia canadense de entretenimento Cirque du Soleil rompeu com a convenção de que um circo deve ter performances com animais e palhaços e ser voltado para as crianças. Combinando elementos da ópera, dos musicais e do rock com um circo para adultos, a empresa conseguiu criar um mercado totalmente novo.

Simplificando produtos e processos

O grande diferencial das inovações bem-sucedidas de produtos e processos não é serem particularmente complexas. Muito pelo contrário: os clientes apreciam operar algo facilmente, não ficarem sobrecarregados com a funcionalidade e não precisarem pensar durante o uso. Há inúmeros exemplos de como a *racionalização* — a simplificação de produtos e processos — é uma fórmula para o sucesso.

EXEMPLO

O grande sucesso inicial do Instagram decorreu de sua simplicidade. Editar e compartilhar fotos sem ter que se esforçar muito foi a ideia por trás desse sucesso. Os irmãos McDonald, famosos pelo fast-food, reduziram o cardápio pela metade para atender com mais eficiência aos clientes. O primeiro iPod tinha muito menos recursos do que os modelos concorrentes. Ele impressionou os usuários com sua alta capacidade de armazenamento, design atraente e combinação com o iTunes, um serviço inovador na época. A Southwest Airlines cortou serviços como refeições a bordo, lounges e reservas de assentos, o que lhe permitiu reduzir seus preços. A fórmula vencedora dessa companhia aérea popular nasceu dessas simplificações.

Remova ou reduza todas as etapas do processo, as características ou as funções irrelevantes para o cliente ou que ele nem sequer percebe. Concentre-se apenas nas funções absolutamente necessárias. Simplifique os produtos e suas funções, padronize e automatize seus processos.

Começando de onde os outros pararam

Thomas Edison disse: "A maioria das minhas ideias pertencia a outras pessoas, que nunca se deram ao trabalho de desenvolvê-las." As inovações não são criadas do vácuo; são baseadas em experiências, ideias, conhecimentos e abordagens de outras pessoas. Nada é perfeito, o que significa que tudo pode ser feito de forma diferente, usado ou combinado de forma diferente. Modifique o estado de coisas, adultere-o ou lhe dê novos usos. Nunca considere suas primeiras ideias algo completo. Nesse contexto, inventores de sucesso são caracterizados por persistência e resistência.

Observando tudo e todos em todos os lugares possíveis

Obtenha inúmeras sugestões para novas ideias a partir de observações sistemáticas e aleatórias de situações comuns ou incomuns. Não hesite em analisar até situações triviais. Comece com você mesmo. Observe seus hábitos e seus processos de negócios. Curiosidade e atenção são pré-requisitos para observações bem-sucedidas. (Leia mais sobre o potencial das observações no Capítulo 8.) Um bom exercício para treinar essas habilidades é observar um objeto ou uma situação calmamente por 15 minutos, em todos seus detalhes, sem se distrair. Em seguida, tente se lembrar do maior número possível de detalhes e descreva-os com suas palavras.

Indo fundo sem medo

Inúmeras ideias inovadoras se originaram por tentativa e erro. Essa abordagem é conveniente não apenas na pesquisa e desenvolvimento de produtos técnicos e nas inovações de processos, mas também em todos os tipos de inovações (sociais, em produtos, serviços e modelos de negócios). Pense em termos de experimentos: eles lhe permitem escolher entre várias alternativas — até concorrentes. Ideias criativas, traduzidas em inovações viáveis e desejadas, só podem ser desenvolvidas e selecionadas até certo grau por meio do pensamento puramente lógico, enquanto se está sentado em uma mesa. Uma abordagem que se baseia na experimentação no mundo real — que testa suas ideias e suposições — oferece uma verificação da realidade, além de novas sugestões. Para que tais experimentos sejam bem-sucedidos, crie o espaço necessário para arejar a mente e para tolerar erros. Todo experimento pode falhar. O truque é aprender com esses erros e desenvolver novas ideias.

EXEMPLO

A ideia fundadora da Zappos é um exemplo de abordagem experimental. Seu fundador, Nick Swinmurn, testou seu modelo de negócios. Com base em um experimento, desenvolveu a bem-sucedida loja online, focada na venda e no envio de sapatos e outros itens de moda. Ele visitava várias lojas físicas de sapatos, fazia fotos deles e os disponibilizava para venda em uma loja online. Esse experimento lhe ensinou que a ideia funcionava e lhe mostrou como desenvolvê-la.

Networking

Busque e fomente interações com as outras pessoas. Fazer networking é um bom atalho para se ter novas ideias mais rapidamente. Envolva-se em discussões com pessoas de outras áreas, culturas, setores, departamentos ou com parceiros externos (clientes, fornecedores, parceiros em geral). Colabore com diversas equipes por meio de workshops. Dê sua ideia de solução para outras pessoas. Graças às diferentes perspectivas que encontrará, essa interação lhe proporcionará novas sugestões.

Superando os obstáculos à criatividade

Outro fator crucial para o sucesso do processo criativo é superar os vários obstáculos à criatividade que encontrará. Esses obstáculos, que aparecem sob várias formas, são físicos, ambientais, culturais e mentais. Conheça-os nas seções a seguir e aprenda a superá-los.

Superando os obstáculos físicos e ambientais

As possíveis barreiras físicas são representadas por sintomas de fadiga, estresse ou esgotamento. Por isso, evite o estresse e o comportamento nocivo em nível pessoal, porque isso também afeta a criatividade. No nível da empresa, proponha um sistema de gestão da saúde e incentive os colaboradores a praticarem atividades que lhes permitam ter um estilo de vida saudável e livre de estresse.

O ambiente em que se trabalha também afeta a criatividade. Os obstáculos ambientais que precisam ser corrigidos de imediato incluem locais de trabalho não ergonômicos, equipamentos inadequados, ruídos e salas muito frias ou muito quentes. É necessário, ainda, encontrar um horário adequado para o trabalho criativo. Logo após o almoço e no final da tarde costumam ser momentos desfavoráveis. Evite perturbações e interrupções, porque a criatividade demanda concentração para se desenvolver.

Removendo os obstáculos culturais

Os obstáculos culturais se relacionam à cultura corporativa, ao tipo de colaboração na empresa e ao grau de formalização dos processos e das estruturas. Em uma empresa que não reconhece serviços criativos e na qual o bloqueio mental é sagrado, a criatividade fica estagnada. O principal gerador de receita de uma empresa costuma se basear nessas situações. Se deseja substituí-lo por outro completamente novo, saiba que encontrará resistência. Deixe claro para toda a empresa que as inovações são necessárias para o sucesso sustentável. Vale a pena criar incentivos para recompensar as ações e o pensamento criativos.

A criatividade prospera com o trabalho em grupo, mas também quando suas equipes são diversificadas. Se a empresa vivencia conflitos, tensões ou rivalidades, tudo isso afeta o processo criativo. Formule metas claras e desafiadoras para a equipe — que fortaleçam o espírito de equipe. Controles rígidos e rigorosos, e regulamentos e formalidades infindas geram uma disfunção burocrática que mina o florescimento da criatividade. Examine seus regulamentos e procedimentos formais. Crie espaços, nos quais eles não se apliquem, para arejar a mente dos colaboradores.

Superando os obstáculos mentais

Os obstáculos mentais têm várias formas, como a mente fechada, que se manifesta na rejeição de ideias externas. Aceite e valorize as ideias das outras pessoas. Usar ideias de outras pessoas não é uma fraqueza — é uma grande qualidade.

Outra forma de obstáculo mental é a rigidez ao se apegar a hábitos consolidados. Mudá-los é um grande fator de sucesso para as inovações. Em geral você segue hábitos inconscientemente e, assim, forma obstáculos mentais difíceis de mudar.

Supere-os por conta própria. Aqui estão algumas dicas para soltar esse "freio de mão" que está na sua cabeça:

» **Exija um mínimo de novas ideias de si mesmo.** Coloque pressão em si mesmo. Desenvolva uma certa quantidade de novas ideias para um ou mais problemas por dia ou por semana. Essa estratégia visa forçar o problema. A geração de ideias começa devagar, mas não desista cedo. As ideias não precisam ser da mais alta qualidade. O objetivo aqui é criar um fluxo de ideias.

» **Ao ler livros ou artigos, pause a leitura e pense em formas de mudar a história ou o artigo.** Imagine a continuação de romances ou soluções ao ler artigos que oferecem conselhos. Compare suas ideias com a continuação real do livro ou do artigo.

» **Pergunte -se: "Quando foi a última vez que fiz algo pela primeira vez?"** Se foi há mais de uma semana, você deve imediatamente fazer algo novo ou incomum.

» **Comece com você mesmo e mude seus hábitos.** Essa estratégia remove obstáculos mentais no trabalho criados por rotinas e hábitos. O processo começa em pequena escala, como nos seguintes exemplos:

- Use uma rota diferente para o trabalho.
- Se destro, use a mão esquerda.
- Mude seus hábitos alimentares e coma em momentos diferentes.
- Leia romances e ficção científica em vez de livros de não ficção.
- Tome um banho mais demorado.
- Leia vários jornais.
- Ouça outra estação de rádio.
- Mude seu horário de trabalho.
- Organize reuniões com pessoas que mal conhece, de outros departamentos.

Selecionando as Técnicas Apropriadas

As técnicas para a criatividade se dividem em métodos intuitivos-criativos e em sistemáticos-analíticos. Ao aplicar as técnicas intuitivas e criativas, geralmente em grupo, são estimuladas ideias espontâneas, associações e conclusões análogas para superar os obstáculos mentais em uma configuração mais livre. Técnicas intuitivas são particularmente adequadas para problemas difíceis de resolver, bem como para tarefas que ainda não estão claras. (Para mais informações sobre espontaneidade no processo criativo, veja o Capítulo 11.)

DICA

Nem toda técnica que objetiva fomentar a criatividade é adequada para todas as perguntas e todas as equipes. A criatividade é altamente pessoal: cada um tem suas experiências, hábitos, preferências, pontos fortes e fracos. É por isso que se devem experimentar várias técnicas para estimular a criatividade e testá-las na equipe. Evite usar os mesmos métodos o tempo todo. Em qualquer workshop, varie o uso das técnicas com frequência. O ideal é combinar diferentes técnicas para obter novos impulsos para a geração de ideias.

Os princípios de decomposição e de abstração são cada vez mais utilizados com os métodos analíticos-sistemáticos. Se deseja melhorar produtos com uma estrutura modular ou resolver problemas técnicos, eles são recomendados. Dois métodos sistemáticos-analíticos úteis de combinar com o brainstorming são o mapeamento mental e a caixa morfológica, conforme descrevo a seguir.

Estruturando o tópico com o mapeamento mental

Os *mapas mentais* são representações gráficas de um problema e dos vários aspectos da solução. O problema, ou pergunta, é escrito no centro de uma grande folha de papel ou em um quadro branco, e as soluções ficam espalhadas por toda a superfície. A ideia é escrever o tópico ou a pergunta em uma nuvem no centro da folha, como mostra a Figura 10-2. Ramos que se dividem e se espalham do tópico em diferentes áreas emergem da nuvem. Ao desenvolver uma cultura de inovação, essas áreas são estratégia, liderança, processos, estrutura e competências. (Para mais informações sobre o desenvolvimento de uma cultura de inovação, veja o Capítulo 16.) As palavras-chave são escritas nos ramos. Os principais ramos representam os principais temas. Os detalhes ficam nos galhos. Torne o mapa mental ainda mais expressivo usando cores, imagens ou símbolos. Após criá-lo, resuma os ramos e galhos novamente ou recombine os que até então não estavam conectados.

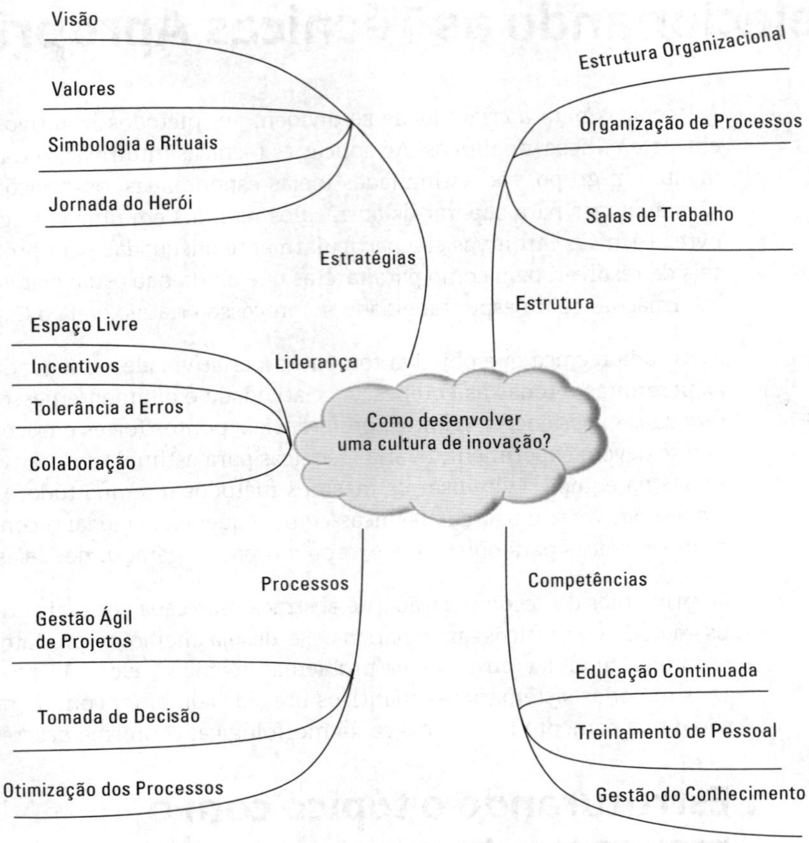

FIGURA 10-2: Desenvolva uma cultura de inovação com o mapa mental.

Procure especificamente ramos ou galhos ausentes para detectar lacunas no processo de solução de problemas ou de geração de ideias. Há programas de software para mapeamento mental. Observe as seguintes regras ao fazê-lo:

- » Use apenas substantivos.
- » Escreva em letras maiúsculas.
- » Use símbolos (setas, emojis, figuras) e imagens.
- » Escreva os rótulos horizontalmente para ter maior legibilidade.
- » Use as seis perguntas para estruturá-lo (Quem? O quê? Onde? Pelo quê? Quando? Porquê?).

Encontrando soluções sistematicamente com uma caixa morfológica

Com a caixa morfológica, primeiro divida mentalmente um produto, processo, serviço ou todo o modelo de negócios em seus componentes ou funções. Em seguida, procure novas funções e aspectos para cada componente ou função. Essas variantes são combinadas para gerar novas ideias para soluções. A abordagem criativa da caixa morfológica é mostrada na Figura 10-3, com o exemplo de um despertador. Na primeira coluna, anote as funções individuais de um despertador, como o próprio alarme, o lembrete de alarme ou a configuração do horário de despertar. Pense em como expressar cada uma dessas funções de maneira diferente. Gere um sinal de alarme de campainha, de música, de um anúncio, sacudindo um objeto completamente, brilhando uma luz forte ou alterando a temperatura. Em seguida, combine essas diferentes características de cada uma das funções.

Não use a caixa morfológica apenas para dispositivos técnicos. Imagine que deseja escrever um thriller. Um thriller tem um vilão, um motivo, uma vítima, um detetive, uma testemunha, uma cena de crime, um momento e outros aspectos. Em seguida, liste a forma como realizaria cada componente individual. O vilão pode ser um professor, escritor, jogador de futebol, açougueiro ou jardineiro. Essas seriam as características do agressor. No final, combine as características selecionadas dos vários componentes. Seu enredo para um novo suspense está completo!

Funções	Características					
Despertar	Campainha	Música	Anúncio	Móvel	Luz Forte	Alteração de Temperatura
Parar o Alarme	Fotocélula	Temporário	Contador	Alívio de Carga	Carga	
Memória	Soneca	Toque do Telefone	Sinal Atípico	Repetição Crescente	Infligir Dor	Jato de Água
Programar o Alarme	Configurar o Ponteiro	Teclado	Entrada de Voz	Submissão Escrita	Busca	
Reincidência	Dial	LCD/LED	Anúncio Acústico	Contador Mecânico		
Display de Horário	Ajustar o Ponteiro	Anúncio	LCD/LED Ocasional	LCD/LED Permanente	Expressão	Escrever à Mão
Fonte de Energia	Manual	Vibração	Energia Irradiante	Malha de Energia	Bateria	
Capacidade de Energia	Pesos	Suspensão	Bimetal	Pressão	Magnético	Nenhum

FIGURA 10-3: Um exemplo de desenvolvimento de um despertador com a caixa morfológica.

NESTE CAPÍTULO

» **Conhecendo as regras e as variações do brainstorming**

» **Usando as técnicas de confronto para encontrar ideias**

» **Alterando sistematicamente as orientações e as perspectivas conceituais**

Capítulo **11**

Jorrando Feito Fonte

A fim de arranjar soluções para questões particularmente obscuras, as técnicas intuitivas que objetivam fomentar a criatividade são suas aliadas. O brainstorming é a base para encontrar ideias e um componente fundamental de muitas técnicas para a criatividade. Neste capítulo, descubra como aplicar com êxito as técnicas de brainstorming e aprenda suas variações. Por exemplo, apresento uma opção que permite integrar o potencial criativo dos membros reticentes da equipe, na forma de brainstorming escrito, conhecida como *método 635*. Descubra também métodos para desenvolver soluções inovadoras por meio de confrontos com áreas externas. E, por fim, adote sistematicamente vários pontos de vista com o método Walt Disney e com o Six Hats (Seis Chapéus), que criam a inspiração para gerar diversas ideias.

Dando Conta do Recado de Forma Intuitiva e Criativa

O design thinking é um excelente domador de problemas e de tarefas que se mostram obscuros ou complexos de resolver. A principal característica deles — conhecidos carinhosamente como *problemas perversos* — é a presença de informações incompletas ou contraditórias e a ausência de abordagens simples e óbvias. Além disso, eles ainda podem mudar com o tempo.

EXEMPLO

Um exemplo de problema difícil de resolver é como fornecer energia e recursos para as pessoas em face de uma população em constante crescimento. Esse problema está associado a inúmeras influências variáveis nos níveis social, político, jurídico, ambiental e econômico. Mas esse tipo de problema também surge em pequena escala. O desenvolvimento de um determinado material que é simultaneamente estável, leve e flexível pode ser um problema difícil de resolver em nível técnico, assim como o desenvolvimento de um software fácil e intuitivo para muitas pessoas diferentes, com requisitos particulares. As técnicas de criatividade o ajudam com esses tipos de tarefas para gerar de forma criativa e intuitiva várias ideias em prol da solução.

As técnicas intuitivas para a criatividade baseiam-se na associação mental de diferentes áreas — o princípio associativo, que discuto no Capítulo 10 —, além de trazer à tona conhecimentos latentes. Elas destituem os padrões tradicionais de pensamento e oferecem novas perspectivas.

Gerando Ideias por Brainstorming

O *brainstorming*, a mãe de todas as técnicas para a criatividade, consiste na expressão espontânea de ideias sobre uma pergunta ou sobre a solução de um problema, em grupo. Considere as seguintes regras ao realizá-lo para ser mais produtivo e gerar melhores (e mais) ideias:

- **Esqueça as críticas:** Adie qualquer tipo de crítica ou de avaliação para uma fase posterior. Proíba veementemente quaisquer frases destrutivas, como "Isso não funciona", "Não precisamos de nada disso" ou "Já tentamos isso há vários anos e não deu certo". Essa regra impede que o fluxo de ideias seja interrompido ou que os participantes sintam bloqueio. Comentários também são proibidos.

  Use a técnica do "sim, e" durante o brainstorming para evitar críticas negativas e agregar construtivamente outras ideias. Os participantes não devem começar com "sim, mas...", porém com "sim, e...". Essa técnica objetiva juntar as ideias, por meio do feedback, e incentivar o surgimento de outras.

» **Os direitos autorais ficam de fora:** As ideias das pessoas podem e devem ser utilizadas, modificadas e/ou refinadas.

» **A expressão de ideias é livre:** Os participantes precisam dar asas à imaginação para encontrar ideias novas e originais. Até as mais loucas são bem-vindas. O conceito da livre expressão estipula que uma pessoa fale de cada vez.

» **A quantidade precede a qualidade:** O objetivo é produzir o maior número de ideias no menor tempo possível. Essa regra garante a espontaneidade.

Muitos participantes de um brainstorming têm dificuldade em seguir essas regras. Anote-as em um flipchart e exiba-o de modo que todos o vejam durante a sessão. Uma opção é levantar cartões amarelos (como no futebol) quando alguém quebrar alguma dessas regras.

DICA

Embora o brainstorming seja bastante simples, é importante fazer uma preparação completa para ele. Aqui estão algumas sugestões:

» Reserve um tempo para definir com antecedência o problema ou a pergunta. (Para mais informações sobre as etapas preparatórias, veja o Capítulo 9.)

» Comunique o problema que deseja debater ao fazer o convite aos participantes e solicite que pensem com antecedência em possíveis soluções.

» Limite o tamanho do grupo a doze pessoas. (O ideal é ter de cinco a sete.)

» Se alguns participantes ainda não se conhecerem bem, comece pedindo a todos que se apresentem.

» Limite a duração da sessão de brainstorming.

Fazendo transbordar

Após uma fase inicial produtiva, o fluxo de ideias geralmente se esgota. Sempre peça a todos os participantes para contribuírem. Acima de tudo, dê novos estímulos com as *perguntas-gatilho* ou com as *perguntas de ajuste*, que permitem manter o fluxo de ideias e gerar novas perspectivas para a sessão. Faça algumas das seguintes perguntas:

» Como tornar a ideia divertida para o cliente?

» Como transformá-la em uma aventura?

» Como transformá-la em um grande segredo?

» Como uma criança resolveria o problema?

» Como seria uma solução automatizada?

- Como um robô resolveria o problema?
- O que aconteceria se removêssemos, adicionássemos, substituíssemos ou alterássemos a sequência de elementos da ideia?
- O que aconteceria se ela fosse usada do jeito inverso ou oposto?
- O que representa tudo o que ela *não* é?
- Qual seria a mensagem publicitária se o aspecto mais importante fosse oculto?
- Como seria a ideia em 2050?
- O que os clientes fariam pouco antes ou pouco depois de usá-la?
- O que acontece nos 10m de arredores dela?
- As ideias se combinam?
- Elas se integram em um todo maior?
- Um serviço (adicional) será oferecido, além da ideia do produto?

Outra abordagem é pensar em como determinada empresa ou pessoa agiria. Ao procurar uma solução, considere outra perspectiva. Usando analogias, uma ideia pode ser desenvolvida ou aprimorada. Esse *método da analogia*, conhecido como técnica "e se", baseia-se na pergunta: "E se nós...?"

- **"E se fôssemos bilionários?":** Essa suposição representa ter riquezas infinitas disponíveis para a solução do problema.
- **"E se fôssemos o Tio Patinhas?":** O problema precisa ser resolvido com pouco dinheiro, como o avarento Tio Patinhas agiria.
- **"E se fôssemos a IKEA?":** A IKEA representa o princípio do autoatendimento. Os clientes se ajudam a partir de uma ampla variedade de ofertas e elaboram a solução por si mesmos.
- **"E se fôssemos a Apple?":** A solução é diferenciada pelo design atraente e pela facilidade de uso.
- **"E se fôssemos o Google?":** O problema é resolvido por meio da análise de enormes quantidades de informação.
- **"E se fôssemos a Lego?":** A solução tem uma estrutura modular.
- **"E se fôssemos o LinkedIn?":** O problema é solucionado ao conectar pessoas.
- **"E se fôssemos o Airbnb?":** A solução segue o princípio do compartilhamento.

Use como referência pessoas vivas ou mortas dos negócios (Steve Jobs, Bill Gates, Mark Zuckerberg, Thomas Edison), dos esportes, da arte e da cultura em geral (Goethe, Picasso, van Gogh), ou adeptas das causas sociais e da religião (Madre Teresa, Papa Francisco) para ter um estímulo. Essas pessoas representam características, personalidades ou princípios de ação específicos.

CUIDADO

Aqui estão alguns comportamentos para evitar ou destruirão o brainstorming:

- Deixar o chefe falar primeiro, definir a meta e os requisitos.
- Insistir em que as contribuições sejam feitas em ordem.
- Afirmar desde o início que apenas especialistas podem dar ideias.
- Proibir ideias tolas.
- Insistir para que tudo seja anotado.

Conhecendo as variações

Durante uma sessão de brainstorming, há o risco de que os participantes o achem tedioso e de que ele acabe caindo na rotina. Torne o processo dinâmico e crie novos estímulos implementando outras formas de brainstorming. Experimente algumas das seguintes variações e avalie o sucesso de cada método, o quanto os participantes o acharam inspirador e a qualidade das ideias geradas:

- **Brainstorming passo a passo:** Após a primeira sessão, a ideia mais interessante é usada como ponto de partida para as sessões seguintes. Com esse método, é possível encontrar ideias que variam de uma solução geral a uma específica. No caso de grandes grupos, também é possível segmentá-los para trabalharem em um aspecto diferente do problema ou para resolverem a mesma pergunta em um ambiente competitivo.
- **Brainstorming anônimo ou escrito:** Os participantes escrevem as ideias em brain cards, que são escritas em notas adesivas usando letra de forma. Um moderador as lê em voz alta como base para mais brainstorming no grupo, ou as ideias são subsequentemente compiladas em blocos de temas semelhantes e avaliadas.
- **Brainstorming visual/pintura cerebral:** As ideias são captadas visualmente usando papel e lápis (ou de forma digital). Isso cria esboços na forma de rabiscos espontâneos, que não precisam ser perfeitos.
- **Blindstorming:** O brainstorming ocorre na escuridão total ou enquanto os participantes usam máscaras para que não se distraiam com estímulos visuais nem com gestos ou expressões faciais uns dos outros.

- **Brainwalking:** As ideias espontâneas dos participantes são anotadas em quadros brancos ou pôsteres distribuídos por toda a sala. Enquanto caminham entre os pôsteres ou quadros, o movimento faz a mente funcionar. De acordo com as regras do brainstorming, as ideias podem ser imediatamente complementadas ou alteradas durante a sessão. Pequenas conversas sobre as que estiverem nos pôsteres ou quadros são desejáveis.
- **Speedstorming:** Nessa modalidade, os participantes discutem a questão em pares por alguns minutos e depois trocam de cadeira. Isso resulta em discussões rotativas, com novos interlocutores.
- **Brainstorming de interrupção:** A sessão de brainstorming é encerrada após períodos definidos e os períodos intermediários são preenchidos com pausas ou outras técnicas. Esses períodos também podem se alternar entre as fases de geração e as de avaliação de ideias.
- **Bodystorming/rolestorming:** Os participantes desempenham um determinado papel e formulam suas contribuições ou ideias a partir dessa perspectiva. Os papéis podem ser de clientes, usuários, concorrentes ou celebridades em outra área (políticos, atletas, artistas, personagens históricos).
- **Brainshaping:** As ideias são representadas com modelos de massinha.
- **Brainstation:** Em diferentes estações (salas ou áreas de trabalho isoladas), grupos de participantes trabalham em diferentes questões por meio de brainstorming. Os participantes mudam de estação após períodos definidos.
- **Brainstorming eletrônico:** As ideias são compartilhadas eletronicamente por meio de sistemas de bate-papo ou mensagens instantâneas, a fim de incluírem também participantes de diferentes locais.
- **Brainstorming imaginário:** A questão real é desassociada e realocada em uma área imaginária completamente diferente (fora do setor). A área imaginária deve ter certas semelhanças com o problema original, mas ser diferente ou absurda. O primeiro passo para resolver o problema imaginário é procurar ideias, que são transferidas de volta ao problema original em um segundo passo. O problema original pode ser completamente desconhecido para os participantes.
- **Brainstorming de objetos:** Nessa variação do brainstorming imaginário, os participantes são confrontados com objetos que parecem não estar relacionados ao problema ou questão, de áreas muito diferentes (equipamentos esportivos, eletrodomésticos, ferramentas, brinquedos, recipientes, objetos de escritório, periféricos de computadores). A partir do confronto visual e tátil, devem desenvolver ideias sobre como esses objetos contribuiriam para a solução do problema.

- **Brainstorming didático (ou pouca técnica):** Os participantes recebem apenas informações abstratas sobre o tópico, como uma pergunta geral, sobre como fidelizar um cliente, por exemplo. Somente o moderador conhece o problema ou pergunta específica. Incrementalmente, quando o fluxo de ideias diminui, os participantes obtêm mais informações sobre o problema específico. A questão sobre a lealdade do cliente se foca no programa de bônus existente, para o qual ideias para melhoria devem ser encontradas. Isso impede que os participantes reduzam demais a busca de ideias logo no início.
- **Pergunta storming:** Em vez de procurarem respostas, os participantes apresentam perguntas sobre o problema.
- **Grande debate de ideias:** A sessão de brainstorming ocorre com várias pessoas. Os participantes são divididos em subgrupos que competem pela maioria das ideias ou pelas melhores.
- **Brainstorming reverso:** Com base nesse método, apenas aspectos negativos são discutidos. Vários aspectos da questão ou do problema são considerados: O que há de ruim na situação? Quais aspectos do problema não podem ser resolvidos? O que pode dar errado? Essa abordagem de brainstorming reverso também é uma boa opção para desabafar. No entanto, essa fase destrutiva deve ser logo seguida por uma abordagem construtiva.
- **Headstand:** Nesse método, a questão é completamente invertida. Como piorar o problema? Torná-lo ainda mais complicado? Encarecê-lo? Assustar os clientes? Na próxima etapa, passe à visão positiva de todas as ideias.
- **Pre-mortem:** Com essa abordagem, semelhante à do headstand, observa-se o futuro e pergunta-se por que a solução desenvolvida falhou desastrosamente. A ideia é encontrar motivos para a falha de uma solução que ainda não foi desenvolvida.

Brainstorming escrito

Um problema frequente do brainstorming é que alguns participantes dominam e outros se retêm. Para incentivar os participantes mais quietos, use o *brainstorming escrito*, também chamado de *método 635*, que consiste em seis participantes escreverem três ideias em períodos de cinco minutos cada. O ideal é que o método seja concluído em 30 minutos e produza 108 ideias. Ele se divide em seis etapas:

1. **Um moderador apresenta o problema ou a pergunta.**

   Se alguém tiver dificuldade em entender o problema, é necessário ajudá-lo. (Para mais informações sobre como definir uma tarefa específica, veja o Capítulo 9.)

2. **Em cinco minutos, todos os participantes inserem, na linha superior de um formulário, três ideias com palavras-chave ou com uma frase curta.**

   A Figura 11-1 mostra um modelo de formulário. Nele, os seis participantes são rotulados como A, B, C, D, E e F. Nas colunas, as ideias têm os números 1, 2 e 3.

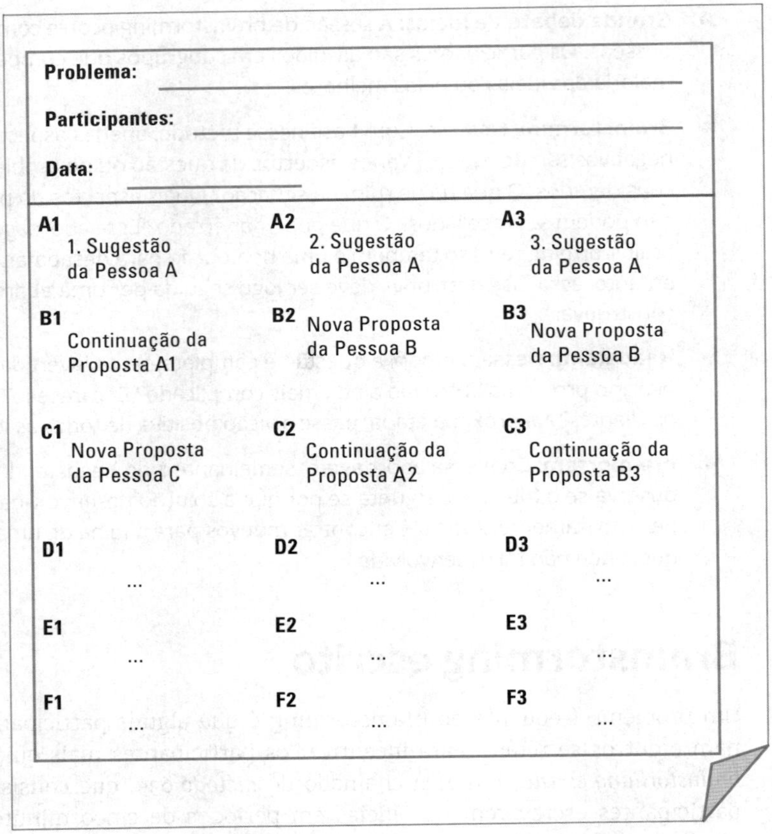

Problema:
Participantes:
Data:
A1
1. Sugestão da Pessoa A
A2
2. Sugestão da Pessoa A
A3
3. Sugestão da Pessoa A
B1
Continuação da Proposta A1
B2
Nova Proposta da Pessoa B
B3
Nova Proposta da Pessoa B
C1
Nova Proposta da Pessoa C
C2
Continuação da Proposta A2
C3
Continuação da Proposta B3
D1
...
D2
...
D3
...
E1
...
E2
...
E3
...
F1
...
F2
...
F3
...

FIGURA 11-1: Modelo para aplicar o método 635.

3. **Os formulários são trocados entre os participantes no sentido horário.**

4. **Os participantes examinam as ideias da pessoa anterior e depois escrevem, na segunda linha, três ideias que as complementem.**

   Elas podem desenvolver ainda mais as anteriores ou podem ser completamente novas e diferentes.

5. **Os formulários são passados para a próxima pessoa novamente após mais cinco minutos.**

6. **Quando os formulários tiverem passado por todo o círculo, o processo foi concluído.**

EXEMPLO

Um grupo de estudantes usa o método 635 para desenvolver ideias sobre como facilitar as primeiras semanas de estudo em um ambiente desconhecido para os novos alunos. Suas ideias iniciais incluem um workshop com os veteranos, um sistema de mentoria e um kit de sobrevivência. Os participantes pegam a ideia do kit de sobrevivência e a complementam várias vezes. No final da sessão do brainstorming escrito, o kit de sobrevivência consiste destes elementos:

Mapa da cidade

Guia turístico

Lápis e canetas

Dicas para sair

Agenda

Pen drive

Carregador portátil

Cupons de empresas locais

Coleção dos melhores aplicativos para estudar

Dicas de literatura

Palavras cruzadas com os termos mais importantes do cotidiano universitário

Kit de primeiros socorros

Mix de nozes

Maçã

Energético

Sopa de letrinhas

Livro de receitas

Cortador de pizza

Abridor de garrafas

Garrafinha

Suporte para livros

Cesto para roupas

Bola antiestresse

Caneca com a programação do semestre

Protetores auriculares para usar na biblioteca

Cópia do *Design Thinking Para Leigos*, claro

Uma variação desse método é o da *anotação coletiva*, que consiste em os participantes escreverem brevemente suas ideias em um caderno por semanas. Todos podem criar um modelo adequado para si ou para um grupo, com a especificação de que se assemelhe a um diário. Em outras palavras, o problema ou a pergunta é abordado(a) uma vez por dia. Após um certo período, os cadernos são trocados entre os participantes (aleatoriamente ou de acordo com um método predefinido) e — como no método 635 — suas ideias são suplementadas ou desenvolvidas mais adiante, ou novas ideias são descritas. Em princípio, funciona utilizar um caderno virtual. No final, os participantes discutem, desenvolvem, avaliam e classificam as ideias em um workshop conjunto.

Inspirando com Palavras Aleatórias

Com a técnica da *palavra aleatória*, nomeie a pergunta ou o problema com uma palavra selecionada aleatoriamente para criar uma nova perspectiva. Após a pergunta ou o problema ser definido, uma palavra arbitrária que descreve um objeto é selecionada no dicionário. Para a pesquisa de palavras aleatórias, use glossários, jornais, revistas, catálogos, folhetos ou livros sobre tópicos específicos. Quando for apropriado, um moderador prepara listas de palavras aleatórias. Mesmo que a palavra pareça inadequada, não a descarte tão cedo. Primeiro, todo participante considera ou escreve tudo o que a palavra aleatória faz surgir em sua mente. A ideia é associá-la à pergunta ou ao problema. Use as seguintes perguntas para atingir esse objetivo:

- » Quais características ou propriedades a palavra aleatória possui?
- » Como a palavra aleatória funciona?
- » Onde e por quem é usada?
- » Que sentimentos e emoções desencadeiam em você?
- » O que você associa a ela?
- » Quais são os pontos em comum e as diferenças entre ela e a pergunta ou o problema?
- » Como pode ser usada para resolvê-lo?

Além de palavras que evoquem emoções, use fotos, desenhos, músicas ou objetos selecionados aleatoriamente.

EXEMPLO

Suponha que deseje desenvolver um aplicativo que aconselhe os clientes sobre a seleção de produtos financeiros e sugira opções de investimento financeiro e de capital. Ao abrir o dicionário, a palavra aleatória é *teatro:* O que um aplicativo para produtos financeiros tem em comum com um teatro? Você supõe que há algum nível de sobreposição nos grupos de clientes — esse insight é útil para o marketing subsequente. O teatro é divertido, mas inclui mensagens sérias. Cria tensão e segue de acordo com uma certa composição dramática. Para consultas sobre produtos financeiros, pergunte-se se e como pode incorporar o aspecto divertido e a estrutura dramática, semelhantes aos do teatro.

Novas Provocações, Novos Estímulos

Com a *técnica da provocação*, as ideias ou soluções são formuladas como declarações provocativas, a fim de obter novos estímulos de exageros, contradições ou ilusões. Essas declarações para encontrar ideias ou resolver o problema são formuladas de forma provocativa no estilo do brainstorming. Os tipos de provocação são diversos, como descrevo nesta lista:

» **Pensamento positivo:** Dinheiro e tempo são infinitos, e tudo é tecnicamente possível. Minimize ou exagere vários fatores. A ideia pode ser muito mais rápida ou mais lenta, muito maior ou muito menor que o normal, ou oferecida muito mais cara ou de graça.

» **Reversão:** O exato oposto do que se deseja é formulado.

» **Quebrando as regras:** As premissas ou convenções tidas como certas são negadas ou completamente eliminadas.

» **Comparando o incomparável:** Saia de seu padrão e compare a solução com outros produtos ou serviços incompatíveis.

Para apresentar a declaração provocativa, use o termo *OP* como uma referência à expressão operação provocação. Por exemplo: "OP, se tivéssemos tanto dinheiro quanto Bill Gates, faríamos..." Essa suposição objetiva apontar a provocação e, ao mesmo tempo, diminuir a inibição dos participantes para formular afirmações absurdas.

EXEMPLO

Você precisa desenvolver ideias para uma nova bicicleta elétrica que tenha um longo alcance e seja leve e adequada para terrenos acidentados. O pensamento positivo é o seguinte: "OP, nossa bicicleta elétrica percorre a Terra dez vezes sem precisar ser recarregada." Pense em usar energia solar ou eólica para uma bicicleta elétrica. Uma reversão na forma de um eufemismo é a seguinte: "OP, nossa bicicleta elétrica é tão leve quanto uma formiga." As formigas carregam até quarenta vezes seu próprio peso corporal. Livre-se de uma suposição dizendo: "OP, nossa bicicleta elétrica não tem rodas." Pergunte-se se uma bicicleta elétrica com almofadas de ar é possível no futuro. Uma comparação ridícula é: "OP, nossa bicicleta elétrica se parece com um peixe." Nesse caso, pense em aplicativos para bicicletas eletrônicas subaquáticas.

Walt Disney e a Outra Perspectiva

O *método Walt Disney* é uma técnica para a criatividade baseada em um jogo de interpretação de papéis no qual uma ou várias pessoas consideram e discutem um problema sob três perspectivas. O método faz alusão ao famoso produtor de filmes e pioneiro em animação Walt Disney, que supostamente assumiu de forma sistemática três papéis para suas ideias criativas: sucessivamente, assumiu o papel de sonhador, o de realista e o de crítico, desempenhando cada um deles em quartos diferentes. É assim que o método nomeado em homenagem a ele funciona.

A perspectiva do sonhador, a do realista e a do crítico são assumidas uma após a outra. A separação delas é simbolizada por três salas diferentes — ou, mais simplesmente, por três cadeiras. Uma separação baseada na localização, pelo menos visualmente, ajuda a internalização mental dos papéis. Alguém que se senta na cadeira do sonhador, por exemplo, deve argumentar sob essa perspectiva. Para o problema real, as perspectivas para as três funções devem ser usadas sucessivamente, assim:

» **O sonhador:** Pense em como é a solução ideal para um problema. Tempo, dinheiro e requisitos técnicos são ilimitados. Os pensamentos podem ser incomuns, loucos ou ilógicos. Pense em tudo o que sempre quis ter.

  Pense em como simplificar a ida ao mercado para os trabalhadores formais. Sonhe com uma impressora 3D para alimentos. Cada alimento surge em casa após se apertar um botão.

» **O realista:** Nessa função, pense no que deve ser planejado e realizado para a implementação do projeto. Dê argumentos lógicos, com base em fatos. Resuma o estado atual do arsenal básico disponível para a realização. Compile uma lista de recursos (pessoal, conhecimento, material, dispositivos) necessários para iniciar o projeto. Pense em quem o ajudará com a implementação. Considere se e como a ideia é testada. Planeje as etapas necessárias e sua sequência. Formule metas e marcos intermediários que alcance como parte da implementação. Estime o prazo e o orçamento que usará para concretizar a ideia.

  Para a ideia dos alimentos advindos da impressora 3D, o realista nomeia aqueles que podem ser materializados, o que envolve listar os recursos necessários para esse processo e coletar os nomes de possíveis parceiros em processamento de alimentos, fabricantes de impressoras 3D e estabelecimentos científicos. O realista sugere que você primeiro teste alimentos isolados e obtenha feedback dos clientes sobre os resultados desse desenvolvimento desde o início.

» **O crítico:** Nesse papel, assuma uma atitude construtiva e crítica. Questione a adequação, a viabilidade econômica, a sustentabilidade e a utilidade da ideia. Pense em como melhorar ou mudá-la. Saliente se outros se esqueceram de algo. Cite os pontos fortes e fracos dela. Liste os possíveis riscos e avalie a probabilidade da ocorrência deles e seu potencial de causar danos.

De início, o crítico questiona a adequação técnica dos alimentos fabricados a partir de uma impressora 3D e deseja ver estudos ou protótipos de desenvolvimentos técnicos semelhantes. O crítico também menciona a tendência de produtos orgânicos e processamento natural de alimentos na área de alimentos. A impressão 3D, ao contrário, representa um alto grau de artificialidade e de aditivos químicos. Além disso, dessa maneira, a fabricação de produtos alimentícios se encarece, e os clientes ficam um pouco assustados com esse aspecto em nível técnico.

Após a primeira passagem, volte ao papel do sonhador e siga as sugestões e perguntas anteriores dos outros dois papéis. Expanda, complemente ou mude a ideia de acordo com o que foi determinado. Aborde as sugestões do realista e as objeções do crítico, ponto a ponto. Pare o método assim que parar de desenvolver novas ideias e pensamentos e depois que todas as perguntas em aberto das três perspectivas forem respondidas.

Programe pelo menos quinze minutos para cada função durante a primeira passagem. Se possível, nenhuma perspectiva deve ser dominante em termos de tempo. De início, planeje cinco minutos para que os participantes pensem nas perspectivas que desenvolverão durante o trabalho individual. Teoricamente, você pode executar esse método sozinho, mas com certeza receberá mais sugestões em um grupo de cinco a sete pessoas. Recomendo que todos os participantes assumam todas as funções, em vez de dividir o trabalho.

DICA

Antes de se aprofundar nas várias funções, faça um teste, no qual você assumirá as três funções:

» **Sonhador:** Lembre-se de uma situação agradável de sua vida. Para esse processo, é interessante visitar um local que lhe suscite sentimentos positivos. Como sugestão, faça uma caminhada no parque ou vá a seu café favorito.

» **Realista:** Lembre-se de uma situação que resolveu de maneira prática. Lembre-se de como era, de como agiu e do que sentiu.

» **Crítico:** Pense novamente em uma situação em que analisou algo de forma crítica. Pergunte-se como suas críticas construtivas contribuíram para uma melhoria substancial.

Cada Mentalidade, um Chapéu

O método Six Hats, ou Seis Chapéus, do pesquisador britânico de criatividade Edward de Bono, deve inspirá-lo a assumir diferentes perspectivas enquanto considera um problema ou encontra ideias. Esse método aprimora o método Walt Disney com aspectos adicionais. Em um workshop criativo, os participantes colocam chapéus de cores diferentes que representam mentalidades diferentes, como funcional, passional, de crítica negativa, de crítica positiva, criativa ou moderadora. Um total de seis chapéus está disponível. Quando os participantes são convidados a analisar e resolver um problema, podem colocar todos os seis chapéus em sucessão e, depois, anotar seus pensamentos e analisá-los.

Eis uma boa ideia: peça ao usuário do chapéu azul que apresente a tarefa como moderador; seguido pelo usuário do chapéu branco, que coleta os fatos atinentes à situação atual. A lista a seguir mostra mais sobre o significado dos seis chapéus e as perspectivas assumidas por quem os veste:

EXEMPLO

- **Chapéu azul:** O usuário do chapéu azul é o moderador. Ele apresenta o problema ou a pergunta. No final, resume os resultados. Durante o workshop criativo, o moderador estrutura e avalia as palavras com as quais os outros participantes contribuíram. O moderador pede que as regras sejam seguidas e compila as contribuições como uma conclusão provisória toda vez que um chapéu é trocado. Ele modera sem integrar suas ideias às outras.

  Um grupo de participantes dos vários departamentos da empresa (pesquisa, desenvolvimento, produção, marketing, vendas, controle e contabilidade) discute se e como introduzir a gestão da inovação. O usuário do chapéu azul apresenta a tarefa e esclarece todas as dúvidas dos outros.

- **Chapéu branco:** Com o chapéu branco, você é a pessoa objetiva. Assim, fica encarregado de descrever de maneira objetiva e neutra o status atual do problema. Isso significa compilar números, datas e fatos, apresentar estatísticas na forma de imagens e considerar quais informações importantes faltam e como serão obtidas. Nunca critique.

EXEMPLO

O usuário do chapéu branco apresenta a situação vigente da empresa no que tange à sua relação com as inovações. O processo é caracterizado por uma divisão de trabalho na qual o departamento de pesquisa e desenvolvimento inicialmente desenvolve ideias até que um rascunho funcional seja concluído. Em seguida, o departamento de produção lida com a criação e com o teste subsequente de um protótipo e estabelece o processo de fabricação. Pouco antes do lançamento no mercado, o marketing e as vendas coletam informações sobre o novo produto, planejam e o implementam. Esse processo propicia o surgimento de inúmeros problemas, como retrabalho, falta de coordenação entre departamentos e negligência dos requisitos do cliente.

» **Chapéu verde:** Ao usar o chapéu verde, você assume o papel do criativo. Você desenvolve ideias espontâneas para resolver o problema e se pergunta quais outras ideias pode adicionar. Nunca se expresse de maneira crítica.

EXEMPLO

O usuário do chapéu verde sugere que um grupo independente seja formado para a gestão da inovação, composto de representantes dos vários departamentos que se envolveram em algum momento no processo de inovação.

» **Chapéu vermelho:** O usuário do chapéu vermelho é a pessoa passional. Expresse seus sentimentos ao avaliar o problema ou a ideia. Descreva do que gosta no desafio ou na ideia e o que considera ameaçador. Formule suas esperanças e seus medos em relação à ideia ou ao problema.

EXEMPLO

O usuário do chapéu vermelho acha que a ideia é ótima — as inovações são importantes demais. Um grupo independente confere mais visibilidade ao tema das inovações na empresa. Os colaboradores do grupo de gestão da inovação têm uma tarefa interessante e desafiadora.

» **Chapéu preto:** Quem usa o chapéu preto é um pensador crítico negativo. Analise criticamente o problema ou a ideia. Argumente por que não é solucionável nem viável. Esclareça quais erros e perigos o problema ou a ideia tem e por quê.

EXEMPLO

O usuário do chapéu preto critica a ideia. Um grupo separado para a gestão da inovação não tem autoridade para instruir outros departamentos. A equipe de gestão também não tem ideia das tarefas nas diversas áreas, ela só leva a mais disfunção burocrática na empresa.

» **Chapéu amarelo:** O pensador crítico positivo usa o chapéu amarelo. Argumente por que acha que a ideia tem chance de ser concretizada ou por que tem vantagens. Mostre objetivamente as chances de sucesso do problema ou da ideia. Seja sempre lógico e racional.

EXEMPLO

O usuário do chapéu amarelo aponta as chances. O grupo de gestão da inovação encontra alta aceitação na empresa porque os funcionários são enviados para lá pelos vários departamentos. O grupo pode ter um contato muito mais próximo com o conselho de administração e oferecer conselhos sobre questões estratégicas. Além disso, você recebe pessoas para consultas externas de outras empresas ou estabelecimentos científicos.

Com base nas contribuições de cada usuário, a pessoa com o chapéu azul resume os resultados e pede aos participantes que abordem os pontos positivos e os negativos das críticas. No fim, adota-se uma proposta conjunta.

EXEMPLO

Os participantes do workshop determinam as tarefas, as competências e as áreas de responsabilidade precisas do grupo de gestão da inovação, para que os pontos críticos levantados pelo usuário do chapéu preto sejam considerados. A gestão da inovação não leva a tarefas adicionais de geração de relatórios na empresa. De acordo com as recomendações do usuário do chapéu amarelo, esse grupo é supervisionado diretamente por um membro do conselho da empresa. O grupo é nomeado como o primeiro ponto de contato para parceiros externos.

NESTE CAPÍTULO

» Criando a base para uma avaliação equilibrada

» Aplicando os métodos de avaliação de forma sistemática

» Aprendendo sobre métodos de avaliação de ideias

» Revendo as soluções a partir de várias perspectivas

Capítulo 12

Avaliando as Ideias

Este capítulo ensina como você, junto com sua equipe, seleciona as melhores ideias entre todas as que reuniu até então. Em geral, há várias abordagens para se fazer essa avaliação, mas meu objetivo aqui é apresentar uma visão geral de quais métodos são mais adequados especificamente para a avaliação de ideias em projetos de design thinking. Você descobrirá como aplicá-los com sua equipe e como avaliar as chances de sucesso sob várias perspectivas.

Selecionando o Método Ideal

O caminho bem-sucedido da definição da tarefa e da busca das ideias pensadas para resolvê-la ao lançamento no mercado é longo. Após encontrar ideias, você ainda estará em uma fase inicial de desenvolvimento, na qual verá muita incerteza sobre a adequação, a viabilidade econômica e a aceitação da ideia pelo cliente. Ainda não se sabe se a ideia pode ser implementada e se terá sucesso no mercado. Em casos de incerteza, sempre aplique métodos de avaliação que considerem as ideias sob várias perspectivas. Não há um método correto — cada método tem seus pontos fortes e fracos. Nem todas as abordagens de avaliação se aplicam a todas as tarefas.

DICA

Discuta os métodos de avaliação com a equipe e escolha a técnica ideal. Use vários tipos de avaliação para ter uma imagem abrangente da ideia. Avaliá-la sob várias perspectivas lhe confere a chance de perceber quais áreas precisam de melhorias.

Os métodos apresentados neste capítulo também são relevantes para as fases posteriores, como a criação de protótipos e o teste da ideia de produto, serviço ou modelo de negócio com o cliente. Essas fases também demandam avaliações. (Para mais informações sobre essas avaliações, veja os Capítulos 14 e 15.)

Com Diversidade Se Avalia Melhor

É importante discutir, avaliar e escolher as ideias sob diferentes perspectivas — se o método escolhido não for tão relevante. Para que isso aconteça, ter diversidade na equipe é essencial. Colaboradores de diferentes áreas, como pesquisa, produção, marketing, vendas, controladoria, controle de qualidade, bem como dos departamentos jurídico e de patentes, certamente avaliarão as oportunidades e os riscos de possíveis soluções de maneiras bastante diferentes. Eles adicionarão várias perspectivas, antecedentes e valores ao projeto. Aproveite esse fato e aposte na diversidade da equipe. (Para mais informações sobre o tema, veja o Capítulo 5.)

DICA

Integrar pessoas de diferentes departamentos da empresa no trabalho da equipe facilita a futura implementação. Quanto mais cedo as pessoas de outras áreas conhecerem a ideia e se envolverem no processo de seleção, maior será a aprovação da sugestão na empresa. A ideia da equipe se torna a ideia de toda a empresa. Isso significa que, em um estágio inicial, você já tem o suporte necessário para transformá-la em um novo produto, serviço ou modelo de negócios, que obterá êxito no mercado.

Seleção Rápida de Ideias

Com uma variedade de técnicas para a criatividade, é possível gerar várias ideias que solucionem a tarefa, em um tempo relativamente curto, por meio de um workshop. Implementar cada uma das possíveis soluções esgotará logo seus recursos, porque provavelmente o orçamento é fixo e, em geral, há uma grande urgência para a implementação. Por isso é crucial fazer uma seleção com a equipe desde o início. Escolha entre diferentes abordagens para uma avaliação rápida:

- **Votação por pontos:** Cada participante distribui cinco notas adesivas, equivalentes aos pontos, para cada ideia escrita em uma tela, cartaz, cartão ou lembrete. Uma ideia pode receber vários pontos. Classifique-a de acordo com o número de pontos recebidos.
- **Método do polegar:** As ideias são brevemente apresentadas em ordem aleatória. Após um sinal, todos apontam o polegar para cima ou para baixo. O polegar para cima sinaliza dar prosseguimento à ideia; para baixo, abandoná-la. Ordene as ideias de acordo com o número de concordâncias.
- **Método dos cinco dedos:** As ideias são brevemente apresentadas em ordem aleatória. Após uma placa, todos mostram vários dedos na mão direita. O número de dedos corresponde à seguinte classificação: Cinco dedos: "A ideia é ótima." Quatro: "A ideia é boa." Três: "A ideia é interessante." Dois: "A ideia tem pontos fracos." Um: "A ideia deve ser abandonada." Classifique-as de acordo com o número de dedos mostrados.
- **Sequência do cartão:** Escreva a ideia em um cartão ou ficha com palavras--chave. Após uma discussão entre os membros da equipe, classifique os cartões da esquerda (ideia muito boa) para a direita (ruim). Ideias com a mesma classificação são posicionadas umas sobre as outras.

Use essas abordagens para eliminar ideias que todos reprovam ou que não consideram interessantes. Faça uma avaliação detalhada das sugestões restantes.

Avaliando as Vantagens (e os Obstáculos) das Ideias

Depois de concluir essa seleção prévia, observe vantagens e as oportunidades colocadas pelas soluções propostas, bem como as barreiras para implementá-las. O método PPCO o ajuda a avaliar as opções. A abreviação PPCO representa Positivos (aspectos positivos da ideia), Potenciais (seus potenciais), Considerações (questões preocupantes) e Opções (possíveis maneiras de eliminar as preocupações). Esses quatro aspectos resumem de forma breve e clara as vantagens, os potenciais e os obstáculos para uma ideia, bem como as abordagens para superá-los. A Figura 12-1 mostra uma matriz com as quatro áreas do método PPCO.

FIGURA 12-1: No método PPCO, as vantagens, os potenciais, os obstáculos e as abordagens para superá-los são resumidos de forma concisa.

Positivos (Aspectos Positivos) Do que gostou na ideia?	**Potenciais** (Potenciais) Quais possibilidades futuras a ideia projeta?
Considerações (Questões Preocupantes) Quais preocupações a ideia gera?	**Opções** (Maneiras de Eliminar as Preocupações) Como resolver essas questões?

Faça um brainstorming (leia mais sobre esse tópico no Capítulo 11) e depois compile os aspectos positivos da ideia que você e sua equipe tiveram. Para *Potenciais*, considere quais desenvolvimentos e tendências futuras viabilizarão a ideia e se há possibilidades extras de aplicação. Esses desenvolvimentos podem vir do ambiente econômico, político-jurídico, social ou tecnológico e constituem uma tendência duradoura. (Para mais informações sobre análise de tendências, veja o Capítulo 6.)

A ideia de um cachorro-quente vegetariano se alinha com a tendência do interesse crescente por alimentos saudáveis e sustentáveis. Considere novos tipos de aplicações para sua ideia durante a avaliação dos potenciais. Depois de compilar as vantagens e as possibilidades, assuma o papel de advogado do diabo — aquele que se opõe à sua ideia e suscita considerações. Cite os motivos que tornam a ideia inviável (ou que impedem sua implementação na empresa), dispendiosa, complexa ou passível de ser rejeitada pelo cliente. Com base nisso, desenvolva sugestões de medidas para invalidar essas considerações e superar os obstáculos à implementação.

Escreva em um cartão as palavras-chave da equipe para as quatro dimensões — Positivos, Potenciais, Considerações e Opções — e cole-as na matriz do método PPCO. Use essa compilação para discutir a avaliação da ideia. A vantagem dessa abordagem de avaliação é considerar as perspectivas positivas e as negativas de uma ideia, pensar em como eliminar objeções e superar eventuais obstáculos à implementação.

CUIDADO

Quando os problemas e os riscos das ideias inovadoras são mencionados em um estágio inicial, muitas vezes elas são rejeitadas antes mesmo de serem realmente discutidas. As pessoas desconsideram que, em princípio, toda inovação tem riscos e que eles podem ser de fato dominados. O método PPCO incentiva você a desenvolver medidas para geri-los e a levá-las em consideração durante a avaliação.

Avaliando Ideias com Checklists

As checklists auxiliam o teste para verificar se a ideia atende a seus requisitos. Formule-as como perguntas ("Do ponto de vista técnico, é possível implementá-la?") ou como uma declaração ("Ela é intuitiva para o cliente"). Pense nessa revisão como uma avaliação do tipo "sim-não" ou use uma escala de notas.

Use as checklists detalhadas nas próximas seções para revisar as seis áreas a seguir:

- **Adequação:** Verifique se a ideia pode ser implementada. Sua abordagem deve ser factível como produto, processo, serviço ou modelo de negócios e tangível para os clientes ou usuários.
- **Alinhamento estratégico e cultural:** A ideia deve se alinhar com a visão, a estratégia e a cultura da empresa. O alinhamento lhe garante o suporte necessário para a implementação na empresa.
- **Conveniência:** A ideia deve ter um benefício para o cliente. Verifique se ela oferece a solução para um desejo ou para um problema.
- **Viabilidade e escalabilidade dos negócios:** Uma ideia com viabilidade comercial tem receita superior às despesas. A escalabilidade é a capacidade de obter um alto crescimento com pouco esforço.
- **Sustentabilidade:** A ideia deve ter sucesso em longo prazo. Avalie se é possível que a oferta exista no mercado ao longo do tempo.
- **Adaptabilidade:** Em um ambiente dinâmico, de constante mudança, a ideia deve ser adaptável. Os desejos dos clientes mudam com o tempo, o que significa que o produto, serviço ou modelo de negócio precisa se adaptar para permanecer bem-sucedido.

Para essas áreas, formule perguntas de desqualificação, que devem ser respondidas com um "sim" — do contrário, descarte a ideia. Se ela viola regulamentos, isso é um motivo para desqualificação.

Determinando a adequação

A *adequação* descreve se e em que grau a ideia é útil para lançar com sucesso um produto, serviço ou modelo de negócios no mercado. Se na fase de implementação você perceber que a solução não pode ser executada, o tempo e o dinheiro investidos foram perdidos.

CUIDADO

A adequação também diz respeito aos recursos disponíveis. Talvez a sugestão possa ser implementada em princípio, mas a empresa não possui os meios ou as habilidades financeiras para executá-la. Se os desenvolvimentos forem de natureza técnica, licenças ou conhecimentos técnicos de outras empresas podem ser necessários.

Verifique minuciosamente a adequação de uma ideia nos estágios iniciais. Faça as seguintes perguntas para verificar se ela pode ser implementada:

- » As licenças ou os conhecimentos técnicos de terceiros são necessários para a implementação?
- » A ideia é tecnicamente fácil de realizar?
- » Requer altos investimentos em desenvolvimento, produção, marketing ou vendas?
- » A empresa possui as capacidades e os meios necessários para a implementação? Se não, podem ser adquiridos com facilidade e rapidez?
- » As parcerias com terceiros (empresas, universidades ou instituições de pesquisa, por exemplo) são necessárias ou possíveis? Elas podem ser estabelecidas rapidamente?
- » Existem grandes obstáculos para o lançamento no mercado?
- » Os requisitos legais ou os padrões do setor serão respeitados na implementação?

Dependendo do produto, verifique critérios adicionais que afetam a adequação:

- » Os materiais oferecidos no mercado são contundentes e coerentes? Têm a qualidade exigida?
- » Os materiais necessários podem ser adquiridos com facilidade, rapidez e baixo custo?
- » O produto é seguro e confiável?

Responda e avalie essas perguntas apenas se a ideia for clara, abrangente e compreensível. Do contrário, limite o nível de investimento — tanto em termos de tempo quanto de dinheiro — se decidir desenvolvê-la.

DICA

As invenções técnicas podem precisar de mais experimentos ou testes para verificar a adequação de uma ideia. Prossiga gradualmente definindo as informações mínimas como um marco. Se recebeu os resultados de experimentos ou testes, avalie a adequação técnica.

Estimando o alinhamento

Para que uma ideia seja bem-sucedida no mercado como produto, serviço ou modelo de negócios, ela precisa do suporte de vários departamentos e colaboradores da empresa. A ideia deve ser desenvolvida em um produto pronto para o mercado pelos departamentos de pesquisa e desenvolvimento. O departamento de produção lida com o processo de fabricação. Os departamentos de marketing e vendas devem estar preparados e motivados para o lançamento no mercado. A gestão da empresa precisa dar suporte ao projeto. (Para mais informações sobre como obter esse suporte, veja o Capítulo 3.) O projeto não obtém sucesso sem apoio. Descubra o quanto antes se a ideia se alinha com a estratégia e a cultura da empresa. Teste o alinhamento fazendo as seguintes perguntas:

» A ideia se alinha e contribui com a estratégia de inovação da empresa? A gestão da empresa anseia por essa ideia?

» A ideia é apreciada na empresa? Ela se alinha à cultura corporativa?

» Existem efeitos positivos em outros produtos ou competências da empresa?

» Ela geraria aprendizados para a empresa?

Testando a conveniência da ideia sob a perspectiva dos clientes

Um critério para a decisão é saber se — e em que grau — a ideia cria um benefício para o cliente. Para determinar isso, encontre usuários que realmente agreguem valor à ideia. O benefício para eles pode estar na satisfação de um desejo que mal foi realizado antes, se é que havia, ou na solução de um problema.

Essa conveniência assume várias formas. Por exemplo, o produto ou o serviço pode ser útil para o cliente porque ele executa uma função específica ou resolve uma tarefa específica para ele. Talvez a ideia para a solução tenha uma alta facilidade de uso. Talvez sua loja online permita que o cliente procure e compare, de relance, todas as informações do produto relevantes para a decisão de compra. Por último, mas não menos importante, talvez a ideia gere uma reação emocional positiva no cliente. Teste a conveniência, sob a perspectiva do cliente, em mais detalhes com as seguintes perguntas:

- Consegue identificar as pessoas que se beneficiam da ideia e que, portanto, servem como usuários?
- Os usuários economizarão tempo com a ideia?
- A ideia facilita a vida dos usuários?
- Eles a considerariam confiável?
- Os usuários podem adquirir rapidamente o produto resultante da ideia? (Em outras palavras, seria disponível e fácil de encontrar?)
- A ideia é útil sob a perspectiva dos usuários?
- É rentável sob a perspectiva deles?
- Eles a acham intuitiva?
- Ela é eticamente conveniente?
- A ideia transmite prestígio sob a perspectiva dos usuários?
- Ela os entretém?
- O produto tem um design atraente?
- Os usuários adquirem o produto com facilidade e baixo custo?

DICA

Não é preciso responder a todas essas perguntas. Dependendo da área de aplicação, algumas não são relevantes. Quando se trata de sistemas para engenharia mecânica, por exemplo, o design e o grau de entretenimento do produto são secundários ou insignificantes.

Considerando a viabilidade econômica e a escalabilidade da ideia

Uma solução desejada pelo cliente não é necessariamente econômica. Os custos de desenvolvimento, fabricação e/ou de vendas podem ser tão altos que impossibilitam o lucro. Considerando os custos, avalie se o número de clientes prontos e dispostos a pagar é suficiente.

Estime a viabilidade econômica da ideia fazendo as seguintes perguntas:

- O cliente tem um alto poder de compra e vontade de comprar?
- O mercado é atraente e está em crescimento (dinamicamente e em longo prazo)?
- O rendimento esperado vale a pena?
- Os riscos econômicos são determináveis, quantificáveis e aceitáveis?

CUIDADO

É difícil avaliar a viabilidade econômica em um estágio inicial — é possível que o mercado para o produto, serviço ou modelo de negócios ainda não exista. Quanto mais inovadora for a ideia, mais difícil será encontrar informações confiáveis sobre o tamanho do mercado e o crescimento potencial da receita da empresa. Após o lançamento, ainda demora um pouco para que o produto ou o serviço seja economicamente viável. Quando os primeiros micro-ondas chegaram ao mercado, em 1970, foram necessários seis anos para que as vendas gerassem lucros significativos.

Além da viabilidade econômica do produto, verifique a escalabilidade. Ela representa a possibilidade de alcançar uma quantidade relativamente alta de clientes ou usuários com pouco esforço. Se você desenvolveu o software que deseja distribuir em uma loja online, pode alcançar um número quase ilimitado de clientes com baixos custos de marketing. A escalabilidade é alta. Se deseja oferecer bicicletas fabricadas individualmente, é necessário contabilizar o mesmo esforço para cada cliente. A escalabilidade é baixa. Estime-a com as seguintes perguntas:

» São necessários altos custos para as instalações de produção? (Altos custos são um indício de baixa escalabilidade.)

» As capacidades das instalações de produção são limitadas? Se sim, são expansíveis? (Se são limitadas ou difíceis de ser ampliadas, isso indica uma baixa escalabilidade.)

» São necessários muitos funcionários para a produção ou para as vendas, e o pessoal precisa ser expandido proporcionalmente ao crescimento do cliente? (Um "sim" representa uma baixa escalabilidade.)

» Os custos aumentam proporcionalmente com o crescimento das vendas? (Um "sim" representa uma baixa escalabilidade.)

» O produto ou seu processo de produção pode ser padronizado? (Um "sim" representa uma alta escalabilidade.)

» Os custos demandados pelo setor de desenvolvimento, pelo de marketing e pelo de vendas são baixos? (Um "sim" representa uma alta escalabilidade.)

» A produção ou as vendas podem ser automatizadas? (Um "sim" representa uma alta escalabilidade.)

» Lições importantes podem ser aprendidas na implementação de longo prazo da ideia, para que os custos sejam reduzidos? (Um "sim" representa uma alta escalabilidade.)

» Aplicativos e mercados adicionais podem ser desenvolvidos com pouco esforço extra? (Um "sim" representa uma alta escalabilidade.)

Para investidores com participação financeira em uma empresa, a escalabilidade é um critério para decidir fazer ou não um investimento. Empresas com produtos ou modelos de negócios que atingem rapidamente um grande número de clientes ou usuários, com pouco esforço, são opções atraentes de investimento. A escalabilidade faz com que eventuais preocupações iniciais sobre a viabilidade econômica de um produto seja relegada a segundo plano.

EXEMPLO

Empresas como Google, Facebook, Instagram, Snapchat, Netflix e Twitter alcançaram rapidamente um grande número de usuários após sua fundação. Para eles, a viabilidade econômica foi negativa por anos. Ela se tornou uma prioridade no decorrer do desenvolvimento da empresa.

Na avaliação da ideia, considere se a alta escalabilidade é inicialmente mais importante do que a viabilidade econômica.

Garantindo a sustentabilidade

Tendo em mente a sustentabilidade, avalie se a ideia é gerenciável em longo prazo. *Sustentabilidade* significa que algo tem um benefício econômico, social e ambiental ao longo do tempo.

CUIDADO

Ao avaliar a sustentabilidade, entenda a que ela se aplica — nem toda ideia tem um benefício econômico, um social e um ambiental de longo prazo. Descubra se os três aspectos são importantes para a ideia. É difícil associar benefícios ambientais a um novo conceito de serviço para consultoria financeira.

Durante a avaliação, verifique a sustentabilidade da ideia com as seguintes perguntas:

- » A ideia é gerenciável em longo prazo?
- » Existem vantagens em comparação com os produtos concorrentes existentes?
- » Os clientes em potencial estão dispostos a pagar por ela em longo prazo?
- » A ideia tem benefícios ambientais e sociais?
- » A invenção pode ser patenteada? É fácil de imitar? Você consegue proteger sua ideia da concorrência?

A sustentabilidade é uma tendência com efeitos de longo prazo na sociedade. (Para mais informações sobre análise de tendências, veja o Capítulo 6.) Se a ideia contribui para a sustentabilidade, você se beneficiará dessa tendência em longo prazo.

Determinando a adaptabilidade

O mercado para seu novo produto, serviço ou modelo de negócios mudará com o tempo. Os requisitos de qualidade dos clientes oscilam o tempo todo. As condições da estrutura legal mudam. Novos produtos concorrentes chegam ao mercado a todo momento. O progresso técnico afeta o mercado. O grupo-alvo muda. Teste a adaptabilidade com as seguintes perguntas:

- » A ideia é adaptável aos desejos dos clientes? Ela é flexível?
- » Ela é adaptável ao caráter dinâmico do progresso técnico?
- » É adaptável aos requisitos políticos, sociais, econômicos e legais?
- » Permite produtos de acompanhamento para atender a contextos dinâmicos?

Uma ideia verdadeiramente promissora deve sempre poder ser rápida e facilmente adaptada às mudanças dinâmicas de requisitos.

Mensurando o Sucesso

Um método de pontuação específico — também conhecido como *análise de benefícios* — o ajudará a tornar as chances de sucesso das soluções propostas mensuráveis e comparáveis. Ao usá-lo, são aplicados critérios diferentes para comparar várias ideias.

O método de pontuação tem quatro etapas:

1. **Especificar os critérios de avaliação.**
2. **Definir os fatores que serão pontuados.**
3. **Avaliar as ideias com base nos critérios.**
4. **Determinar a classificação e a seleção final.**

Depois de especificar os critérios de avaliação, crie uma matriz listando os mais importantes. Escreva-os na primeira coluna e cada ideia alternativa na primeira linha. Escreva na segunda coluna o fator que será pontuado de cada critério. A Tabela 12-1 mostra um exemplo.

TABELA 12-1 Exemplo de Método de Pontuação

		Peso	Ideia 1 Avaliação	Ideia 1 Valor de uso	Ideia 2 Avaliação	Ideia 2 Valor de uso	Ideia 3 Avaliação	Ideia 3 Valor de uso
Critérios de Avaliação	**Chance de implementação:**	4	5	20	2	8	5	20
	Valor estratégico	3	4	12	4	12	4	12
	Efeito de sinergia	2	4	8	3	6	3	6
	Benefícios percebidos	5	3	15	2	10	3	15
	Efeito na marca	1	4	4	4	4	3	3
	Tamanho do mercado	3	4	12	3	9	3	9
	Valor total de uso			71		49		65
	Classificação			**1**		**3**		**2**

Localização e ponderação de critérios adequados para a avaliação

Selecione critérios para estimar a adequação, o alinhamento, a conveniência, a viabilidade econômica, a sustentabilidade e a adaptabilidade. Defina uma escala de classificação padrão para aplicar vários critérios. Sugiro selecionar uma escala de 0 a 5, em que 0 significa que o critério não é atendido. Organize os valores de 1 a 5 para que a melhor avaliação receba 5. Configure uma escala de 0 a 5 para cada critério de avaliação. É assim que esses critérios se tornam mensuráveis e que a comparação de várias ideias se torna viável.

Ao avaliar a adequação, pergunte-se se é possível implementar a ideia e lançá-la com sucesso no mercado. Avalie a adequação com os seguintes critérios:

- **Probabilidade de implementação:** Se estimá-la em mais de 90%, atribua o valor 5. Se estimar que ela não é possível, atribua 0.
- **Período de desenvolvimento:** Na equipe, determine quantas semanas ou meses correspondem a cada um dos valores de 0 a 5. Para o valor 0, determine o número de semanas ou meses que não são mais gerenciáveis para você como um período de desenvolvimento.

- **Custos do desenvolvimento:** Especifique na equipe quão alto é cada um dos investimentos para os valores de 0 a 5. No valor 0, os custos são tão altos que inviabilizam a implementação da ideia.
- **Complexidade:** Avalie se deve considerar interdependências durante a implementação. Quanto mais interdependências houver e quanto mais fortes forem as interações, mais difícil será a implementação.

EXEMPLO

Pode ser difícil fabricar um produto que é montado a partir de dezenas de peças usando vários materiais (plástico, alumínio, aço, vidro). Atribua valor 1 ou 2 à complexidade.

Verifique se a ideia tem apoio da empresa. Isso só é possível se ela se alinhar com sua estratégia e cultura. Avalie o alinhamento com base nestes critérios:

- **Relevância estratégica:** Use a escala de 0 a 5 para avaliar a relevância estratégica que a ideia tem para a empresa.
- **Alinhamento estratégico:** Com a escala de 0 a 5, meça o grau em que a ideia se alinha à estratégia da empresa.
- **Alinhamento cultural:** Com a escala de 0 a 5, meça o grau em que a ideia se alinha à cultura da empresa.
- **Efeito de sinergia:** A ideia para a solução pode resultar em efeitos positivos em outros produtos ou projetos da empresa. Use a escala de 0 a 5 para avaliar a força deles. Se a ideia contribuir para um aumento significativo nas vendas de produtos que já estão no mercado, atribua um 5.

Uma área importante para a avaliação é o quão atraente a ideia é para clientes ou usuários e as vantagens em comparação com ofertas concorrentes. Use vários critérios para fazer classificações nessa área. Torne o apelo do produto e sua competitividade mensuráveis com os seguintes critérios:

- **Benefício reconhecível (proposta de valor):** Classifique quanto valor agregado você cria para os clientes ou para os usuários com a ideia. O valor 0 expressa que não há benefício reconhecível para os clientes ou usuários. O valor 5 significa que inspira entusiasmo no cliente.
- **Importância para o cliente:** Se a ideia tiver um significado muito alto para os clientes, eles desejarão que ela se torne um produto pronto para o mercado o mais rápido possível. O valor 5 reflete essa situação.
- **Alinhamento com as tendências:** A ideia é particularmente atraente para um grupo-alvo mais antigo. O crescimento desse grupo-alvo é uma tendência em muitos países industrializados. (Falo mais sobre tendências no Capítulo 6.) Classifique o apelo da ideia com um valor entre 4 e 5.

» **Efeito de imagem:** A ideia também pode desempenhar um papel fundamental na criação de um efeito de imagem positivo para a empresa. Use o valor 0 para ideias que não geram efeitos positivos para a imagem ou mesmo para as que geram negativos. Ideias com valor 5 têm um efeito extraordinariamente positivo na reputação e no prestígio da empresa.

» **Vantagens de diferenciação:** A ideia deve se diferenciar de maneira positiva em comparação com ofertas concorrentes. Com o valor 0, ela não oferece valor agregado em comparação com outros produtos ou é realmente inferior. O valor 5 indica um ponto de venda exclusivo.

» **Sustentabilidade da vantagem competitiva:** Se você pode proteger a ideia contra imitações de longo prazo, obtém vantagens competitivas sustentáveis. Classifique com o valor 5 uma patente que tenha um escopo abrangente em termos de proteção de patente. Se não houver opções de proteção legal e for possível uma entrada rápida de concorrentes estabelecidos, defina os valores entre 0 e 2.

Um produto cujo uso seja intuitivo e que tenha vantagens em comparação com os análogos concorrentes certamente é interessante — se o mercado for atraente. Essa atratividade é determinada pelo tamanho e pelo crescimento sustentável do mercado. Classifique a atratividade com estes critérios:

» **Tamanho do mercado:** A ideia entra em um mercado atraente se incluir um grande número de clientes em potencial com grande poder de compra. Estime isso com base no número potencial de clientes ou no volume potencial de vendas e atribua os valores de 0 (volume de vendas muito baixo) a 5 (muito alto).

» **Taxa de crescimento do mercado:** Atribua o valor 5 a um mercado que cresce rapidamente acima de 10% ao ano. Se o mercado está estagnado ou mesmo encolhendo, valores entre 0 e 2 são adequados.

» **Barreiras à entrada no mercado:** Pode haver muitos obstáculos para o lançamento no mercado. Se precisa fazer altos investimentos em produção ou marketing e vendas para o lançamento, primeiro supere esse obstáculo. Use os valores de 0 a 5 para estimar com que facilidade a ideia entraria no mercado. Se os obstáculos forem intransponíveis, atribua 0 a esse critério.

DICA

Não é preciso usar todos os critérios para cada avaliação. Na equipe, selecione os critérios relevantes para a tarefa. Nas várias áreas de avaliação, como adequação, alinhamento com a estratégia e com a cultura, apelo do produto, competitividade e atratividade do mercado, selecione pelo menos um critério em cada uma delas, para avaliar as ideias sob diferentes perspectivas.

Comparando critérios

Depois de selecionar os critérios, especifique sua relevância. Compare-os e determine uma sequência. Atribua uma sequência à equipe usando a votação por pontos, o método do polegar, o dos cinco dedos ou a sequência do cartão.

Uma comparação de pares também é interessante. Para esse fim, escreva cada critério nas linhas e colunas de uma tabela. (Veja a Tabela 12-2.) Compare-os e atribua os seguintes valores a cada um deles:

- **0:** O critério da linha é menos relevante do que o da coluna.
- **1:** O critério da linha é tão relevante quanto o da coluna.
- **2:** O critério da linha é mais relevante do que o da coluna.

TABELA 12-2 **Comparação de Pares**

#	Chance de implementação	Valor estratégico	Efeito de sinergia	Benefícios percebidos	Efeito na marca	Tamanho do mercado	Soma	Sequência
Chance de implementação	–	2	2	0	2	2	8	2
Valor estratégico	0	–	2	0	2	1	5	3
Efeito de sinergia	0	0	–	0	2	0	2	5
Benefícios percebidos	2	2	2	–	2	2	10	1
Efeito na marca	0	0	0	0	–	0	0	6
Tamanho do mercado	0	1	2	0	2	–	5	3

Transfira a sequência para uma escala que varia de 1 (relevância muito baixa) a 5 (muito alta). Os valores de 1 a 5 são os fatores para pontuar.

DICA

Verifique se os conteúdos de alguns critérios se sobrepõem durante a pontuação. O critério de relevância estratégica e o de efeito de sinergia estão intimamente relacionados. Se a ideia levar a um crescimento maior das vendas dos produtos existentes, isso também significa que ela tem uma alta relevância estratégica para a empresa. Na pontuação, isso significa que, se usar os dois critérios, os mesmos benefícios da ideia fluirão desproporcionalmente na avaliação. Não dá para evitar completamente a sobreposição de critérios de avaliação. Discuta cada fator de pontuação na equipe e faça alterações selecionando um fator mais baixo se achar que os critérios se sobrepõem demais.

Avaliando e selecionando ideias

Classifique as ideias com a ajuda dos critérios selecionados, usando a escala de 0 a 5. Multiplique o valor de cada critério pelo fator de pontuação correspondente, de 1 a 5. Essa multiplicação mostra a utilidade parcial de uso. Ao somá-las, você obtém a pontuação total da utilidade da ideia.

No final, a classificação das diferentes ideias é dada de acordo com o total da utilidade. A alternativa com a maior utilidade é considerada a mais vantajosa e, portanto, a vencedora. Com a equipe, discuta em detalhes os resultados e selecione as ideias que deseja dar continuidade.

NESTE CAPÍTULO

» Planejando a criação do protótipo

» Descobrindo a melhor forma de usar protótipos

» Usando histórias para ilustrar protótipos

» Criando protótipos no mundo digital

Capítulo 13

Fácil Fazer um Castelo

O plano é expandir a ideia para um conceito funcional de produto, serviço ou modelo de negócios. Essa amostra funcional do conceito se chama *protótipo* e atua como parâmetro para inovações subsequentes de produtos, serviços ou modelos de negócios previstos no planejamento de marketing. Ele apresenta e testa de forma realista as funções e as características essenciais da ideia. No processo, ele não só é o centro dos experimentos, como promove importantes feedbacks dos potenciais clientes.

Este capítulo é um panorama das vantagens da criação de protótipos e da realização de experimentos. A ideia aqui é criar um protótipo desde o início, sem um planejamento complexo e com recursos mínimos. Meu primeiro conselho é que o primeiro passo seja definir o que se deseja aprender com o protótipo. Aponto então que existem diferentes tipos de protótipos e que a escolha depende da maturidade da ideia e de ela se referir a um produto, serviço ou modelo de negócios inovador. As histórias que são contadas ou visualizadas de várias formas dão aos clientes uma melhor noção da ideia. O mundo digital facilita projetos rápidos de protótipos. Você aprenderá como demonstrar a ideia aos clientes com protótipos e como testá-la.

Descobrindo os Benefícios

A criação do protótipo viabiliza a experiência para verificar se os clientes em potencial compartilham das suposições sobre a utilidade da ideia. Criá-lo desde o início tem muitas vantagens:

- » Supera a crença equivocada de que já se sabe de tudo o que o cliente deseja. Com as experiências realizadas, esse ponto é verificado com fatos concretos.
- » Com os protótipos, as decisões não se baseiam em estimativas subjetivas ou em preferências pessoais, mas no feedback dos clientes em potencial.
- » Os protótipos permitem evitar o viés de confirmação — decorrente de quando as pessoas se enganam por só darem atenção aos aspectos que confirmam suas crenças.

Os protótipos são mais úteis se as tarefas forem esclarecidas antes do início do teste, se eles forem simples e se os testes forem realizados sistematicamente. Na seção a seguir, você aprenderá como proceder na fase do protótipo.

Definindo as Tarefas

Primeiro, defina quais usuários devem fornecer o feedback sobre a ideia. Descreva-os usando o método da persona, que descreve características, comportamentos, valores e preferências essenciais das pessoas. (Para saber mais sobre esse método, veja o Capítulo 7.) Depois de determiná-los, pense em formas de visualizar e de identificar a ideia como um protótipo. Os usuários só conseguirão dar um feedback útil sobre a ideia se a entenderem e testarem.

DICA

Se couber no prazo e no orçamento, desenvolva outras ideias para protótipos alternativos e peça ao cliente ou usuário em potencial que os compare.

Compartilhar informações com clientes ou usuários em potencial é uma fase decisiva no processo do design thinking. Se as respostas deles levarem a sugestões sobre como modificar a descrição da tarefa (veja o Capítulo 9) ou a solução desenvolvida até o momento (veja os Capítulos 10 e 11), funcionam como um feedback sobre as fases anteriores. O objetivo é aprender o máximo possível com o protótipo.

Com base na ideia, decida quais protótipos são melhores para usar. Defina o objetivo e decida em quais partes do conceito de design o feedback do cliente se concentrará — por exemplo:

- » Deseja um feedback sobre a utilidade da ideia?
- » Deseja um feedback sobre a facilidade de uso da ideia?
- » Deseja um feedback sobre como o cliente percebe a ideia?
- » Deseja um feedback sobre funções ou características específicas da ideia?
- » Você quer que o cliente avalie o design?

Projete o protótipo de acordo com o tipo de feedback que deseja do cliente. Se a prioridade é a facilidade de uso, o protótipo precisa ser intuitivo o suficiente para que o cliente realmente teste suas funções. Se o foco forem questões de design, em geral esboços e imagens bastam para obter sugestões úteis.

Pergunte-se o que não dá para descobrir do cliente com um protótipo. Um exemplo é o quanto ele se dispõe a pagar por uma ideia com base em um protótipo que apresenta poucas características do produto final.

O nível de maturidade da ideia também influencia o tipo de protótipo. Quanto menos madura estiver, mais simples será o design. Se a ideia do produto ainda for grosseira, apresente desenhos ou modelos simples de papel ao cliente. O prazo e o orçamento são fatores adicionais a serem considerados ao selecionar o tipo de protótipo. Um protótipo tecnicamente elaborado ou feito de materiais caros pode atingir rapidamente os limites do orçamento.

DICA

Defina limites para o prazo e o orçamento para a criação do protótipo e para os testes subsequentes com o cliente. Michael Schrage, do DQ Institute of Technology, criou a fórmula 5x5x5x5x5: Cada uma de cinco equipes, de cinco pessoas, realiza cinco testes, em cinco semanas, por um máximo de US$5 mil para cada.

Tirando a Máxima Eficiência

Realize experimentos relacionados às suposições em um estágio inicial e com baixos gastos, para que as eventuais alterações sejam feitas rapidamente. Essa abordagem corresponde ao conceito de startup enxuta, de Eric Ries, que, como empresário e escritor, cunhou o termo produto mínimo viável (MVP — minimum viable product). Um *produto mínimo viável* é o protótipo minimamente funcional do produto ou do serviço que permite obter um feedback mensurável do cliente sobre um novo recurso ou característica.

Para produtos de inovação, a criação de um produto mínimo viável é uma opção quando se trata de coletar informações significativas de clientes em potencial. Em vez de *produtos*, pense em *protótipos*, porque não estão à venda.

Faça um protótipo para cada etapa de desenvolvimento da ideia. Descubra qual tipo de feedback de mercado a próxima etapa de desenvolvimento demanda. Os protótipos devem ser funcionais durante toda a fase de desenvolvimento, para que os clientes possam testá-los.

EXEMPLO

Imagine que a ideia é um carro elétrico novo com um motor particularmente eficiente. A abordagem clássica é começar criando o motor e, em seguida, os eixos, as rodas e a carroceria para, então, estruturar tudo como um veículo. Quando se trata do cliente, os componentes específicos da unidade, os eixos, as rodas e a carroceria do carro não significam muito. Com a abordagem da startup enxuta, primeiro você desenvolveria um motor elétrico para um skate e, em seguida, uma scooter, seguida por uma bicicleta, depois uma motocicleta e, finalmente, um carro. Essas etapas de desenvolvimento representam protótipos funcionais que podem ser testados pelos clientes e possibilitam a obtenção de feedback.

Escolha o momento certo para a criação do protótipo. Não comece muito cedo nem espere muito tempo. Lembre-se dos seguintes princípios para projetar protótipos com eficiência.

Planeje menos, teste mais

Ao planejar como implementar a ideia na forma de um protótipo, não entre em muitos detalhes; em vez disso, concentre-se apenas nas funções ou nas características que deseja testar. Sem gastar muito tempo, crie um protótipo e obtenha feedback do cliente desde o início. Aprenda com a resposta de um deles e siga um curso de ação rápido e fácil de aprender.

Minimize os esforços

Você não está desenvolvendo o produto perfeito. Um produto mínimo viável possui, de preferência, apenas a única função que se deseja testar. Ao criá-lo, selecione o tipo mais simples para aprender com ele. Não se trata de testar um produto acabado e perfeito e já se envolver em negociações de vendas; na verdade, é exatamente o oposto: permita ao cliente testar funções ou características específicas da oferta do produto ou do serviço. Se o cliente desejar mais funções durante a execução do teste, crie o próximo produto mínimo viável para isso. Procure a resposta dele em relação a apenas uma função, ou à alteração desta, ao testar o protótipo.

Ao criar um produto mínimo viável, evitam-se altos investimentos em desenvolvimento de produtos, investindo, em vez disso, pouco de seus próprios meios financeiros nesses testes. Você pode pegar emprestado, alugar ou usar itens disponíveis gratuitamente para criá-lo. O fator tempo também incentiva um produto viável mínimo simples. Um rápido feedback do cliente reduz a incerteza durante o processo real de desenvolvimento. O princípio para a criação e para a seleção do produto mínimo viável é o seguinte: "O mais simples possível, o mais relevante possível."

EXEMPLO

A ideia para o Twitter foi testada como um projeto de desenvolvimento pela equipe interna da empresa Odeo, sem gastar muito esforço. A princípio, o objetivo era simplesmente melhorar as comunicações internas. Os funcionários ficaram encantados com a possibilidade de enviar mensagens breves pela internet, o que lhes permitiu economizar centenas de dólares em custos com SMS. Com base nesse feedback positivo, a ideia foi refinada e lançada.

No princípio, era a correção

As respostas dos clientes exigem correções de curso regulares, mais ou menos significativas, e alterações na ideia — os pivôs, em outras palavras. (O termo *pivô* se originou no basquete, representando a mudança de direção com a bola enquanto se mantêm os pés no chão.) Esses pivôs são comuns e frequentes nos estágios iniciais de inovação. A função testada com um produto mínimo viável é aceita ou rejeitada pelo cliente. Em caso de rejeição, a direção deve ser alterada. Adapte a ideia aos desejos e às ideias do cliente, fazendo as alterações necessárias. Isso permite economizar dinheiro, porque o desenvolvimento contínuo de uma má ideia resulta em maus investimentos dispendiosos.

EXEMPLO

O Instagram, que começou em 2010 como um aplicativo chamado Burbn, permitia aos usuários conversarem com amigos, planejarem reuniões, editarem e compartilharem imagens dos locais vinculados aos dados do GPS. Eles usavam o aplicativo quase exclusivamente com a finalidade de editar facilmente as imagens com filtros e depois as compartilhavam com os amigos. Com base nessa experiência, os fundadores adaptaram o aplicativo, concentrando-se apenas nos recursos fotográficos, e alteraram o nome da empresa para Instagram. Dois meses depois, o aplicativo já tinha um milhão de usuários.

Tolere erros

A falha — inerente aos experimentos — deve ser tolerada, aceita e, até mesmo, esperada. Erros encontrados pelo cliente no protótipo são oportunidades de aprendizado. Para aprender com sucesso, responda às seguintes perguntas:

- » Como o erro é revelado? O cliente vê algum benefício no protótipo? Ele tem problemas com o manejo? Acha o design atraente? Considera o protótipo envolvente?
- » Quais são as causas do erro?
- » Como evitar o erro e melhorar o protótipo?

Se receber um feedback negativo de um cliente, responda de forma rápida e flexível. Crie um novo protótipo e teste-o novamente. Todo erro descoberto economiza os custos associados ao desenvolvimento de produtos indesejados.

Usando Diferentes Protótipos

Ao selecionar um protótipo, pergunte-se qual seria o teste mais fácil de executar para o experimento que planejou. Pense no que quer descobrir. Em seguida, pergunte-se quais respostas ou reações do cliente indicariam que o protótipo passou no experimento com êxito. Por fim, elabore formas de obter essas informações com mais rapidez e facilidade.

Defina um prazo e um orçamento para si mesmo. Os experimentos com os protótipos não devem durar mais de três meses. Essas especificações o ajudarão a selecionar o tipo ideal para o protótipo. Nem todos os protótipos explicados na seção a seguir são adequados para todas as tarefas. Teste suas possibilidades e familiarize-se com cada abordagem em particular. Uma combinação de vários protótipos para a mesma tarefa é útil.

DICA

Com frequência, o foco recai rapidamente sobre apenas uma ideia favorita durante a fase do protótipo — evite essa situação apresentando vários protótipos para fins comparativos. Bote a mão na massa e crie protótipos para todas as ideias promissoras, a menos que seja penoso criar um para uma ideia cuja rejeição é certa por causa de sua ineficiência ou de seu risco. Muitas vezes, é bom fazer também os protótipos azarão, que são considerados criativos, mas arriscados demais. Nas corridas de cavalos, um *azarão* é um vencedor inesperado. Dessa forma, evita-se selecionar protótipos específicos cedo demais, para não limitar a busca desnecessariamente rápida por uma solução.

Os protótipos são particularmente úteis para desenvolver produtos materiais, mas com as abordagens mencionadas no restante deste capítulo, as ofertas de serviços e de modelos de negócios também se tornarão acessíveis e tangíveis.

Tornando Acessível e Tangível

De forma fácil e rápida, crie um protótipo da ideia em papel, quadro branco ou dispositivo eletrônico (laptop, smartphone, tablet) com desenhos e colagens de fotos. Descreva o design do produto; desenhos das funções e das características da ideia também são úteis. Imagens de livros, revistas, jornais, folhetos publicitários, catálogos ou da internet são úteis para colagens de fotos que ilustrem a ideia.

Mostre o desenho ou a colagem de fotos aos clientes em potencial por cinco segundos e pergunte o que lhes lembra e quais impressões lhes causa. Protótipos em desenho, e em imagem de forma geral, são indispensáveis nos primeiros estágios de desenvolvimento do produto.

Além de desenhos e imagens bidimensionais, use moldes simples de papel, papelão, massa para modelar, isopor ou materiais de espuma para ilustrar ou imitar certas funções ou características da ideia. Impressoras 3D produzem protótipos impressionantes com pouco esforço.

Conte histórias

Conte uma história sobre o uso de um produto para obter feedback sobre sua utilidade e facilidade de uso, além de sugestões de melhorias.

O formato narrativo dá corpo à utilidade e à praticidade da ideia por meio de uma história real ou fictícia. A narração de histórias pode ser usada como teste do protótipo, para explicar graficamente a ideia aos clientes e solicitar feedback. Às vezes é complicado entender novas ideias para produtos, serviços e modelos de negócios que ainda não existem — contar histórias é um método apropriado para esses casos. As pessoas gostam de histórias, e isso permite que se familiarizem facilmente com a ideia. As histórias despertam a curiosidade humana, entretêm as pessoas e retêm sua atenção.

CUIDADO

Não misture a narrativa no design thinking com uma campanha publicitária para um produto maduro. Na fase inicial, a história da ideia não objetiva vender nada. Trata de avaliar a ideia com a ajuda do feedback do cliente e receber opções de aprimoramento. Comunique abertamente ao cliente os objetivos pretendidos com a história. Os clientes ou usuários em potencial falarão com mais facilidade e honestidade quando souberem que ela não é um argumento de vendas. A história não precisa ser perfeita. Pergunte ao cliente se algo está faltando ou deve ser melhorado.

Primeiro, descreva com palavras simples a mensagem central da história. O cliente deve ser capaz de se relacionar com a situação de uso do produto e de entender os benefícios diferenciados da ideia.

Responda às seguintes perguntas para encontrar uma mensagem importante:

» Quem é o usuário a que a mensagem se destina?

» Que tipo de feedback se deseja obter do cliente?

Busque despertar emoções positivas no cliente descrevendo os benefícios de usar a ideia. As pessoas procuram recompensas nas histórias, então descreva como a ideia dará uma recompensa ao cliente. As recompensas são mostradas de três maneiras:

» **Sentimento de proteção e segurança:** As pessoas querem superar o medo e a incerteza. Elas procuram coerência, estabilidade e recompensas. Anseiam por compromisso, carinho, aconchego e manutenção das estruturas.

» **Um toque motivacional:** As pessoas procuram novos estímulos. Elas querem ser ativas e transformar suas rotinas. Em vez de se entediarem, procuram prazer, diversão, emoção e diversidade ou surpresas.

» **Um senso de status e de superioridade:** As pessoas se esforçam para mostrar conquistas. Querem ter sucesso e superioridade, prevalecer em detrimento das outras e expandir seus territórios. É por isso que buscam evitar derrota, aborrecimento, raiva e insatisfação.

Use o cliente ou usuário típico como protagonista da história. Dê um nome a ele. A situação, a hora e o local influenciam a trama. Descreva-os se forem significativos.

DICA

Use o método da persona para caracterizar o protagonista da história — idade, aparência, características, comportamentos, valores e preferências. (Para mais informações sobre o método da persona, veja o Capítulo 7.)

No início da história, apresente o protagonista, o local e a situação. Em seguida, crie suspense descrevendo o problema, a deficiência ou o desafio, da perspectiva dele. A solução do conflito consiste em alternativas entre as quais escolher. Descreva-as brevemente, bem como suas desvantagens ou lacunas.

A situação deve mudar para melhor com a inserção da ideia, que deve ser descrita de modo que a torne acessível e tangível. A história termina com um final feliz — a solução positiva, estrelando a ideia, com suas vantagens diferenciadas. A ideia é o herói da história que resolve o problema do cliente, soluciona a deficiência ou o ajuda a dominar seus desafios.

Quando contar a história ao cliente em potencial, peça feedback usando as seguintes perguntas:

- » Essa é a sua história? É diferente da sua? Se sim, em quê?
- » O que você adicionaria ou omitiria dessa história?
- » Você gostou da história? Por quê?
- » Quais vantagens você espera da ideia?
- » Você gostaria de usá-la?
- » O que ela o faz perceber?

A história permite uma melhor comunicação com o cliente. Você perceberá um benefício adicional: entender melhor a ideia se a descrever na forma narrativa com uma linguagem simples e clara. Você detectará as falhas na ideia e as lacunas na apresentação dos benefícios de usá-la, o que no final o ajudará a comercializá-la.

Visualizando as narrativas

O *quadro de cortiça* para as histórias (*storyboard* e *narrativa visual* são outros termos para o mesmo conceito) é um método para descrevê-las intensamente. Walt Disney usava um storyboard para produções cinematográficas. A história é esquematizada com os desenhos de cada cena isoladamente.

O storyboard — com sua representação do protagonista, da situação, dos problemas encontrados e das abordagens adotadas para superá-los — deve incluir no máximo oito cenas. A Figura 13-1 mostra um esquema de storyboard. Descreva cada cena específica com a estrutura da cena nas caixas do tamanho de fichas ou de notas adesivas. O esboço consiste em apenas alguns elementos: ambiente, caracteres (clientes, consultores de clientes), balões de fala, balões de pensamento e itens relevantes (laptop, celular, dispositivos, móveis). Um relógio desenhado pode mostrar o horário respectivo. Não é necessário ter nenhuma habilidade artística, porque não se trata de desenhar perfeitamente. Use bonequinhos e símbolos simples (emojis).

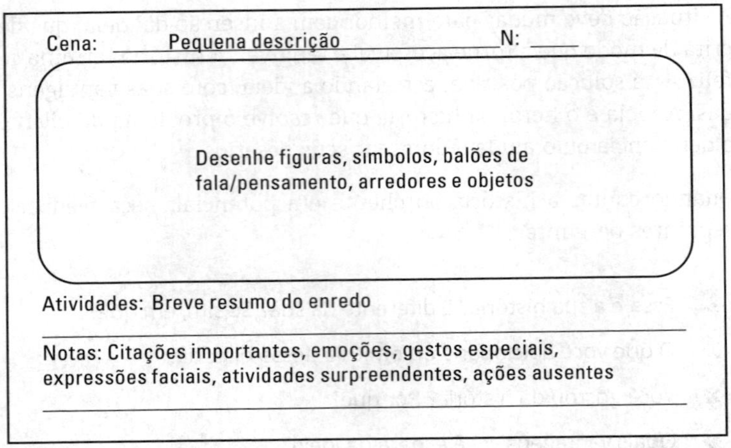
Cena: Pequena descrição N:
Desenhe figuras, símbolos, balões de fala/pensamento, arredores e objetos
Atividades: Breve resumo do enredo
Notas: Citações importantes, emoções, gestos especiais, expressões faciais, atividades surpreendentes, ações ausentes

FIGURA 13-1: Modelo de storyboard.

Mostre o storyboard ao cliente e peça uma resposta relacionada às seguintes perguntas:

- O storyboard descreve os problemas e as atividades do cliente de forma realista?
- As atividades estão equivocadas?
- As funções e as características da ideia são úteis para o cliente?
- As vantagens de usá-la são compreensíveis e claras?
- Existe uma necessidade de melhorar a ideia?

As cenas específicas do storyboard não precisam estar completas. Peça ao cliente para completá-las. Os balões de pensamento nos storyboards podem ser deixados em branco para que os clientes insiram seus pensamentos e sentimentos, como alegria, aborrecimento ou dúvida.

DICA

Além de usar a forma narrativa, faça um vídeo da história que descreva as vantagens da ideia. Isso a torna mais intensa. Busque soluções de software online com o termo de pesquisa *vídeos explicativos*, que lhe permitem criar vídeos ou quadrinhos para esses fins, sem demandar conhecimento prévio. Use o storyboard para criar um roteiro que resuma o enredo da história em cenas isoladas.

Tornando quase reais

Encenar papéis confere ainda mais realidade à história, ajudando a demonstrar as vantagens da ideia. Como resultado, você e o cliente se familiarizam mais com a função ou com a situação em que a ideia será usada. Jogos de encenação são uma opção particularmente boa para serviços. Alguns clientes e funcionários fazem os diferentes papéis. Para as cenas, use roupas, adereços, móveis e dispositivos. Posteriormente, o público, como potenciais clientes e participantes da encenação, avalia o que sentiu e como vivenciou a situação, por que tais ações foram executadas e se alguém poderia ter agido de outra forma. Um observador também pode fazer anotações e fotos, ou até mesmo um vídeo.

Conte as histórias ou as situações com figuras e blocos de Lego. Criar sucessões de cenas específicas com Lego é interessante para representar ideias de serviço. Isso deixa tudo mais claro para que você e o cliente abordem a ideia da solução de outra perspectiva e evitem a visão de túnel.

Usando protótipos digitais

Os wireframes podem ser usados para representar em imagens elementos operacionais ou botões que posteriormente serão usados em um site ou em displays, dispositivos eletrônicos ou em outros tipos de telas. Os elementos ou botões operacionais são representados apenas em desenhos esquemáticos e destinam-se a mostrar a posição e o tamanho dos símbolos ou do texto na forma de espaços reservados.

CUIDADO

Os textos do tipo "lorem ipsum", que são textos de preenchimento sem conteúdo significativo, costumam ser usados para preencher os espaços. Eles são uma opção simples para deixar os espaços para os desenvolvedores preencherem e estruturarem rapidamente uma apresentação. Evite textos do tipo ao realizar experimentos, para não confundir o cliente. Formule textos curtos e precisos — que não exigirão muito esforço depois.

Desenhe os wireframes à mão, em papel ou digitalmente, com o software apropriado. O cliente pode alterar a posição e o tamanho dos elementos e dos símbolos operacionais. Os wireframes também podem ter elementos clicáveis na forma de um site simples. Ao clicar em um botão ou símbolo, os usuários acessam páginas ou funções adicionais. Mitigue os esforços tornando clicáveis apenas os símbolos que deseja testar. Os modelos inacabados podem motivar mais os clientes do que os perfeitamente projetados, porque isso lhes dará a sensação de que seus comentários serão úteis e proveitosos.

CUIDADO

Não use versões simplificadas do protótipo — aquelas nas quais alguém é solicitado a clicar em um botão em um site e se depara com uma notificação de que a oferta está em desenvolvimento (em construção) ou de erro por página não encontrada. Essa página de *porta falsa*, ou *página 404*, embora seja comumente usada para testar o interesse geral do cliente, não é interessante. Irrita os usuários; particularmente, clientes em potencial que, mais para a frente, recomendariam a oferta.

Use sites extensivamente projetados, conhecidos como *mockups*. Em uma maquete, use a tipografia, cores e símbolos, para representar a forma como serão visualizados no design futuro. A estrutura básica de todos os elementos de controle é exibida sem ser totalmente funcional.

EXEMPLO

Durante uma grande conferência em São Francisco, os fundadores do Airbnb primeiro ofereceram seus próprios apartamentos para aluguel de curto prazo e colocaram fotos deles em um site simples. Assim, testaram se haveria interesse em estadias curtas e baratas, como uma opção aos hotéis.

Use sites como protótipos digitais. Crie um site no qual apresentar as ideias e avalie o comportamento do usuário nele.

EXEMPLO

O aplicativo Buffer permite agendar postagens para diferentes redes sociais, como Facebook, Instagram, Twitter e LinkedIn. Assim, as mensagens são publicadas em determinados momentos do dia ou em intervalos predefinidos. O protótipo era um site (página de destino) no qual os recursos eram apresentados e os visitantes interessados podiam se registrar para um uso preliminar. O fundador, Joel Gascoigne, programou o aplicativo somente depois que havia registros suficientes. A primeira versão só funcionava para o Twitter. Nove meses depois, o aplicativo abarcava mais de cem mil usuários.

Retenha os visitantes solicitando o contato de e-mail ou promovendo campanhas de marketing por meio da otimização dos mecanismos de pesquisa, de publicidade ou por programas de parceiros (programas afiliados). Essa página de destino só descreve o problema ou uma possível solução. Dependendo do status do desenvolvimento, os visitantes experimentarão parcialmente o produto ou o serviço oferecido. Os usuários podem se registrar com seus detalhes de contato. Por sua vez, eles receberão mais informações, um boletim informativo ou uma mensagem de e-mail avisando quando o produto estiver disponível. O registro é usado para medir a taxa de conversão — quantos visitantes se tornam compradores ativos, em outras palavras. Avalie o comportamento dos visitantes do site usando diferentes indicadores-chave de desempenho, como número de visitantes, páginas visitadas ou duração da visita. (Para mais informações sobre indicadores de desempenho, veja o Capítulo 14.)

Demonstre em vez de apresentar

Ao lidar com um produto mínimo viável concierge (personalizado), um pedido do cliente é executado manualmente para a fase de teste, deixando-se a automatização para depois. Antes de criar uma solução técnica automatizada que consome muito tempo ou custo (ideal), a ideia é fundamentalmente testada pelo cliente. O processamento manual de pedidos isolados às vezes é complicado, mas o aprendizado é grande. Você descobre como implementar o processo, bem como o que o cliente exige e quanto se dispõe a pagar.

DICA

Com base nas preferências alimentares dos usuários, a plataforma Food on Your Table cria receitas com listas de compras baseadas nas ofertas vigentes dos supermercados. O protótipo consistia em seu fundador, Manuel Rosso, abordando potenciais clientes de seu círculo de amigos e criando manualmente receitas e listas de compras para eles a cada semana. Ele aprendeu muito com suas próprias observações, que posteriormente automatizou em uma oferta online.

O produto mínimo viável *O Mágico de Oz* tem uma abordagem similar à do produto mínimo viável concierge, mas, no primeiro, os clientes não sabem que há um processo manual em segundo plano. Os clientes pensam que seus pedidos são automatizados, pelo menos em grande parte. Assim como no filme clássico *O Mágico de Oz*, o que quer que esteja acontecendo acontece atrás de uma tela, por assim dizer. A abordagem é a seguinte: "Acredite até que se concretize."

EXEMPLO

Em 2008, o Groupon era apenas um blog que disponibilizava ofertas de cupons; assim que um número suficiente de compradores adquirisse a oferta, eles recebiam o cupom em PDF, por e-mail. Os compradores não percebiam as atividades manuais de segundo plano. Somente mais tarde todo o processo se automatizou.

Na década de 1980, a IBM já havia usado esse princípio para descobrir se existia um mercado para transcrições de mensagens de voz por computadores com precisão específica nas letras. Na época, isso ainda não era tecnologicamente possível. A IBM apresentou um computador com microfone em uma feira corporativa, no qual os frequentadores viam suas palavras recém-faladas como um texto na tela. Mas isso era um blefe: o sinal do microfone era transferido para uma sala adjacente, na qual alguém digitava as falas no computador.

EXEMPLO

O primeiro xadrez de computador do mundo foi um protótipo *O Mágico de Oz*. Em 1769, na Áustria, foi introduzido um autômato que consistia em uma figura em tamanho real na frente de um tabuleiro de xadrez. As mãos da figura moviam mecanicamente as peças de xadrez. Esse computador jogava contra as pessoas em eventos e cativou o público. Não havia computador nenhum à época. Dentro do computador de xadrez, havia uma pessoa pequena que mexia nas peças e era exímia jogadora de xadrez.

Há várias plataformas online que viabilizam a criação barata de protótipos técnicos com a ajuda de módulos de hardware ou de software. Elas oferecem módulos padrão para aplicações específicas com sistemas de sensores, geradores de movimento, monitores e soluções de software. Algumas dessas ofertas são programas de código aberto, que você pode usar gratuitamente para seus experimentos. Dê um passo adiante com a prototipagem rápida, que é composta de diferentes processos de produção com base nos dados de design e destina-se à criação facilitada de protótipos. Protótipos mais maduros podem ser desenvolvidos com o uso de impressoras 3D ou com cortadores a laser.

NESTE CAPÍTULO

» **Definindo metas para o teste**

» **Formulando suposições sobre os usuários e sobre a ideia**

» **Planejando estratégias de entrevista efetivas**

» **Analisando o comportamento dos visitantes em sites**

Capítulo 14

Testando Ideias e Suposições

O design thinking vive do feedback inicial dos potenciais clientes sobre as ideias e as suposições. Aprenda com esse feedback, adaptando suas suposições e suas soluções a uma nova realidade. Pense nesse processo como um experimento em que você faz uma suposição e a testa por meio de interações com os usuários. Este capítulo apresenta uma visão geral da melhor forma de testar as ideias e as suposições. As etapas são simples: decida o que deseja aprender com o método de teste e, em seguida, formule e verifique várias suposições sobre o comportamento dos usuários, seus problemas e seus desejos, bem como suas ideias para uma solução. Você descobrirá como executar esses testes usando entrevistas e estudos online.

Pondo os Pingos nos Is

Na fase de teste, pense como um pesquisador — em outras palavras, invente uma hipótese e verifique se o feedback dos usuários a confirma. Uma *hipótese* é uma suposição não comprovada sobre fatos ou leis cuja validade se quer testar. Durante o teste, ela pode ser comprovada ou refutada. No design thinking, são formuladas hipóteses sobre os usuários e ideias sobre como resolver os problemas ou realizar os desejos deles. Há também hipóteses parciais sobre a ideia ou a implementação, na forma de produto, serviço ou modelo de negócios. Teste se uma função individual é aprovada pelo cliente ou se ele reconhece um canal de vendas específico.

Realize experimentos por meio do seguinte método:

1. **Selecione usuários apropriados que tenham um problema compartilhado ou para o qual precisam de solução. (Para saber mais sobre como selecionar usuários, veja o Capítulo 7.)**

2. **Levante suposições sobre os clientes, seus problemas ou seus desejos, esclareça a ideia de produto ou de serviço, ou identifique os componentes do modelo de negócios e use o que aprendeu para desenvolver hipóteses mensuráveis. Pergunte a si mesmo de quais informações precisa para continuar.**

3. **Crie um design de teste na forma de lista de perguntas ou um protótipo com base nas suposições. (Para saber mais sobre a criação de protótipos, veja o Capítulo 13.) Pense em qual critério de medição selecionar para o teste. A frequência com que vários clientes mencionam um problema específico indica o critério de medição ideal.**

4. **Teste a hipótese em um experimento observando ou pesquisando clientes.**

5. **Meça o resultado e aprenda com ele:**
   - Passe para a próxima hipótese, se a primeira for confirmada.
   - Reformule as hipóteses nos casos em que os resultados são ambíguos e teste-as novamente ou comece do zero, fazendo perguntas básicas sobre os usuários e seus problemas e desejos. (Quem é o cliente real? Quais são os problemas reais dele?)
   - Execute um pivô se a hipótese não for confirmada. (Para mais informações sobre o pivô, veja o Capítulo 13.)

Execute as etapas 2–5 como um loop de feedback. A condição para essa abordagem é selecionar experimentos simples, fáceis de serem executados.

Verificando hipóteses sobre usuários

Use um grupo simples de perguntas para verificar as hipóteses sobre os usuários:

- » Quem são eles?
- » O que fazem?
- » Com que frequência fazem?
- » Por que fazem?

A Tabela 14-1 resume as hipóteses básicas a serem verificadas.

TABELA 14-1 Verificação de Hipóteses sobre Usuários

Hipótese	Critério de Avaliação
Os usuários são descritos pelas seguintes características, propriedades, preferências ou valores: ______.	Frequência de menção de características, propriedades, preferências ou valores
Em relação ao uso do produto, os usuários são influenciados por ______.	Período de uso
O cliente usa ou aplica o produto ou serviço ______ horas por dia (sua suposição).	Período de uso
O cliente fica online ______ por dia.	Tempo online
O cliente fica no ambiente X ______ horas por dia.	Duração da estada
O cliente usa o dispositivo X ______ por semana.	Período de uso
O cliente visita a cidade Y ______ por semana.	Frequência de visitas

Verificando hipóteses sobre problemas e necessidade

O exame das hipóteses sobre o problema ou as necessidades de um cliente deve se concentrar na situação atual dele. Evite perguntas teóricas sobre possibilidades futuras. Com as perguntas, foque o problema ou a necessidade, não a solução possível. O problema ou a necessidade do cliente se apresentam assim:

- **Problema ou necessidade ativa:** Os clientes conhecem o problema ou a necessidade e procuram uma solução ou uma oferta apropriada. Esta é a melhor situação inicial. Pesquise o problema ou a necessidade com perguntas específicas.
- **Problema ou necessidade latente:** Os clientes têm um problema ou necessidade, mas não o conhecem ou não o percebem. Conscientize-os do problema ou da necessidade por meio das interações com eles.
- **Problema ou necessidade inerte:** Os clientes conhecem o problema ou a necessidade, mas não desejam mudar nada. Pense criticamente se vale a pena resolver esse problema ou necessidade com a ideia.

Use as verificações para conhecer os vários tipos de problemas e necessidades dos clientes. A Tabela 14-2 exemplifica hipóteses a serem examinadas para verificar os problemas ou os desejos dos usuários.

TABELA 14-2 **Verificação de Hipóteses sobre Problemas e Necessidades**

Hipótese	Critério de Avaliação
O cliente fica mais irritado ou frustrado com ______________.	
O cliente tem o seguinte problema: ______________.	Frequência de menção nas entrevistas
Ao selecionar ou usar X, o cliente deve superar os seguintes obstáculos ______________.	
O problema tem causado ______________ para o cliente (custo ou tempo gasto; esforço administrativo).	Informações sobre despesas de custo, sobre tempo ou sobre esforço administrativo
O cliente depara com o problema ______________ por semana.	Frequência por semana
O cliente investe ______________ minutos ou horas para resolver o problema.	
Atualmente, o cliente usa ______________ para resolver o problema.	
A solução alternativa, elaborada pelo próprio cliente, é insatisfatória porque ______________.	Frequência de menção
Da perspectiva do cliente, o problema é causado por ______________.	
O cliente não reconhece esse problema porque ______________ (sua hipótese).	
O cliente fica mais animado com ______________.	

Além de suposições mensuráveis e verificáveis, use o contato com o cliente como oportunidade para fazer perguntas abertas. Como não há respostas predefinidas, dê margem à criatividade dos clientes nas respostas. Esse tipo de pergunta produzirá descobertas que o levarão a novas ideias.

Com uma pergunta aberta, peça aos entrevistados que relatem uma situação em que usaram um produto ou serviço. Peça aos clientes que detalhem as etapas e que expliquem como implementaram ou experimentaram algo. Se a atividade levou a uma tomada de decisão, como a compra de um produto, os entrevistados devem explicar como chegaram a ela e quem estava envolvido no processo. Peça que avaliem se tiveram problemas e se teriam feito algo diferente como parte do processo ou se tinham uma ideia melhor para lidar com o problema. Deixe-os descreverem o ambiente em que fizeram ou experimentaram algo relacionado ao problema ou à necessidade. Pergunte se usaram auxílios, dispositivos, métodos ou truques específicos para solucionar o problema.

DICA

Peça aos entrevistados que indiquem outras pessoas com as quais você também possa entrar em contato sobre o problema ou a necessidade. Pergunte se eles conhecem pessoas que têm problemas ou desejos semelhantes.

Se realizar entrevistas com pessoas advindas de realidades muito diferentes, relate as experiências de umas às outras e pergunte se tiveram experiências semelhantes. Conclua a parte sobre os problemas e as necessidades solicitando abertamente fatores adicionais relevantes para o cliente.

Verificando hipóteses sobre os benefícios da ideia

Para as hipóteses sobre a oferta planejada do produto ou do serviço, evite perguntas especulativas (ou inespecíficas) que se baseiam na disposição do cliente para vir a gostar ou comprar algo que ainda não viram ou testaram. Crie um protótipo que torne a ideia tangível e próxima do resultado final. (Para mais informações sobre a criação de protótipos, veja o Capítulo 13.) Peça aos clientes para avaliarem uma característica ou função individual.

Uma comparação com as ofertas atuais da concorrência levanta mais informações. Pergunte aos clientes se eles conhecem as opções atuais para resolver o problema e o que pensam sobre elas. Se ainda não existe um produto ou serviço análogo à ideia, pergunte aos clientes se eles já procuraram uma solução (na internet, por exemplo) e quais resultados foram encontrados. A Tabela 14-3 resume exemplos de hipóteses que devem ser examinadas para a ideia.

TABELA 14-3 **Verificação de Hipóteses sobre os Benefícios da Ideia**

Hipótese	Critério de Avaliação
Os clientes gostam mais (ou menos) das seguintes características, funções ou elementos de ofertas competitivas: _______________.	Frequência de menção em entrevistas
Do ponto de vista dos clientes, sua ideia é melhor pelos seguintes motivos: _______________.	
A satisfação ou entusiasmo pela ideia é demonstrada por _______________ (feedback/atividade do cliente).	
A ideia possibilita aos clientes que façam o seguinte: _______________.	
A ideia muda o seguinte para o cliente: _______________.	
A ideia possibilita que os clientes economizem tempo ou dinheiro na proporção de _______________ (horas/R$).	Quantidade de dinheiro ou tempo (R$/h)

Para complementar as perguntas sobre as vantagens específicas de usar a ideia, conclua com uma pergunta geral de avaliação. Use dois métodos simples para fazer uma avaliação geral do cliente:

- **Net Promotor Score (NPS):** O NPS, ou pontuação líquida de recomendação, possibilita avaliar a ideia sob a perspectiva do cliente com uma pergunta simples: "Qual é a probabilidade de você recomendar a ideia a um amigo ou conhecido?" Atribua uma escala de classificação de 10 (extremamente provável) a 0 (improvável). Dependendo da resposta, três grupos são formados: os promotores defendem a ideia e respondem com uma classificação de 9 ou 10. Os passivos geralmente estão interessados na ideia, mas não a defendem, sua pontuação é de 7 ou 8. Os detratores rejeitam a ideia e lhe atribuem uma classificação de 0 a 6, no máximo. Para calcular o NPS, subtraia a porcentagem de detratores da de promotores. Um NPS de mais de 50 é excelente. Mantenha o levantamento do NPS no decorrer do processo para usá-lo como um índice.
- **Teste Sean Ellis:** Esse teste, criado pelo treinador norte-americano de startups Sean Ellis, é uma maneira simples de fazer com que os clientes avaliem o potencial geral de uma oferta de produto ou serviço. É feita a seguinte pergunta: "Como você se sentiria se este produto ou serviço não existisse?" A escala de classificação é dividida em muito decepcionado, um pouco decepcionado e nada decepcionado ou não tão útil. O objetivo é fazer com que mais de 40% dos clientes respondam "muito decepcionado".

Testa Essa Ideia em Mim

Se o ambiente desempenha um papel significativo em uma avaliação ou se o cliente precisa ser observado durante uma certa atividade, realize entrevistas no local. Isso resulta em uma melhor análise das tarefas que são executadas por várias pessoas ao mesmo tempo. Esteja ciente de que esse método demanda muito tempo e dinheiro, e é difícil de coordenar. Trabalhar com consumidores finais pode resultar em problemas de privacidade, ou o comportamento da resposta dos clientes pode mudar devido à pesquisa no local.

DICA

Uma opção é fazer as entrevistas em uma área neutra, um ambiente tranquilo, sem distrações. No entanto, isso envolve gastos mais altos, tanto financeiros quanto de tempo, e marcar uma data nem sempre é fácil.

A entrevista por telefone é um método conveniente. Ela permite alcançar muitos profissionais e pessoas diversas que morem em áreas distantes, além de possibilitar a você que faça anotações sem interferências. No entanto, não é possível observar gestos nem expressões faciais, o que é uma desvantagem para determinadas ofertas de produtos ou serviços em que os sentimentos contam. Nesse caso, também não há como mostrar um protótipo para o cliente, a menos que se façam videochamadas, mas nem todos os entrevistados vão se sentir à vontade com esse método.

Falando com as pessoas certas

Se ainda não se formou um conceito claro dos usuários, considere uma grande variedade de pessoas ao selecionar os entrevistados. Concentre-se nos possíveis usuários o mais rápido possível. (Para saber mais sobre como selecionar os usuários, veja o Capítulo 9.) Primeiro, use amigos e contatos próximos. Peça recomendações a amigos de amigos. Prepare e-mails adequados para encaminhar o projeto, com uma observação que explique a procura por pessoas para testar as suposições ou ideias. Aborde seus funcionários ou colegas na empresa e pesquise com eles sobre o papel dos clientes.

Pense em um local no qual encontrar potenciais clientes. Esse local pode ser físico (café, loja, feira) ou virtual (rede social, fórum de comércio). Descubra onde os clientes compram, trabalham ou passam seu tempo de lazer.

DICA

Nas empresas, o atendimento ao cliente é uma boa fonte para contatos com clientes em potencial. Clientes irritados são úteis. Uma boa estratégia é incluir um teste da hipótese no processo de atendimento ao cliente. Todo mês, revise as dez principais reclamações de clientes.

Se existirem produtos semelhantes ou anteriores, entre em contato com os clientes diretamente para perguntar se eles estão disponíveis para conversar sobre as suposições ou sobre as ideias. Se pretende realizar muitas entrevistas com clientes no futuro, elabore uma espécie de conselho de clientes a partir do qual seja possível recrutar pessoas para os testes.

DICA

Procure um grupo especial de clientes em potencial — os *usuários líderes*. Esse grupo é o primeiro a reconhecer o problema ou a necessidade e a considerá-lo relevante. Os usuários líderes procuram soluções e às vezes desenvolvem as primeiras abordagens viáveis para elas. (Para saber mais sobre os usuários líderes, veja o Capítulo 2.) Eles geralmente têm poder de compra e aceitam soluções que ainda não são perfeitas, o que ajuda para o teste do protótipo.

Faça as perguntas certas

Boas perguntas são aquelas que se debruçam sobre a situação atual dos clientes e suas experiências até o momento. Peça que lhe contem histórias e lhe deem exemplos. Se quiser saber mais sobre suas necessidades, faça com que o cliente consiga visualizar do que se trata. Primeiro, descreva o problema e pergunte se ele também o entende dessa forma.

Evite apresentar no início a ideia específica de negócio. As entrevistas não são uma oportunidade para você se apresentar ou para vender uma ideia. O foco é o feedback do cliente e o que se pode aprender com as respostas dele. Enfatize a importância de o entrevistado dar respostas honestas, e não hesite em pedir conselhos e ajuda.

Em suas entrevistas, concentre-se em atividades, eventos ou decisões específicas do presente ou passado. As seguintes perguntas darão uma ideia geral:

- Qual produto ou serviço você usou por último, ou como o usou ________?
- Quantas vezes você ________?
- O que você decidiu da última vez que ________?
- O que o frustrou?
- O que o agradou?
- Com o que você passou muito tempo?
- O que você tentou em várias ocasiões?
- O que você considera importante para ________?
- Do que gosta a respeito de ________?
- Do que sente falta ou acha que poderia melhorar em ________?

Não faça perguntas hipotéticas sobre quanto os clientes pagariam ou sobre como tomariam decisões nesse sentido. Não pergunte se eles gostariam de algo específico. Os clientes geralmente não têm muita criatividade para teorizar sobre algo que não estão vendo ou que não podem experimentar em um sentido mais tangível. Peça ao entrevistado para falar sobre o que ele fez em situações específicas ou em determinadas ocasiões. No final da entrevista, é interessante perguntar qual seria o cenário ideal para ele em dadas situações.

CUIDADO

Evite perguntas sugestivas como estas:

- "Você também não acha que...?"
- "Você concorda comigo que...?"
- "Você também não gostaria de...?"

Esse tipo de pergunta influencia o comportamento da resposta, fazendo com que ela não seja honesta. Perguntas fechadas, do tipo sim/não, também não são úteis, porque não se depreende nada com elas.

Se o entrevistado for reservado ou se esquivar no decorrer da conversa, perguntas indiretas serão úteis. Ele não será questionado sobre seus problemas ou necessidades, basta responder sob a perspectiva de uma terceira pessoa conhecida. Por exemplo: "Por que seu amigo usa o produto X?" ou "O que você acha que seu amigo comprou recentemente?".

DICA

Investigue as causas dos problemas ou das necessidades do cliente perguntando "por que" várias vezes. (Para mais informações sobre a técnica dos cinco porquês, veja o Capítulo 6.) Porém, as cinco vezes não devem ser sucessivas. Um "por que" atrás do outro soa invasivo e faz o cliente criar uma barreira. Varie as perguntas. Resuma as respostas do cliente com as suas palavras e peça que ele fale mais sobre seu comportamento ou percepção.

Seja assertivo

Se houver uma oportunidade e não for muito complicado, sua melhor opção é realizar entrevistas presenciais, olho no olho. A próxima melhor opção é uma entrevista por telefone. Somente então você deve considerar uma interação eletrônica (e-mail, chat). Sempre use o "eu" nas entrevistas e não se esconda atrás de palavras como "*nós*" ou "*nossa empresa*" ao conversar com contatos comerciais. Somente assim se alcança um nível mais pessoal, que possibilita manter discussões mais aprofundadas.

Incentive o entrevistado a evitar responder de modo genérico ou a se esconder atrás de termos como "alguém faria", "nós faríamos" ou, no caso de um cliente comercial, "nossa empresa faria" ou "nossa gerência faria". Em vez disso, peça que responda na primeira pessoa, sob a perspectiva dele. Pergunte:

- » Como você vê isso?
- » O que especificamente isso significa para você?
- » Que experiências você teve em relação a isso?

Sempre use palavras compreensíveis, mesmo em pesquisas com especialistas. Evite termos especializados e sentenças truncadas. Nivele sua fala com a do cliente. É preferível tender para os termos um pouco mais coloquiais do que soar incompreensível ou enganoso. Evite negações e sempre use frases positivas. (Para mais recomendações sobre entrevistas, veja o Capítulo 15.)

Vou Online, Digital, Etc. e Tal

Crie um protótipo online, como um site ou um aplicativo, para examinar o comportamento dos visitantes, e, com ele, teste funções individuais ou a facilidade de uso dessas ofertas online. No mesmo site, disponibilize informações sobre futuros produtos, serviços ou modelos de negócios. As informações podem consistir em textos, imagens ou vídeos para clicar ou baixar. Examine os interesses e as preferências dos usuários pesquisando o comportamento de cliques e de entrada. Para aprimorar a análise, compare o comportamento dos visitantes de vários grupos de usuários e deduza alguns índices.

Compare comportamentos

Um método de avaliação amplamente usado é comparar versões diferentes de um site por meio de um *teste A/B*; nele, cada um de dois grupos (A e B) de usuários é exposto a diferentes versões selecionadas de um site, protótipo ou imagem, alternada e aleatoriamente. As possíveis diferenças na reação ou no comportamento dos usuários são examinadas em ambos os grupos. De preferência, as diferenças entre as versões devem se restringir a uma única característica ou função; do contrário, o resultado não será tão claro. Disponibilize essas versões ao mesmo tempo para minimizar as influências causadas por diferentes períodos de tempo. Os programas de software para testes A/B estão disponíveis para implementação de programas e para avaliações estatísticas.

Use números estratégicos

Use índices para avaliar o comportamento dos visitantes. Com eles, meça e avalie a forma como os visitantes usam sua oferta online (aplicativo ou site) e se suas suposições sobre o comportamento deles se aplicam. Primeiro, descubra se o índice escolhido se aplica à suposição. Se deseja testar várias suposições por vez, cada uma delas deve ter o próprio índice.

CUIDADO

Verifique se o registro do comportamento do visitante com índices selecionados tem respaldo legal, ético e se é justificado dentro dos termos da sua própria cultura corporativa. Informações particulares podem acarretar conflitos devido à proteção de dados.

Use os seguintes índices para avaliar o comportamento do visitante online:

» Número de visitantes por dia, semana ou mês.

» Número de visitantes (únicos); ou seja, o número líquido de visitantes totais.

» Número de visitantes novos e recorrentes.

» Impressões de página por visitante.

» Duração da visita ao site ou taxa de rejeição (porcentagem de visitantes que deixam imediatamente sua oferta online mais de uma vez).

» Número de comentários ou curtidas dos usuários em redes sociais individuais por suas contribuições à oferta online.

Você pode segmentar o número de usuários por país, dispositivo (computador ou smartphone) ou navegador. Essas informações possibilitam uma melhor adaptação da oferta online. Se os visitantes usam mais smartphone, é necessário levar em consideração a facilidade de uso para dispositivo móvel. Se eles são originários principalmente de países específicos, considere esses aspectos linguísticos e culturais ao criar a oferta online.

DICA

Além do número de usuários, a *taxa de conversão* é um índice bastante informativo — descreve quantos visitantes executaram uma ação oferecida pelo site. Se os produtos já são comercializáveis, a taxa de conversão é a proporção entre o número de compradores e o de usuários. Ao testar ideias para uma solução, em vez do comportamento de compra, registre outras ações, como preenchimento de formulários, inscrição em um boletim informativo ou quantidade de registros de uma versão de teste.

O objetivo de uma oferta online é obter uma distribuição extrema na internet, que (espero) comece a se espalhar por conta própria. Use o coeficiente viral para estimar se a ideia do produto, serviço ou modelo de negócio tem potencial para viralizar (ser amplamente visualizada). Calcule-o assim:

1. **Determine o número médio de visitantes da oferta online por período (dia, semana ou mês). Digamos que você tenha 100 visitantes.**

2. **Multiplique esse número pelo número médio de recomendações por usuário, sob a forma de compartilhamento com outras pessoas nas postagens das redes sociais. Suponha que todo usuário faça 10 recomendações. Você teria 1.000 recomendações como resultado.**

3. **Determine a taxa de conversão média em porcentagem. Ela descreve quantas pessoas que receberam uma recomendação executaram uma ação, como comprar um produto, registrar-se em um site ou fazer download de arquivos. Suponha que cada quinto destinatário de uma recomendação tenha realizado uma ação posteriormente, como a inscrição em um boletim. Isso torna a taxa de conversão 20%.**

4. **Calcule o número de usuários atingidos pela taxa de conversão (veja a Etapa 3) a partir do número de recomendações (veja a Etapa 2). Com 1.000 recomendações e uma taxa de conversão de 20%, você tem 200 usuários atingidos.**

5. **Calcule o coeficiente viral dividindo o número de usuários atingidos (veja a Etapa 4) pelo número médio de visitantes (veja a Etapa 1). Se há 200 usuários ativados e uma média de 100 visitantes, o coeficiente viral é 2.**

Um coeficiente menor que 1 indica uma parada. Seu objetivo é obter um coeficiente viral significativamente superior a 1.

DICA

Não exagere nos números estratégicos; do contrário, perderá a noção real. Selecione uma quantidade limitada entre os possíveis índices. Concentre-se apenas em alguns números — os indicadores-chave de desempenho (KPI).

Aprendendo com os Resultados

Após realizar entrevistas ou examinar o comportamento online dos usuários, a próxima prioridade é determinar o quanto os resultados foram proveitosos em termos de aprendizado. Além de verificar as suposições individuais ou a viabilidade da ideia, obtenha ainda mais informações nos comentários dos clientes. Faça as seguintes perguntas para examinar a repercussão do contato com os usuários:

» Quais pontos foram avaliados de forma positiva?

» Quais eram as preocupações?

» Quais declarações dos clientes surpreenderam?

» O cliente demonstrou alguma emoção? Se sim, qual?

» Que sugestões foram feitas?

» Que ideias e comentários o conceito da ideia recebeu?

» O que aprendemos com isso?

A partir dos resultados das entrevistas e dos estudos online, determine quais declarações são significativas para o projeto do design thinking. Implemente o protótipo seguinte modificado com base nesse feedback.

DICA

O feedback do cliente também resulta em opções para variações na ideia do produto ou do serviço. Com base nos resultados, pense se possíveis variantes do produto, serviço ou modelo de negócios possam ser necessárias. Pense em formas de variar a ideia. Em seguida, verifique a extensão de outras variantes e se elas são adequadas e economicamente viáveis.

Se as suposições não forem confirmadas, ou se as observações e as pesquisas mostrarem resultados ambíguos, talvez seja preciso retornar a um estágio anterior do processo do design thinking. Se as suposições sobre os problemas ou sobre as necessidades dos usuários não forem confirmadas, revise a tarefa. (Para mais informações sobre essa revisão, veja o Capítulo 9.) Se forem obtidos resultados diferentes dos clientes em potencial, é possível que os usuários ainda não tenham formado um grupo coerente. Reconsidere a descrição dos usuários (veja o Capítulo 7 para obter mais informações sobre esse tópico), concentre-se em um subgrupo e execute os testes novamente. Se a ideia para a solução não for aprovada, desenvolva uma nova. (Veja os Capítulos 10 e 11 para obter mais informações sobre como executar essa tarefa.) Se o cliente em potencial não conseguir imaginar a ideia, crie um novo protótipo. (Para mais informações sobre protótipos, veja o Capítulo 13.)

A necessidade de apresentar uma nova descrição dos usuários, um novo exame dos problemas ou das necessidades, ou o desenvolvimento de uma nova ideia ou protótipo não representa um fracasso. Muito pelo contrário: você evita focar os usuários errados ou o problema errado com uma ideia ruim. Você evita altos investimentos na implementação de um produto, serviço ou modelo de negócios que o cliente em potencial não aprovará. O design thinking prospera com o feedback das fases anteriores. Você aprende com a falha, muda a ideia conforme o feedback dos usuários, cria um protótipo aprimorado e realiza novos testes. Com essa abordagem, é certo alcançar, aos poucos, uma inovação promissora de produtos, serviços ou modelos de negócios.

4

A Parte dos Dez

NESTA PARTE...

Dez fatores de sucesso para preparar, concluir e acompanhar as entrevistas de modo adequado.

Dez fatores de sucesso para proceder estrategicamente, estabelecer as bases para o sucesso e rebater objeções.

NESTE CAPÍTULO

» Planejando e concluindo entrevistas corretamente

» Aprendendo com discussões

» Lidando com pesquisas de diferentes formatos

Capítulo **15**

Dez Fatores de Sucesso para Entrevistas

Compartilhar informações com os usuários é uma parte essencial do processo do design thinking. Descubra mais sobre os usuários — seus desejos e problemas — com as entrevistas. Elas conferem feedback decisivo e novas sugestões para a solução. Para ter sucesso com o design thinking, é importante planejar e concluir entrevistas com rapidez e eficiência. Neste capítulo, mostro dez fatores para realizar entrevistas com sucesso.

Prepare Tudo

Repasse a situação em sua mente antes da entrevista. Veja as informações anteriores sobre a pessoa com quem deseja falar. Pense em suas características, seus problemas e suas necessidades. Busque informações sobre sua formação educacional, suas publicações, suas palestras e seus cargos nas redes sociais ou pesquisando na internet.

Uma boa maneira de se preparar é praticar a entrevista antecipadamente com amigos ou colegas. Antes de começar, teste se suas perguntas são claras. Verifique cada pergunta para saber se o ajudarão a alcançar seus objetivos e se precisam ser adaptadas ou excluídas. Quanto menos você perguntar, melhor.

DICA

Para estruturar e conduzir uma entrevista boa e eficaz, crie um guia vinculativo — com as premissas essenciais na forma de pergunta. (Para mais informações sobre as suposições individuais que precisa saber, veja o Capítulo 14.)

Prepare-se para seguir a programação. Priorize suas perguntas e as faça na ordem, para pelo menos testar as principais premissas se o tempo for curto. Considere com antecedência o foco da entrevista, para se concentrar nele.

Apresente-se Bem

Durante o contato inicial com pessoas que não conhece, destaque que não se trata de um discurso de vendas, mas que procura conselhos e precisa da avaliação dessa pessoa. Muitas vezes, é surpreendente quantas pessoas têm prazer em ajudá-lo, mesmo quando o tempo é curto, porque se sentem lisonjeadas ou consideram o problema relevante. Comunique no início que a conversa levará poucos minutos (de cinco a não mais que vinte). Descreva o tópico em duas ou três frases. Comece perguntando sobre preferências pessoais ou experiências da pessoa em relação ao tópico. Esse tipo de pergunta ajuda a quebrar o gelo.

Faça as Anotações Certas

Antes de começar a testar as suposições ou o protótipo, pense em como deseja registrar o feedback do cliente (anotações, filmagem). Em princípio, não use gravadores em entrevistas com desconhecidos. As pessoas ficam travadas quando estão sendo gravadas. Pedir para registrar a entrevista não é uma boa maneira de começá-la. Uma opção é ir com um parceiro. Uma pessoa faz as perguntas e a outra, as anotações. No entanto, isso também pode desencorajar o entrevistado, além de ser demorado.

Sem dúvida, as notas são excelentes em entrevistas por telefone, mas podem ser mais um obstáculo do que um auxílio nas presenciais. Evite usar um laptop nas conversas presenciais, porque isso cria um "muro" entre você e o entrevistado. Tablets são mais práticos. Ao fazer anotações, lembre-se de que você prestará menos atenção à pessoa naquele momento. Você pode perder seus gestos e expressões faciais. De modo geral, a entrevista gravada perde naturalidade.

As anotações podem ser eletrônicas ou manuscritas, em blocos de notas, fichas ou notas adesivas. A vantagem das últimas é a possibilidade de organizá-las nas paredes. Ao tomar notas durante ou após a entrevista, marque os resultados com símbolos simples para destacar declarações interessantes. Cite declarações importantes (especialmente as carregadas de emoção) palavra por palavra. Use emojis para captar as emoções expressas (aborrecimento, preocupação, frustração, curiosidade, empolgação). Escreva o escopo e o tipo de emoção, são informações importantes.

Ouça com Atenção

Ouça mais, fale menos. O entrevistado deve falar 80% do tempo; o entrevistador, 20%. Durante a conversa, confirme as declarações dele, corrobore, faça perguntas complementares em caso de ambiguidade e, ocasionalmente, resuma com suas próprias palavras o que ouviu. Faça contato visual, mas não se esconda atrás de um laptop. Evite julgar o entrevistado e as declarações dele durante a entrevista. Ao falar, não pense no que vai fazer com as informações. Concentre-se no que o entrevistado fala e na forma como o diz. Avalie e utilize as informações somente após o término da discussão.

Preste Atenção às Emoções

Preste atenção à fala (volume, ritmo, cadência, ênfases), aos gestos e às expressões faciais durante a conversa. Contradições entre o que é dito e a forma como é dito são particularmente úteis para a futura análise. Durante cada entrevista, sua atenção não deve recair somente sobre as afirmações objetivas, mas também sobre aquelas carregadas de emoção e surpresa. As emoções são expressas no conteúdo do que está sendo dito, bem como na escolha de palavras, no tom, nos gestos e nas expressões faciais. As emoções mostram aborrecimento, preocupações, frustração, curiosidade ou empolgação, por exemplo.

Mantenha as Rédeas

Nunca tire conclusões precipitadas sobre as afirmações do entrevistado. Nunca assuma que já sabe tudo. Pergunte o que ele quis dizer ou como ele entende tal ideia. Peça uma explicação se você não entender o motivo alegado ou se considerar algo muito óbvio.

Considere com ceticismo cada afirmação. Sempre questione, peça mais informações e confronte outras pessoas com alguma declaração. Você deve ser flexível durante as discussões. Se o cliente falar sobre algo com certa emoção ou relatar uma falha na pesquisa de uma solução, e o problema não corresponder à sua abordagem original, peça detalhes para entender melhor. Dessa forma, você pode descobrir uma nova ideia de negócio e também que talvez precise mudar de direção ou dinamizar a ideia original.

Conclua com Simpatia

A última impressão é a que fica, e é por isso que o desfecho da reunião deve ser positivo. Ao terminar, sempre agradeça e informe as próximas etapas — em outras palavras, o que será feito com as informações. Lembre-se de que o entrevistado é um potencial cliente e, como influenciador, pode recomendar sua inovação a outras pessoas após o lançamento dela no mercado. É interessante encerrar perguntando se pode fazer contato futuro com o entrevistado para perguntas adicionais ou se ele quer receber informações sobre o lançamento do produto. Pergunte se ele o recomendaria a outras pessoas.

Faça Entrevistas Suficientes

Você sabe que realizou um número suficiente de entrevistas quando reconhece um padrão de resposta claro. Quanto maior for o potencial grupo-alvo, mais entrevistas são necessárias. Se o grupo-alvo é pequeno, cinco a dez entrevistas podem ser suficientes para reconhecer o padrão. O número de entrevistados depende do tamanho do mercado-alvo desejado. Se nenhum padrão de resposta claro surgir após um grande número de entrevistas, reconsidere a seleção do grupo-alvo (quem realmente é nosso cliente?) ou revise as perguntas (quais problemas ou necessidades os clientes realmente têm?).

Acompanhe a Pós-produção

Após as entrevistas, acompanhe a pós-produção sempre documentando os eventos mais importantes da conversa, bem como os resultados significativos. Para a pós-produção pessoal, faça as seguintes perguntas:

» O que correu bem e funcionou sem problemas durante a entrevista?

» O que não foi tão bem?

» Quais foram os pontos altos e baixos da entrevista?

» Havia algo confuso durante a entrevista?

» O que você conseguiu com a discussão? O que não conseguiu?

» O que deve fazer de diferente durante a próxima entrevista?

» Como garantir que a próxima entrevista seja (ainda) melhor?

Aprimore a próxima entrevista com base nas suas respostas a essas perguntas. Reserve um tempo para a pós-produção, será inestimável.

Agarre Todas as Oportunidades

Use todas as oportunidades para interagir com os usuários. Nunca é cedo para começar com entrevistas no processo do design thinking. Somente pedindo comentários e sugestões deles é possível obter as informações necessárias para fazer o seu trabalho.

Crie uma lista com as três principais perguntas que fará em conversas espontâneas com os potenciais clientes. Com isso, você estará sempre preparado para discussões com pessoas interessantes e tirará o melhor proveito delas.

Se não tiver a oportunidade de conversar pessoalmente, utilize as tecnologias a seu favor. Nos bate-papos por vídeo, observe os gestos e as expressões faciais do entrevistado. Esse método é recomendado para clientes mais esclarecidos. Compartilhe informações adicionais por meios eletrônicos. Troque mensagens instantâneas com clientes que não gostam de comunicação verbal ou via vídeo. As mensagens instantâneas são entregues imediatamente por software. Lembre-se de que essa abordagem é passível de gerar mal-entendidos, mesmo quando emojis são usados.

Se for aceitável ter um atraso nas respostas, o e-mail também é uma opção. Essa é uma forma de fazer a pesquisa com clientes que morem em locais distantes e vivam em outros fusos horários. Assim, os entrevistados podem responder às perguntas em um momento mais adequado para eles.

Outra forma de obter um feedback sistemático sobre as suposições e as ideias é fazer pesquisas online por meio de um questionário. Embora a taxa de resposta geralmente seja baixa para uma pesquisa online, é uma maneira rápida de solicitar declarações quantificáveis. Há algumas soluções gratuitas de software que viabilizam essa modalidade de pesquisa.

Ao fazer as pesquisas, lembre-se dos limites das mídias digitais. O comportamento de resposta das pessoas é afetado por gravações ou transmissões eletrônicas. Você não receberá informações confidenciais. Os gestos e as expressões faciais são perdidos. As emoções são suprimidas. Por isso é recomendado fazer um esforço para visitar os usuários no local e participar de discussões pessoais sem muito suporte técnico. O analógico é o novo digital. Em um quadro na parede ou em folhas de papel, os usuários expressam anonimamente suas impressões sobre um produto ou serviço. Disponibilize canetas e faça perguntas abertas sobre a forma como o cliente se sentiu em relação ao serviço, local ou produto após usá-lo:

- O que foi bom?
- O que o incomodou?
- O que pode melhorar?

Esse método é uma boa opção para situações nas quais pesquisas presenciais não são possíveis ou em que sua presença acaba influenciando a resposta.

NESTE CAPÍTULO

- » **Preparando a organização para promover a inovação**
- » **Transmitindo a importância estratégica de uma ideia**
- » **Desenvolvendo as competências de forma sustentável**
- » **Removendo barreiras para a ideia**

Capítulo 16

Dez Fatores de Sucesso para Alavancar Sua Ideia

O design thinking não é algo que se faz apenas uma vez. Não basta estruturar um projeto e deixar de tomar outras medidas. Ele deve se tornar um componente da cultura de inovação da empresa. Essa é a única maneira de obter sucesso sustentável em um ambiente dinâmico, de constante mudança. Você pode obter vantagens competitivas aproveitando o reconhecimento e a utilização de oportunidades empresariais ágeis, criativas e flexíveis. Contemple toda a cultura de inovação da organização.

A estrutura, a estratégia de negócios, os processos e o estilo de liderança de uma empresa, além das competências dos colaboradores, moldam a cultura de inovação. Eles são os cinco grandes fatores da inovação. Neste capítulo, apresento dez fatores para moldar a cultura de inovação e implementar o design thinking com sucesso.

Prepare as Estruturas

As abordagens do design thinking podem ser diferentes dos processos típicos de negócios de uma empresa — caracterizados por tarefas rotineiras e padronizadas, com base em uma cultura orientada à eficiência, predominante nesses casos. Busca-se evitar erros e mudanças frequentes de tarefas, pois os colaboradores seguem regras formais para a execução das tarefas individuais, e o controle é estrito sempre que algum serviço é prestado.

O design thinking requer uma orientação para a inovação, segundo a qual os erros são desejáveis para aprender e melhorar. Os colaboradores têm espaço para respirar e são incentivados a agir com autonomia. Se ocorrer um conflito entre uma orientação à eficiência e uma à inovação na empresa, separe as atividades de inovação dos processos de rotina.

Essa divisão pode ser feita por meio de um projeto, uma unidade de negócios organizacional diferente ou uma subsidiária independente. Aplique os princípios do design thinking no projeto, na unidade ou na subsidiária com a qual as atividades de inovação são realizadas. A ideia é tolerar erros, envolver os clientes no processo desde o início, projetar espaços de trabalho criativos, garantir a diversidade na equipe e lidar com as mudanças de maneira ágil e flexível. (Para mais informações sobre esses princípios, veja o Capítulo 2.)

Ao separar organizacionalmente os processos de negócios da empresa das atividades de inovação, verifique se, com o tempo, as áreas tornam-se excludentes ou isoladas. Isso dificulta a articulação delas — a ponto de uma ideia inovadora não conseguir aprovação da outra unidade, encarregada de implementá-la com sucesso. Conduza discussões regulares para coordenar as áreas. Alterne funcionários entre os departamentos. Forme um painel de direção com funcionários de ambas as áreas, para que fiquem responsáveis pela coordenação e pela troca de informações.

Incentive a Colaboração e Comunicação Gerais

A colaboração e a comunicação abertas e eficazes são fatores decisivos para o sucesso no desenvolvimento de inovações na empresa. Os processos do design thinking prosperam com interações interdepartamentais e interdisciplinares entre os envolvidos, com base na apreciação mútua entre os diferentes departamentos e as áreas funcionais operacionais. A colaboração em projetos de design thinking ocorre em equipes. Os gerentes precisam assumir tarefas diversas e desafiadoras para promover o desenvolvimento delas. O psicólogo norte-americano Bruce Tuckmann propôs um modelo para descrever as fases do bom desenvolvimento em grupo, cujo ciclo segue as fases de formação, confrontação, normatização, performance e nova jornada. As seções a seguir detalham o modelo.

Arrase na formação

Durante a fase de *formação* do desenvolvimento da equipe, os integrantes devem se acostumar com suas funções. É comum haver um alto nível de incerteza generalizado nesse início, portanto, como gestor geral ou gerente de projeto, preste atenção a estas diretrizes:

- » **Dê tempo para os membros da equipe se conhecerem.** Cada pessoa da equipe deve conseguir se apresentar de maneira descontraída. Um método tradicional para apresentações no início de um novo projeto ou workshop é fazer com que cada participante diga seu nome, cargo e formação em uma única frase. Em outra frase, podem falar sobre suas motivações, desejos e expectativas para o projeto ou workshop. Um método casual alinhado com o design thinking é criar imagens ou objetos. Cada participante deve selecionar uma imagem ou um objeto e explicar por que o escolheu e o que associa a ele, o que pode envolver experiências profissionais ou pessoais.
- » **Oriente bem os membros da equipe.** Diga a eles os motivos e os objetivos do projeto, e explique as condições básicas (contribuição para a estratégia corporativa, especificações de orçamento, prazo).
- » **Esclareça as dúvidas e planeje em conjunto metas, tarefas e processos.** Para mais informações sobre esse processo, veja o Capítulo 4.
- » **Defina as responsabilidades e as tarefas da equipe, e oriente a forma de relatar os resultados.** Organize reuniões regulares e frequentes no início. (Para mais informações sobre a definição das responsabilidades e das tarefas, veja o Capítulo 5.)

Domine a confrontação

Durante a fase de *confrontação*, os membros da equipe se conhecem melhor e se tornam mais autoconfiantes. Assim, surgem os primeiros "confrontos" (daí o termo *confrontação*), quando as pessoas começam a testar limites, à medida que a colaboração prossegue. Às vezes ocorre uma sensação de impaciência e de frustração causada pela falta de sucesso inicial, o que pode causar conflitos na equipe. Como gestor geral ou gerente de projeto, reaja desta maneira:

» **Propicie pequenas vitórias durante o projeto.** Para isso, selecione tarefas nas quais a equipe possa trabalhar com rapidez e facilidade.

» **Evite excluir alguém durante as reuniões.** Em vez disso, incentive todos a se expressarem quando as experiências forem compartilhadas.

» **Promova o compartilhamento de conhecimento.** Para garantir uma comunicação aberta, dê os recursos necessários a todos os integrantes:

- *Hardware:* Computador, sistema telefônico, comunicações móveis.
- *Software:* Programas para trocar mensagens, listas de tarefas, documentos compartilhados e participação nas videoconferências.

» **Além disso, institua uma cultura que acolha discussões abertas e que não evita conflitos.** Aborde temas e conflitos diretamente e discuta-os com os envolvidos.

Respalde a normatização

Durante a fase de *normatização* — na qual as pessoas começam a resolver as diferenças internas, apreciam os pontos fortes dos colegas e respeitam sua autoridade como líder —, ocorre um desenvolvimento cada vez maior de distribuições claras de funções na equipe, com os padrões de colaboração. O espírito de equipe começa a crescer. Como gestor geral ou gerente de projeto, facilite o processo desta maneira:

» **Estabeleça confiança.** Relate informações relevantes, promova e exija feedback de todos os envolvidos sobre o trabalho concluído da equipe.

» **Apoie a equipe na formulação de regras para o processo colaborativo.** Até regras não escritas devem ser mencionadas e, de preferência, definidas por escrito. (Para mais informações sobre colaborações, veja o Capítulo 5.)

» **Oriente a equipe.** Defina a meta de documentar resultados intermediários do trabalho do projeto.

Nesta fase, o gestor geral ou gerente de projeto assume o papel de moderador, ou de coach.

Impulsione a performance

Na fase de *performance*, a equipe atinge a maior produtividade e, idealmente, está estabelecida. Nesta fase, a tarefa do gerente é:

- **Incentivar a organização independente.** Não delegue nem atribua tarefas.
- **Observar as mudanças no ambiente do projeto e informar a equipe sobre novos desenvolvimentos.** Os fatores de influência do ambiente para o projeto podem incluir novos requisitos legais, invenções tecnológicas, requisitos alterados dos clientes ou uma nova estratégia da empresa. (Para mais informações sobre a análise de influências externas, veja o Capítulo 6.)
- **Fornecer os recursos.** Certifique-se de que os recursos necessários na empresa (pessoal, equipamento, capital) estejam disponíveis em longo prazo.
- **Divulgar.** Compartilhe os sucessos da equipe com o mundo exterior.

Arquitete a nova jornada

Pouca atenção costuma ser dada à fase de *nova jornada*, quando a equipe é dissolvida, mas um desfecho sistemático influencia tanto o projeto em andamento quanto os futuros. Os participantes costumam formar uma impressão geral apenas do final. Se o desfecho for bem organizado e satisfatório, o projeto inteiro terá um julgamento positivo. Como gestor geral ou gerente de projeto, auxilie a equipe da seguinte maneira:

- **Faça uma revisão com a equipe.** Aborde como o projeto funcionou e o que pode ser deduzido para o futuro (*post-mortem*).
- **Documente os resultados.** Descreva as experiências do projeto.
- **Elogie o trabalho e o desempenho da equipe.** Celebre a conclusão com boa comida e bebida.
- **Dê feedback individual aos colaboradores sobre sua contribuição para a equipe.** Dedique-se para que os membros da equipe encontrem um novo trabalho interessante na empresa após o término do projeto.

Crie um Senso de Urgência

Crie um senso de necessidade e urgência para mudar a cultura corporativa iniciando uma análise direta da situação atual e dos desafios futuros da empresa. O passado moldou a cultura corporativa, por isso deve ser analisada em retrospectiva. As perguntas a seguir o ajudarão a analisar a situação atual da cultura corporativa:

- » Como descrever nossa cultura de inovação?
- » O que nos torna particularmente inovadores? Qual é nosso ponto fraco?
- » Do ponto de vista dos clientes/colaboradores, o que exatamente defendemos?
- » Como lidamos uns com os outros e com terceiros?
- » Quais princípios moldam nossas ações?
- » O que queremos alcançar com nossa cultura de inovação? O que não queremos alcançar?
- » O que nos convém? O que não nos interessa?
- » Como temos que nos organizar para alcançar nossos objetivos da melhor maneira possível?
- » O que tem que ser mudado? Como desenvolvermos mais a empresa?

Essas perguntas podem ser respondidas basicamente em diferentes grupos de discussão: entre a gerência da empresa e as partes interessadas (investidores, clientes, fornecedores), em conversas com funcionários, em rodadas informais de discussão ou em grupos de trabalho e workshops voltados para a cultura de inovação. É importante que a necessidade e a urgência da adoção de uma cultura de inovação já sejam mostradas nessas discussões e que a contribuição do design thinking seja enfatizada.

Estabeleça uma Coalizão de Liderança

Estabelecer os princípios e os métodos do design thinking de forma sustentável em toda a empresa demanda pessoas que apoiem essa mudança. Elas devem ter credibilidade e um alto nível de reconhecimento na empresa. Suponha que uma empresa tenha 20% de apoiadores e 20% de opositores a uma mudança. Os 60% restantes estão indecisos.

Em discussões e reuniões pessoais, você perceberá quem quer apoiar o projeto. Preste atenção àqueles que acompanham as explicações sobre o design thinking com interesse e que desejam saber mais. Selecione pessoas de diferentes áreas (pesquisa, produção, marketing, vendas, controle) e níveis hierárquicos.

Os apoiadores que podem estabelecer uma coalizão de liderança para a mudança são necessários em todos os níveis hierárquicos e em todas as áreas afetadas. Quando se trata de mudar a cultura de inovação na empresa, a coalizão de liderança deve abranger todos os departamentos e hierarquias.

As principais tarefas da coalizão de liderança incluem a participação no desenvolvimento da estratégia e no planejamento da implementação de projetos de design thinking. Ela pode se tornar uma agência de alerta precoce para resistência na empresa e, ao mesmo tempo, espalhar as oportunidades de design thinking por toda a empresa. Os representantes da coalizão de liderança são responsáveis por apoiarem os participantes no âmbito desses projetos.

Comunique a Visão da Cultura de Inovação

É importante ter uma comunicação aberta na empresa sobre a nova cultura de inovação, que englobará os princípios e os métodos do design thinking. É tarefa da alta gerência enfatizar a necessidade e a urgência das mudanças na empresa a cada oportunidade e explicar os princípios do design thinking. Os membros da coalizão de liderança devem exemplificar a mudança como modelos e líderes de opinião na comunicação dos benefícios de uma abordagem de design thinking. A comunicação deve ser realizada em linguagem pictórica e refletir esses benefícios para a empresa. Verifique se os princípios e os métodos do design thinking foram entendidos.

Faça as seguintes perguntas para determinar se houve comunicação suficiente sobre a visão:

- » Os funcionários entenderam os objetivos da mudança?
- » As pessoas afetadas entendem o motivo da mudança?
- » Os funcionários entendem os benefícios do design thinking?
- » Os funcionários conhecem os princípios e os métodos do design thinking?

Se descobrir que há uma falta de informação entre os funcionários, organize conversas ou workshops sobre o design thinking.

Institua uma Cultura Tolerante a Erros

O design thinking pode levar a equívocos. Nem todas as suposições sobre os problemas e desejos dos usuários serão confirmadas. Nem toda ideia tem sucesso. Nem todo protótipo é avaliado positivamente pelos clientes. Com esses erros, você pode aprender qual é realmente o problema do cliente em potencial, qual ideia é viável e qual protótipo será atraente para ele.

Utilize esses erros para o progresso do aprendizado, não apenas no âmbito do projeto — desenvolva uma cultura que tolera erros e se dedica a aprender com eles também no âmbito da empresa. (Para mais informações sobre como lidar com erros no âmbito do projeto, veja o Capítulo 3.)

Os colaboradores devem poder falar aberta e honestamente sobre erros em toda a empresa. Quando uma cultura tolerante a erros é instituída, os gerentes servem como modelos. Os gerentes devem assumir seus erros, relatar como se sentiram a respeito deles e, acima de tudo, o que aprenderam com eles. Honestidade e abertura não são fraquezas; são valores importantes que aumentam a credibilidade de um líder. Como gerente, lide com seus próprios erros e relate quais conclusões tirou deles a cada oportunidade — em palestras, apresentações, entrevistas no boletim informativo dos funcionários e em conversas com os colaboradores.

Inicie uma reunião descrevendo seus erros. Enfatize quais erros fazem parte da criação de inovações e que são oportunidades de aprendizado. Isso incentiva os participantes a falarem sobre seus próprios erros.

Quando um gerente lida com os erros dos funcionários de maneira objetiva, de modo que ninguém que honesta e abertamente relate seus erros seja exposto, criando confiança e dando exemplo. Isso exige que todo gerente reflita regularmente sobre sua atitude em relação a erros e comportamentos, respondendo a estas perguntas:

- Como eu entendo os erros?
- Como gerente, como quero lidar com os erros dos funcionários?
- Como o funcionário pode aprender com os erros? O que posso aprender com os erros deles? O que a empresa pode aprender?

A abordagem do gerente a seus próprios erros e aos dos funcionários se tornará conhecida e, na melhor das hipóteses, define uma cultura de tolerância a erros na empresa.

Capacite os Colaboradores

Os colaboradores devem ser informados e capacitados com uma visão ampla, para que a nova cultura corporativa seja facilmente integrada à rotina de trabalho. É possível reduzir a desconfiança e as barreiras entre os funcionários afetados por meio de discussões e acordos sobre a participação ativa nos projetos de design thinking. Se as habilidades existentes precisam ser expandidas e desenvolvidas para a cultura de inovação, você deve executar medidas avançadas de treinamento na forma de sessões de treinamento e workshops. Promova eventos sobre os seguintes tópicos:

- **Os princípios e os métodos do design thinking:** Para mais informações sobre esse tópico, veja os Capítulos 1 e 2.
- **Agilidade na execução dos projetos:** Para mais informações sobre esse tópico, veja os Capítulos 4 e 5.
- **Empatia com os problemas do cliente.** Para mais informações sobre esse tópico, consulte os Capítulos 6, 7, 8 e 9.
- **Formas criativas para encontrar ideias.** Para mais informações sobre esse tópico, veja os Capítulos 10 e 11.
- **Avaliação de ideias de diferentes perspectivas.** Para mais informações sobre esse tópico, veja o Capítulo 12.
- **Criação e teste de protótipos.** Para mais informações sobre esse tópico, veja os Capítulos 13 e 14.

No nível individual, inclua os objetivos da cultura de inovação nos acordos-alvo dos funcionários e, no nível da empresa, no conceito de desenvolvimento de pessoal. Dessa forma, o trabalho em um projeto de design thinking é recompensado. A cultura de inovação prospera com o feedback dos funcionários envolvidos e afetados. Como gerente, mantenha discussões regulares com os funcionários sobre os resultados da cultura de inovação.

Supere a Resistência

A novidade de implementar o design thinking pode causar insegurança entre os participantes, pois indica que os métodos de trabalho conhecidos serão alterados. Mudanças são entendidas como perturbações, aborrecimentos, transtornos ou turbulências sem propósito. Espere resistência ao iniciar uma abordagem de design thinking. A resistência tem efeitos muito diferentes sobre a inovação: no pior cenário, será impedida. Também pode haver um atraso no processo. Também é possível que a ideia original seja alterada e diluída no decorrer do desenvolvimento.

Trate a resistência de forma construtiva. Ela também pode ter efeitos positivos e contribuir para uma melhoria da inovação ou de seu processo. A resistência construtiva permite identificar e remediar deficits na ideia desde o início.

Supere as resistências reconhecendo que tipos de barreiras existem e de onde surgem. Classifique-as como estes tipos de barreiras:

» **Inabilidade:** Uso inadequado dos recursos. Verifique se há recursos suficientes disponíveis para os projetos inovadores.

» **Desconhecimento:** Quando o conhecimento sobre o desenvolvimento e a implementação da inovação não existe ou não está disponível em toda a empresa. Expanda as competências dos funcionários e promova eventos sobre design thinking.

» **Recusa:** Se não houver permissão, não haverá suporte da alta gerência. Isso significa que o design thinking não conta como uma das prioridades estratégicas. Os funcionários não podem usar seu horário de trabalho para trabalhos criativos. Convença a alta gerência sobre as vantagens do design thinking. Peça para que os funcionários obtenham liberdade de design para buscar abordagens criativas e para que possam realizar os primeiros projetos dentro de um orçamento inicialmente limitado.

» **Desprezo:** Exemplos dessa barreira incluem os efeitos da insistência no *status quo*, bem como a falta de vontade de aprender ou mudar. Forme uma coalizão de liderança com outros funcionários, que comunicará a utilidade e os princípios de uma abordagem de design thinking em toda a empresa.

Rebata as Objeções

Uma manifestação óbvia de resistências e barreiras são as *frases destrutivas*, reivindicações sem fundamento ou preconceitos expressos que indicam rejeição. Aqui estão algumas frases destrutivas típicas:

- "Não precisamos de nada disso."
- "Isso não funciona."
- "Isso só dá certo na teoria."

Invalide esses argumentos perguntando os motivos por trás das reivindicações e solicitando evidências para elas. A Tabela 16-1 resume algumas perguntas e declarações úteis para invalidar frases destrutivas. Também exponha essas frases nos espaços comuns e nos workshops para que ninguém as use durante o trabalho em equipe.

TABELA 16-1 Invalide as Frases Destrutivas

Frase Destrutiva	A Réplica
"Não precisamos de nada disso."	Pergunte o que aconteceria se a empresa cancelasse todos os esforços de inovação (um cenário de estagnação). A inércia é punida pelos clientes e pelos concorrentes.
"Isso não funciona."	Pergunte por que e se há evidências.
"Qual é o propósito disso?"	Explique os princípios do design thinking (para saber mais sobre este tópico, veja o Capítulo 2) e sua abordagem (sobre este, o Capítulo 1).
"Isso só dá certo na teoria."	Dê exemplos. O primeiro mouse de computador e a primeira escova de dentes ergonômica foram desenvolvidos de acordo com os princípios do design thinking. (Há mais exemplos nas Partes 1 e 2 deste livro.)
"Não é uma prioridade para nós nesse momento."	Aponte transformações nas áreas de tecnologia, sociedade e economia que exigem uma resposta rápida.
"Não temos como financiar isso."	Sugira começar com um pequeno projeto, com orçamento limitado. O progresso pode ser verificado após um marco.
"Interessante — vamos ver outra hora."	Evite adiar. Marque uma reunião pelos próximos dias com os tomadores de decisão para discutir isso.
"Sim, mas..."	"Sim, mas..." é uma forma comum de iniciar uma rejeição geral. Peça à pessoa para abordar especificamente a proposta. Pergunte como melhorá-la.

Contenha a Euforia

Uma atitude positiva em relação ao design thinking é benéfica para o sucesso do projeto. No entanto, expectativas muito altas podem ser perigosas para a implementação de uma ideia. Como resultado da euforia, o design thinking pode ser entendido como lixo criativo, se houver um desenvolvimento constante de novas ideias que não são testadas quanto à adequação ou à viabilidade econômica, ou que não são materializadas em um protótipo funcional.

DICA

A euforia em uma equipe pode acarretar pressa nas decisões — evite essa situação. Avalie as ideias e selecione as sugestões mais promissoras. (Para saber mais sobre como avaliar ideias, veja o Capítulo 12.) Implemente as ideias selecionadas como um protótipo e teste-as com os clientes. (Para mais informações sobre protótipos, veja os Capítulos 13 e 14.)

Em uma equipe de design thinking, a euforia pode levar ao pensamento negativo de grupo. Se a equipe se superestima, acaba reduzindo a disposição das outras pessoas fora do grupo para reconhecer e considerar as perspectivas e as ideias. Em todas as fases do processo do design thinking, verifique criticamente se as competências necessárias estão presentes na equipe e integre outros parceiros — representantes, fornecedores, institutos de pesquisa e universidades, por exemplo, ou outros consultores externos.

Índice

N

O

P

Q

ROTAPLAN
GRÁFICA E EDITORA LTDA
Rua Álvaro Seixas, 165
Engenho Novo - Rio de Janeiro
Tels.: (21) 2201-2089 / 8898
E-mail: rotaplanrio@gmail.com